GO MATH!

¡VIVAN LAS MATEMÁTICAS!

HOUGHTON MIFFLIN HARCOURT

GO MATH!

¡VIVAN LAS MATEMÁTICAS!

 HOUGHTON MIFFLIN HARCOURT

Printed in the U.S.A.

ISBN 978-0-547-65070-8

8 9 10 0877 20 19 18 17 16 15 14 13

4500427138   ^ B C D E F G

Estimados estudiantes y familiares:

Bienvenidos a **Go Math! ¡Vivan las matemáticas!** para 1.er grado. En este interesante programa, encontrarán actividades prácticas y problemas de la vida diaria que tendrán que resolver. Y lo mejor de todo es que podrán escribir sus ideas y sus respuestas directamente en el libro. El hecho de que puedan escribir y dibujar en las páginas les ayudará a percibir más detalladamente lo que están aprendiendo y ¡verán qué bien entienden las matemáticas!

A propósito, todas las páginas de este libro están hechas con papel reciclado. Queremos que sepan que al participar en el programa **Go Math! ¡Vivan las matemáticas!** estarán ayudando a proteger el medioambiente.

Atentamente,

Los autores

Hecho en los Estados Unidos
100% impreso en papel reciclado.
Con la tirada en este tipo de papel, los beneficios
para el medioambiente fueron:*
• Árboles que salvamos: 463
• Emisión de gases tóxicos que evitamos: 28,074 libras
• Agua que ahorramos: 311,402 galones
• Residuos sólidos que eliminamos 35,816 libras

*Para determinar el impacto en el medioambiente se utilizó la
calculadora de empleo de papel del Fondo de Defensa del Medioambiente (Environmental Defense Fund Paper Calculator). Si desea
encontrar más información, visite la página papercalculator.org

GO MATH!

¡VIVAN LAS MATEMÁTICAS!

Autores

Juli K. Dixon
Professor of Mathematics Education
University of Central Florida
Orlando, Florida

Miriam A. Leiva
Founding President, TODOS:
   Mathematics for All
Distinguished Professor
   of Mathematics Emerita
University of North Carolina Charlotte
Charlotte, North Carolina

Matt Larson
Curriculum Specialist for Mathematics
Lincoln Public Schools
Lincoln, Nebraska

Thomasenia Lott Adams
Professor of Mathematics Education
University of Florida
Gainesville, Florida

Operaciones y razonamiento algebraico

Cuento matemático: Animales de nuestro mundo 1

ESTÁNDARES COMUNES

Área de atención Developing understanding of addition, subtraction, and strategies for addition and subtraction within 20

© Houghton Mifflin Harcourt Publishing Company

ÁREA DE ATENCIÓN

SENDERO DIGITAL
¡Aprende en línea! Tus lecciones de matemáticas son interactivas. Usa *i*Tools, Modelos matemáticos animados y el Glosario multimedia entre otros.

Cuento matemático

Animales de nuestro mundo

Ciencias

Busca:

EN EL MUNDO

H.O.T.
Higher Order Thinking

GO MATH!

Úsalo todos los días para reforzar la práctica de los estándares.

v

5 Relaciones de suma y resta 181

Área Operaciones y razonamiento algebraico
Estándares comunes CC.1.OA.1, CC.1.OA.6, CC.1.OA.7, CC.1.OA.8

Números y operaciones de base diez

ESTÁNDARES COMUNES **Área de atención** Developing understanding of whole number relationships and place value, including grouping in tens and ones

6 Contar y hacer modelos de números 237

Área Números y operaciones de base diez

Estándares comunes CC.1.NBT.1, CC.1.NBT.2, CC.1.NBT.2a, CC.1.NBT.2b, CC.1.NBT.2c, CC.1.NBT.3

SENDERO DIGITAL
¡Aprende en línea! Tus lecciones de matemáticas son interactivas. Usa ¡Tools, Modelos matemáticos animados y el Glosario multimedia entre otros.

Cuento matemático
Por el vecindario

Estudios Sociales

Busca:

EN EL MUNDO

H.O.T.
Higher Order Thinking

GO MATH!

Úsalo todos los días para reforzar la práctica de los estándares.

Medida y datos

ESTÁNDARES COMUNES

Área de atención Developing understanding of linear measurement and measuring lengths as iterating length units

9 Medida 365

Área Medida y datos

Estándares comunes CC.1.MD.1, CC.1.MD.2, CC.1.MD.3

SENDERO DIGITAL
¡Aprende en línea!
Tus lecciones de matemáticas son interactivas. Usa *i*Tools, Modelos matemáticos animados y el Glosario multimedia entre otros.

Cuento matemático

Todo tipo de
tiempo

CIENCIAS

Busca:

EN EL MUNDO

H.O.T.
Higher Order Thinking

Úsalo todos los días para reforzar la práctica de los estándares.

10 Representar datos 409

Área Medida y datos
Estándares comunes CC.1.MD.4

ÁREA DE ATENCIÓN

SENDERO DIGITAL
¡Aprende en línea!
Tus lecciones de matemáticas son interactivas. Usa *i*Tools, Modelos matemáticos animados y el Glosario multimedia entre otros.

Cuento matemático

A moverse

Estudios Sociales

Busca:

EN EL MUNDO

H.O.T.
Higher Order Thinking

Úsalo todos los días para reforzar la práctica de los estándares.

Geometría

Cuento matemático: A moverse **445**

ESTÁNDARES COMUNES

Área de atención Reasoning about attributes of, and composing and decomposing geometric shapes

Animales de nuestro mundo

escrito por Martha Sibert

COMMON CORE

CRITICAL AREA Developing understanding of addition, subtraction, and strategies for addition and subtraction within 20

1

Los dos loritos están posados en la rama.

¿Cuántos picos ves? ____

Ciencias

¿Dónde viven los loros?

Cuatro elefantes caminan.
Todos son de la misma familia.

¿Cuántas trompas ves? ____

Ciencias

¿Dónde viven los elefantes?

Hay tres pingüinos de pie. Uno es pequeñito.

Cada uno tiene dos patas. ¿Cuántas patas

hay en total? ____

Ciencias

¿Dónde viven los pingüinos?

Cuatro leones descansan felices.

Mírales las orejas. ¿Cuántas ves? _____

Ciencias

¿Dónde viven los leones?

5

Hay cinco jirafas paradas, muy altas.

¿Cuántos cuernitos tienen en total? ____

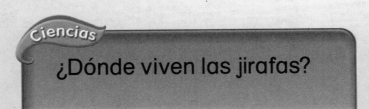

Ciencias

¿Dónde viven las jirafas?

Escribe sobre el cuento

Escribe Dibuja más osos. Luego escribe un problema de suma o un problema de resta.

Repaso del vocabulario

más +   menos −

Escribe el enunciado de suma o de resta.

___ ◯ ___ ◯ ___

¿Cuántas orejas hay?

Observa la ilustración de los pandas.
¿Qué pasaría si hubiera cinco
pandas? ¿Cuántas orejas habría?

Haz un dibujo para explicarlo.

Cinco pandas tendrían _____ orejas.

 Haz una pregunta sobre otro animal del
cuento. Pide a un compañero que haga
un dibujo para responder tu pregunta.

Conceptos de suma

Aprendo más con

Jorge el Curioso

¿Cuántos gatitos puedes sumarle al grupo para que haya 10 gatitos? Explica.

Muestra lo que sabes

Explora números del 1 al 4

Usa ⬤ para mostrar el número.

Dibuja las ⬤.

I. **1** [ ]

2. **3** [ ]

Números del 1 al 10

¿Cuántos objetos hay en cada grupo?

3.

____ pollitos

4.

____ huevos

5.

____ flores

Números del 0 al 10

¿Cuántos puntos tienen las catarinas?

6.

____

7.

____

8.

____

9.

____

Nota a la familia: Esta página es para verificar que su niño comprenda las destrezas importantes que se necesitan para tener éxito en el Capítulo 1.

APRENDE en línea Opciones de evaluació Soar to Success Math

Desarrollo del vocabulario

Palabras de repaso
agregar
sumar
1 más

Visualízalo

Haz un dibujo para mostrar 1 más.
Haz un dibujo para mostrar cómo agregar.

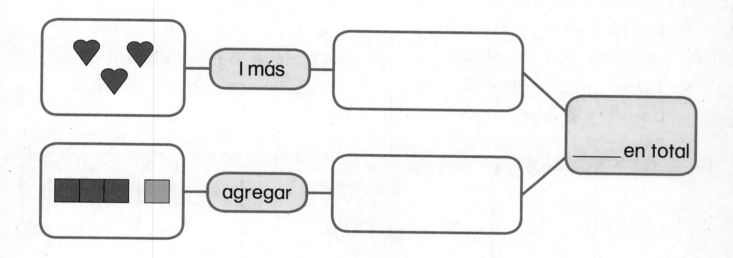

1 más

_____ en total

agregar

Comprende el vocabulario

Completa los enunciados con las palabras de repaso.

1. Sue quiere saber cuántas fichas
   hay en dos grupos. Puede _____
   para descubrirlo.

2. Peter tiene 2 manzanas. May tiene 3 manzanas.
   May tiene _____ que Peter.

APRENDE en línea • Libro electrónico del estudiante • Glosario multimedia

Juego Bingo de suma

Materiales

- 2 conjuntos de tarjetas con números del 0 al 4.
- 18 ● • 4 ■ • 4 ■

Juega con un compañero.

1 Mezcla las tarjetas de cada conjunto. Ponlos bocabajo.

2 Toma una de cada conjunto. Une ■ y ■ para sumar.

3 El otro jugador comprueba tu resultado.

4 Si es correcto, cubre el número con una ● .

5 Es el turno del otro jugador.

6 El primer jugador que cubra 3 casillas de una hilera gana.

	Jugador 1	
7	1	8
3	6	5
0	2	4

	Jugador 2	
2	4	3
7	5	0
1	8	6

Nombre _____

Álgebra • Agregar con los dibujos

Pregunta esencial ¿Cómo muestran los dibujos lo que estamos agregando?

ESTÁNDARES COMUNES **CC.1.OA.1**
Represent and solve problems involving addition and subtraction.

Escucha y dibuja EN EL MUNDO

Haz un dibujo para mostrar lo que agregas.
Escribe cuántos hay.

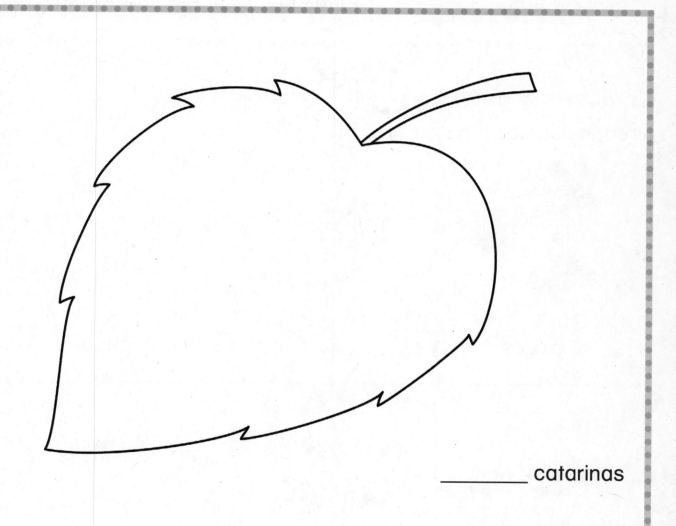

_____ catarinas

PARA EL MAESTRO • Lea el siguiente problema. Pida a los niños que hagan un dibujo que muestre el problema. Hay 3 catarinas en una hoja. Llegan 2 catarinas más. ¿Cuántas catarinas hay ahora?

Charla matemática
¿Cómo muestra tu dibujo el problema? **Explica.**
MÉTODOS MATEMÁTICOS

2 gatos y 1 gato más __3__ gatos en total

Comparte y muestra

Escribe cuántos hay.

1.

3 peces y 1 pez más ____ peces

2.

4 abejas y 4 abejas más ____ abejas

Por tu cuenta

Escribe cuántos hay.

3.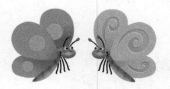

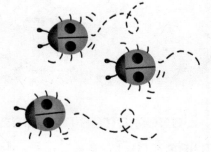

2 mariposas   y   4 mariposas más   ____ mariposas

4.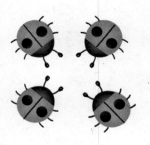

4 catarinas   y   3 catarinas más   ____ catarinas

5. **H.O.T.** Dibuja una manera de mostrar 9 gusanitos.

____ gusanitos   y   ____ gusanitos más   9 gusanitos

RESOLUCIÓN DE PROBLEMAS

EN EL MUNDO

Escribe

 H.O.T. Colorea las aves para mostrar cómo resolver.

6. Hay 3 aves rojas. Llegan otras aves azules.
¿Cuántas aves azules hay?

Hay _____ aves azules.

7. ⭐ **Preparación para la prueba** ¿Cuántas abejas hay?

2 abejas　　y　　5 abejas más　　_____ abejas

3	5	7	8
○	○	○	○

 ACTIVIDAD PARA LA CASA · Pida a su niño que use animales de peluche u otros juguetes para mostrar 3 animales. Luego agregue al grupo 2 animales más. Pregunte cuántos animales hay. Repita la actividad con otras combinaciones de animales con totales hasta 10.

PRÁCTICA ADICIONAL:
Cuaderno de práctica de los estándares, págs. P3 y P4

Nombre _____

Hacer un modelo de lo que agregas

Pregunta esencial ¿Cómo haces un modelo de cuando agregas cosas a un grupo?

ESTÁNDARES COMUNES **CC.1.OA.1**
Represent and solve problems involving addition and subtraction.

Escucha y dibuja EN EL MUNDO

Usa ▪ para mostrar lo que agregas.
Haz un dibujo de tu trabajo.

PARA EL MAESTRO • Lea el siguiente problema. Pida a los niños que usen cubos interconectables para representar el problema y que hagan un dibujo que muestre su trabajo. Hay 6 niños en el patio de juegos. Llegan 2 niños más. ¿Cuántos niños hay en el patio de juegos?

Charla matemática
Explica cómo usas cubos para hallar cuántos niños hay en total.

MÉTODOS MATEMÁTICOS

© Houghton Mifflin Harcourt Publishing Company

5 tortugas   y   2 tortugas más

5   +   2   = $\dfrac{7}{\text{total}}$

más   **es igual a**

5 + 2 = 7 es un **enunciado de suma**.

Comparte y muestra

Usa para mostrar lo que agregas.
Dibuja los . Escribe el total.

1. 3 gatos y 1 gato más

2. 2 aves y 3 aves más

3 + 1 = ____

2 + 3 = ____

3. 4 insectos y 4 insectos más

4. 4 peces y 2 peces más

4 + 4 = ____

4 + 2 = ____

Por tu cuenta

Usa 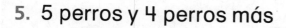 para mostrar lo que agregas.
Dibuja los 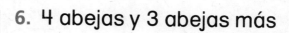. Escribe el total.

5. 5 perros y 4 perros más

$$5 + 4 = \underline{\quad}$$

6. 4 abejas y 3 abejas más

$$4 + 3 = \underline{\quad}$$

7. 4 ranas y 1 rana más

$$4 + 1 = \underline{\quad}$$

8. 3 hormigas y 5 hormigas más

$$3 + 5 = \underline{\quad}$$

9. **H.O.T.** Corey dibujó cubos para mostrar lo que estaba agregando. Haz un dibujo que muestre cómo debería Corey ajustar su dibujo. Escribe el total.

$$2 + 8 = \underline{\quad}$$

RESOLUCIÓN DE PROBLEMAS EN EL MUNDO

Escribe

Usa el dibujo como ayuda para completar los enunciados de suma. Escribe el total.

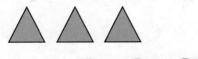

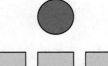
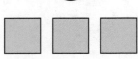

10. ____ + ____ = ____ en total

11. ____ + ____ = ____ en total

12. ____ + ____ = ____ en total

13. **H.O.T.** Encierra en un círculo el dibujo que muestra $3 + 1 = 4$.

14. ⭐ **Preparación para la prueba** ¿Cuál es el total de 4 y 3?

| 1 | 6 | 7 | 8 |
| ○ | ○ | ○ | ○ |

ACTIVIDAD PARA LA CASA • Coloque 3 monedas de 1¢ en un grupo y 2 monedas de 1¢ en otro grupo. Pida a su niño que escriba un enunciado de suma sobre las monedas de 1¢. Repita la actividad con otras combinaciones de monedas de 1¢ con totales hasta 10.

20 veinte

PRÁCTICA ADICIONAL:
Cuaderno de práctica de los estándares, págs. P5 y P6

Nombre _____

Hacer un modelo de lo que juntas

Pregunta esencial ¿Cómo haces un modelo de lo que estás juntando?

ESTÁNDARES COMUNES **CC.1.OA.1**
Represent and solve problems involving addition and subtraction.

Escucha y dibuja EN EL MUNDO

Usa ⬤ para representar el problema. Dibuja las ⬤.
Escribe los números y el enunciado de suma.

_____ crayones rojos   _____ crayones amarillos

 2 + _____ 3 _____ == _____

Hay _____ crayones.

Charla matemática
Describe cómo te ayuda el dibujo a escribir el enunciado de suma.

MÉTODOS MATEMÁTICOS

PARA EL MAESTRO • Lea el siguiente problema.
Hay 2 crayones rojos y 3 crayones amarillos.
¿Cuántos crayones hay?

Suma para hallar cuántos libros hay.

Hay 2 libros pequeños y 1 libro grande. ¿Cuántos libros hay?

____ libros

2 (+) 1 (=) ____

Comparte y muestra Math Board

Usa ⬤ para resolver. Haz un dibujo que muestre tu trabajo. Escribe el enunciado numérico y cuántos hay.

1. Hay 4 lápices rojos y 2 lápices verdes. ¿Cuántos lápices hay?

____ lápices

____ ◯ ____ ◯ ____

2. Hay 5 tijeras azules y 3 tijeras amarillas. ¿Cuántas tijeras hay?

____ tijeras

____ ◯ ____ ◯ ____

Por tu cuenta

Usa ● para resolver. Haz un dibujo que muestre tu trabajo. Escribe el enunciado numérico y cuántos hay.

3. Hay 4 niñas y 4 niños corriendo. ¿Cuántos niños están corriendo?

    ____ niños

    ____ ◯ ____ ◯ ____

4. Hay 3 gatos pequeños y 4 gatos grandes. ¿Cuántos gatos hay?

    ____ gatos

    ____ ◯ ____ ◯ ____

5. Hay 6 cubos rojos y 3 cubos azules. ¿Cuántos cubos hay?

    ____ cubos

    ____ ◯ ____ ◯ ____

6. Hay 2 flores rojas y 8 flores amarillas. ¿Cuántas flores hay?

    ____ flores

    ____ ◯ ____ ◯ ____

RESOLUCIÓN DE PROBLEMAS EN EL MUNDO

Escribe

7. **H.O.T.** Escribe tu propio problema de suma.

_____

_____

_____

_____

_____

_____

_____

8. Usa  para resolver tu problema.
Haz un dibujo que muestre tu trabajo.
Escribe el enunciado numérico.

____ ◯ ____ ◯ ____

9. ⭐ **Preparación para la prueba**

Hay 7 manzanas rojas
y 3 manzanas verdes.
¿Cuántas manzanas hay?

11	10	7	4
◯	◯	◯	◯

 ACTIVIDAD PARA LA CASA • Pida a su niño que reúna un grupo de más de 10 objetos y los use para inventar problemas de suma.

PRÁCTICA ADICIONAL:
Cuaderno de práctica de los estándares, págs. P7 y P8

Nombre _____

Resolución de problemas •
Hacer un modelo de la suma

Pregunta esencial ¿Cómo resuelves los problema de suma al hacer modelos?

ESTÁNDARES COMUNES CC.1.OA.1
Represent and solve problems involving addition and subtraction.

Hanna tiene 4 flores rojas en un 🏺.
Pone 2 flores más en el 🏺.
¿Cuántas flores hay en el 🏺?
¿Cómo harías un madelo para saberlo?

🔑 Soluciona el problema EN EL MUNDO

¿Qué debo hallar?

Las **flores** que tiene Hanna.

¿Qué información debo usar?

4 flores rojas

2 flores más

Muestra cómo resolver el problema.

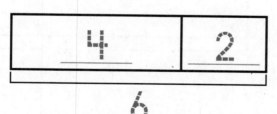

| 4 | 2 |

6

$4 + 2 = \underline{\quad}$

CONEXIÓN CON EL HOGAR • Su niño puede hacer modelos de los conceptos de agregar y de juntar. Usó un modelo de barra para mostrar los problemas y la solución.

© Houghton Mifflin Harcourt Publishing Company

Haz otro problema

Lee el problema. Usa el modelo de barra para resolver. Completa el modelo y el enunciado numérico.

• ¿Qué debo hallar?
• ¿Qué información debo usar?

1. Hay 7 perros en el parque. Luego llega 1 perro más. ¿Cuántos perros hay en el parque ahora?

| 7 | 1 |

_____

$$7 + 1 = \underline{}$$

2. Unos pajaritos están en el árbol. Cuatro pajaritos más llegan al árbol. Ahora hay 9 pajaritos. ¿Cuántos pajaritos había antes en el árbol?

| _____ | 4 |

9

$$\underline{} + 4 = 9$$

3. Había 4 caballos en la pradera. Llegaron otros caballos corriendo. Entonces había 10 caballos en total en la pradera. ¿Cuántos caballos llegaron corriendo a la pradera?

| 4 | _____ |

10

$$4 + \underline{} = 10$$

Charla matemática
¿Cómo te ayuda un modelo a resolver el Ejercicio 1? Explica.

MÉTODOS MATEMÁTICOS

Comparte y muestra

Lee el problema. Usa el modelo de barra para resolver. Completa el modelo y el enunciado numérico.

4. Luis tiene 12 crayones. Tiene 5 crayones rojos. El resto son azules. ¿Cuántos crayones son azules?

5	_____

12

$$5 + \text{\_\_\_} = 12$$

5. Hay unos patos nadando en el estanque. Llegan 3 patos más a nadar en el estanque. Ahora hay 6 patos en el estanque. ¿Cuántos patos había en el estanque antes?

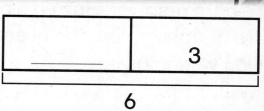

_____	3

6

$$\text{\_\_\_} + 3 = 6$$

6. Hay 8 insectos volando. Llegan volando 2 insectos más. ¿Cuántos insectos vuelan ahora?

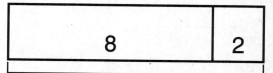

8	2

_____

$$8 + 2 = \text{\_\_\_}$$

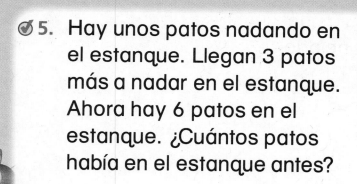

ACTIVIDAD PARA LA CASA · Pida a su niño que describa cada una de las partes del modelo de barra usando el enunciado numérico 7 + 3 = 10.

Capítulo 1 · Lección 4

PRÁCTICA ADICIONAL: Cuaderno de práctica de los estándares, págs. P9 y P10

veintisiete **27**

✅ Revisión de la mitad del capítulo

Conceptos y destrezas

Usa para mostrar cómo sumar.
Dibuja los . Escribe el total. (CC.1.OA.1)

1. 3 catarinas y 4 catarinas más

$$3 + 4 = \underline{\quad}$$

2. 4 focas y 2 focas más

$$4 + 2 = \underline{\quad}$$

Usa para resolver. Haz un dibujo que muestre tu trabajo. Escribe el enunciado numérico y cuántos hay. (CC.1.OA.1)

3. Hay 5 canicas rojas y 4 canicas azules. ¿Cuántas canicas hay?

____ canicas

⭐ Preparación para la prueba

Resuelve. (CC.1.OA.1)

4. Hay 6 conejitos sentados en el pasto. Llegan 2 conejitos más. ¿Cuántos conejitos hay en el pasto ahora?

3	4	8	9
○	○	○	○

Álgebra • Sumar cero

Pregunta esencial ¿Qué sucede cuando le sumas 0 a un número?

ESTÁNDARES COMUNES CC.1.OA.3
Understand and apply properties of operations and the relationship between addition and subtraction.

Escucha y dibuja EN EL MUNDO

Haz un modelo del problema usando ⬤.
Dibuja las ⬤ que uses.

PARA EL MAESTRO • Lea el siguiente problema. Scott tiene 4 canicas. Jennifer no tiene canicas. ¿Cuántas canicas tienen ambos?

Charla matemática. Explica tu dibujo.

MÉTODOS MATEMÁTICOS

Representa y dibuja

¿Qué sucede cuando le sumas **cero** a un número?

¿Qué sucede cuando le sumas un número a cero?

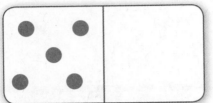

$\underline{5} + \underline{0} = \underline{5}$
total

$\underline{0} + \underline{3} = \underline{3}$
total

Comparte y muestra

Usa el dibujo para escribir cada parte. Escribe el total.

1.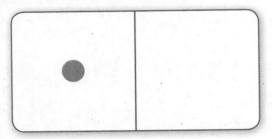

___ + ___ = ___

2.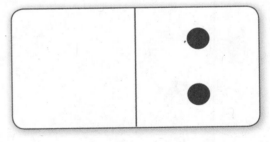

___ + ___ = ___

✓ 3.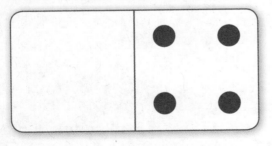

___ + ___ = ___

✓ 4.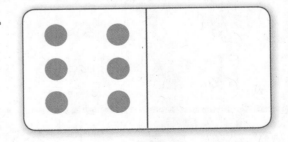

___ + ___ = ___

Por tu cuenta

Dibuja círculos para mostrar el número.
Escribe el total.

5.

$2 + 0 = $ ____

6.

$0 + 1 = $ ____

7.

$4 + 6 = $ ____

8.

$0 + 5 = $ ____

9.

$3 + 4 = $ ____

10.

$0 + 6 = $ ____

11.

$3 + 0 = $ ____

12.

$1 + 4 = $ ____

13.

$4 + 0 = $ ____

14.

$5 + 2 = $ ____

15.

$1 + 3 = $ ____

16.

$5 + 4 = $ ____

 Completa el enunciado de suma.

17. ____ $+$ ____ $= 0$

RESOLUCIÓN DE PROBLEMAS EN EL MUNDO

Escribe

Escribe el enunciado numérico para resolver.

18. Mike tiene 7 libros. Cheryl no tiene ningún libro. ¿Cuántos libros tienen ambos?

_____ + _____ = _____

_____ libros

19. Hay 3 perros sentados.
Llegan 5 perros más.
¿Cuántos perros hay ahora?

_____ + _____ = _____

_____ perros

20. H.O.T. Hay 5 aves. ¿Cuántas aves hay dentro de la casita?

_____ aves

21. ⭐ **Preparación para la prueba** ¿Cuál es el total de 0 + 6?

0	5	6	7
○	○	○	○

ACTIVIDAD PARA LA CASA • Escriba los números del 0 al 9 en cuadrados pequeños de papel. Mézclelos y coloque los cuadrados bocabajo. Pida a su niño que dé vuelta al cuadrado y que a ese número le sume cero. Pídale que diga el total. Repita la actividad con cada cuadrado.

PRÁCTICA ADICIONAL:
Cuaderno de práctica de los estándares, págs. P11 y P12

Nombre _____

Álgebra • Sumar en cualquier orden

Pregunta esencial ¿Por qué puedes sumar los sumandos en cualquier orden?

ESTÁNDARES COMUNES **CC.1.OA.3**
Understand and apply properties of operations and the relationship between addition and subtraction.

Escucha y dibuja

Haz un modelo del enunciado de suma usando ▪▪ ▪▪.
Haz un dibujo que muestre tu trabajo.

PARA EL MAESTRO • Guíe a los niños para que hagan la siguiente actividad. Que usen cubos interconectables para mostrar 2 + 3 y luego 3 + 2.

Charla matemática
¿En que se parecen 2 + 3 = 5 y 3 + 2 = 5? **Explica** en qué se diferencian.

MÉTODOS MATEMÁTICOS

El **orden** de los **sumandos** cambia.
¿Qué pasa con el total?

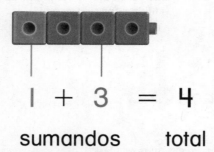

$1 + 3 = 4$

sumandos   total

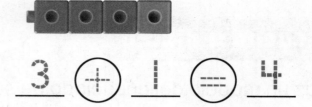

$3 \oplus 1 \ominus 4$

Comparte y muestra

Usa ▪ ▪ para sumar.
Colorea para emparejar.
Escribe el total.

Cambia el orden de los sumandos.
Colorea para emparejar.
Escribe el enunciado de suma.

1.

$2 + 3 =$ ___

__ ◯ __ ◯ __

☑ 2.

$2 + 4 =$ ___

__ ◯ __ ◯ __

☑ 3.

$4 + 1 =$ ___

__ ◯ __ ◯ __

Por tu cuenta

Usa . Escribe el total.
Encierra en un círculo los enunciados
de suma de cada hilera que tengan los
mismos sumandos en diferente orden.

4.

$1 + 2 = $ ___ $1 + 3 = $ ___ $2 + 1 = $ ___

5.

$1 + 5 = $ ___ $4 + 2 = $ ___ $2 + 4 = $ ___

6.

$3 + 7 = $ ___ $7 + 3 = $ ___ $3 + 3 = $ ___

7.

$3 + 6 = $ ___ $4 + 5 = $ ___ $5 + 4 = $ ___

8.

$0 + 6 = $ ___ $6 + 0 = $ ___ $5 + 1 = $ ___

9. **H.O.T.** Escribe dos enunciados de suma
sobre los dibujos.

RESOLUCIÓN DE PROBLEMAS EN EL MUNDO

Escribe

Haz dibujos para emparejar los enunciados de suma. Escribe el total.

10. $2 + 6 =$ ___

    $6 + 2 =$ ___

11. $1 + 5 =$ ___

    $5 + 1 =$ ___

12. **H.O.T.** Elige sumandos para completar el enunciado de suma. Cambia el orden. Escribe los números.

    ___ + ___ = 10   ___ + ___ = ___

13. ⭐ **Preparación para la prueba** ¿Qué opción muestra los mismos sumandos en diferente orden?

$$2 + 3 = 5$$

$2 + 5 = 7$ $3 + 2 = 5$ $3 + 5 = 8$ $4 + 2 = 6$

○   ○   ○   ○

ACTIVIDAD PARA LA CASA · Pida a su niño que use objetos pequeños del mismo tipo para mostrar 2 + 4 y 4 + 2 y que luego le explique por qué los totales son iguales. Repita la actividad con otros enunciados de suma.

PRÁCTICA ADICIONAL: Cuaderno de práctica de los estándares, págs. P13 y P14

ESTÁNDARES COMUNES **CC.1.OA.1**
Represent and solve problems involving addition and subtraction.

Nombre _____

Álgebra • Juntar números hasta 10

Pregunta esencial ¿Cómo mostramos todas las maneras de formar un número?

Escucha y dibuja

Usa ▇▇ para mostrar todas las maneras de formar 5.
Colorea para mostrar tu trabajo.

Maneras de formar 5

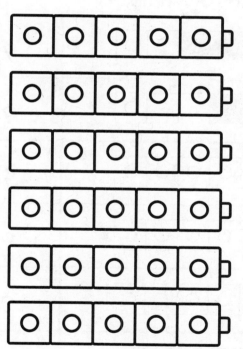

PARA EL MAESTRO • Lea el siguiente problema y pida a los niños que muestren todas las maneras de resolver el problema. La abuela tiene 5 flores. ¿Cuántas puede poner en su florero rojo y cuántas en su florero azul?

Charla matemática
¿Cómo sabes que mostraste todas las maneras? **Explica.**

MÉTODOS MATEMÁTICOS

Ahora la abuela tiene 9 flores. ¿Cuántas puede poner en su florero rojo y cuántas en su florero azul?

Completa los enunciados de suma.

1. $9 = \underline{9} + \underline{0}$

2. $9 = \underline{8} + \underline{1}$

Comparte y muestra

Usa ▣▪▣. Colorea para mostrar cómo formar 9. Completa los enunciados de suma.

Muestra todas las maneras de formar 9.

3. $9 = \underline{7} + \underline{}$

4. $9 = \underline{} + \underline{}$

5. $9 = \underline{} + \underline{}$

6. $9 = \underline{} + \underline{}$

7. $9 = \underline{} + \underline{}$

8. $9 = \underline{} + \underline{}$

9. $9 = \underline{} + \underline{}$

10. $9 = \underline{} + \underline{}$

Por tu cuenta

Usa ▦▦. Colorea para mostrar cómo formar 10.
Completa los enunciados de suma.

> Muestra todas las maneras de formar 10.

11. ▢▢▢▢▢▢▢▢▢▢ $10 = \underline{10} + \underline{0}$

12. ▢▢▢▢▢▢▢▢▢▢ $10 = \underline{} + \underline{}$

13. ▢▢▢▢▢▢▢▢▢▢ $10 = \underline{} + \underline{}$

14. ▢▢▢▢▢▢▢▢▢▢ $10 = \underline{} + \underline{}$

15. ▢▢▢▢▢▢▢▢▢▢ $10 = \underline{} + \underline{}$

16. ▢▢▢▢▢▢▢▢▢▢ $10 = \underline{} + \underline{}$

17. ▢▢▢▢▢▢▢▢▢▢ $10 = \underline{} + \underline{}$

18. ▢▢▢▢▢▢▢▢▢▢ $10 = \underline{} + \underline{}$

19. ▢▢▢▢▢▢▢▢▢▢ $10 = \underline{} + \underline{}$

20. ▢▢▢▢▢▢▢▢▢▢ $10 = \underline{} + \underline{}$

21. ▢▢▢▢▢▢▢▢▢▢ $10 = \underline{} + \underline{}$

RESOLUCIÓN DE PROBLEMAS EN EL MUNDO

Escribe

22. **H.O.T.** Tengo 8 canicas.
Algunas son rojas.
Otras son azules.

¿Cuántas canicas de cada una tengo?
Halla y escribe tantas maneras como
puedas.

Rojas	Azules	Total

23. ⭐ **Preparación para la prueba** ¿Qué opción muestra una manera de formar 7?

○   ○   ○   ○

ACTIVIDAD PARA LA CASA · Escriba 6 + 6 + 0. Haga un modelo
del problema con monedas de 1¢. Pida a su niño que forme 6 de
otra manera. Túrnense hasta que hayan hecho un modelo de todas
las maneras de formar 6.

PRÁCTICA ADICIONAL:
Cuaderno de práctica de los estándares, págs. P15 y P16

Nombre _____

Sumar hasta 10

Pregunta esencial ¿Por qué ciertas operaciones de suma son fáciles de sumar?

ESTÁNDARES COMUNES CC.1.OA.6
Add and subtract within 20.

Escucha y dibuja EN EL MUNDO

Haz un dibujo que muestre el problema.
Luego escribe los sumandos y el total de
dos maneras.

___ + ___ = ___

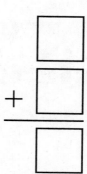

___ + ___ = ___

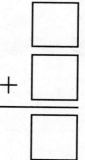

 PARA EL MAESTRO • Lea lo siguiente para la parte superior de la página. Hay 2 niños en la fila del tobogán. Llegan 4 niños más. ¿Cuántos niños hay en la hilera del tobogán? Lea lo siguiente para la parte inferior de la página. Christy tiene 3 adhesivos. Mike le da 2 adhesivos más. ¿Cuántos adhesivos tiene Christy ahora?

Charla matemática
¿Por qué el total es igual cuando sumas hacia los lados o hacia abajo?
Explica.
MÉTODOS MATEMÁTICOS

Capítulo 1

Escribe la suma.

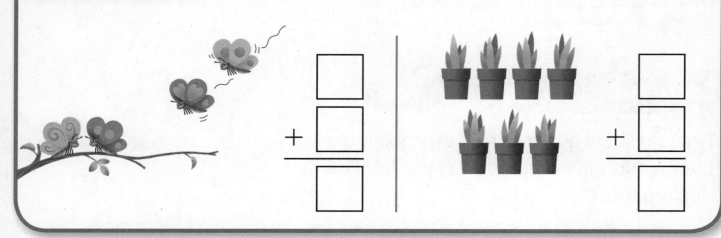

$+$

$+$

Comparte y muestra  Math Board

Escribe la suma.

1.

$+$

2.

$+$

 3.

$+$

4.

$+$

Por tu cuenta

Escribe el total.

| 5. | $\begin{array}{r} 1 \\ +2 \\ \hline \end{array}$ | 6. | $\begin{array}{r} 2 \\ +2 \\ \hline \end{array}$ | 7. | $\begin{array}{r} 0 \\ +3 \\ \hline \end{array}$ | 8. | $\begin{array}{r} 1 \\ +1 \\ \hline \end{array}$ | 9. | $\begin{array}{r} 4 \\ +2 \\ \hline \end{array}$ | 10. | $\begin{array}{r} 8 \\ +1 \\ \hline \end{array}$ |

| 11. | $\begin{array}{r} 0 \\ +4 \\ \hline \end{array}$ | 12. | $\begin{array}{r} 2 \\ +5 \\ \hline \end{array}$ | 13. | $\begin{array}{r} 4 \\ +4 \\ \hline \end{array}$ | 14. | $\begin{array}{r} 9 \\ +1 \\ \hline \end{array}$ | 15. | $\begin{array}{r} 6 \\ +3 \\ \hline \end{array}$ | 16. | $\begin{array}{r} 4 \\ +3 \\ \hline \end{array}$ |

| 17. | $\begin{array}{r} 1 \\ +6 \\ \hline \end{array}$ | 18. | $\begin{array}{r} 4 \\ +6 \\ \hline \end{array}$ | 19. | $\begin{array}{r} 7 \\ +3 \\ \hline \end{array}$ | 20. | $\begin{array}{r} 6 \\ +2 \\ \hline \end{array}$ | 21. | $\begin{array}{r} 3 \\ +3 \\ \hline \end{array}$ | 22. | $\begin{array}{r} 3 \\ +5 \\ \hline \end{array}$ |

23. **Explica** Sam mostró cómo sumó 4 + 2. Indica cómo podría Sam hallar el total correcto.

$$\begin{array}{r} 4 \\ +2 \\ \hline 7 \end{array}$$

_____

_____

_____

_____

RESOLUCIÓN DE PROBLEMAS EN EL MUNDO

Escribe

24. Suma. Escribe el total. Usa el total y la clave para colorear la flor.

CLAVE
7 AMARILLO
8 ROJO
9 MORADO
10 ROSADO

$3 + 7 =$ _____

$0 + 9 =$ _____

$\begin{array}{r} 2 \\ +7 \\ \hline \end{array}$

$5 + 2 =$ _____

$\begin{array}{r} 5 \\ +5 \\ \hline \end{array}$

$6 + 4 =$ _____

$7 + 1 =$ _____

$\begin{array}{r} 7 \\ +0 \\ \hline \end{array}$

$\begin{array}{r} 4 \\ +5 \\ \hline \end{array}$

$\begin{array}{r} 2 \\ +6 \\ \hline \end{array}$

$3 + 5 =$ _____

$3 + 4 =$ _____

25.  ¿Cuántas flores son amarillas o moradas?

_____ ◯ _____ ◯ _____

26. **Preparación para la prueba** ¿Cuál es el total?

1   9   10   11 $\begin{array}{r} 5 \\ +4 \\ \hline \end{array}$

◯   ◯   ◯   ◯

ACTIVIDAD PARA LA CASA • Escriba enunciados de suma para sumar hacia abajo. Pida a su niño que halle el total de cada uno.

PRÁCTICA ADICIONAL:
Cuaderno de práctica de los estándares, págs. P17 y P18

Repaso y prueba del Capítulo 1

Vocabulario

Encierra en un círculo los **sumandos**. (pág. 34)
Subraya el **total**. (pág. 18)

1. $3 + 2 = 5$

Conceptos y destrezas

Escribe cuántos hay.

2. ¿Cuántos osos hay? (CC.1.OA.1)

2 osos   y   1 oso más   ____ osos

Usa 🧊 para mostrar cómo sumar.
Dibuja los 🧊. Escribe el total. (CC.1.OA.1)

3. 2 patos y 3 patos más

$2 + 3 = $ ___

4. 5 leones y 2 leones más

$5 + 2 = $ ___

5. ¿Cuál es el total
de 1 más 5? (CC.1.OA.1)

3   6   7   8
○   ○   ○   ○

6. Hay 3 cubos rojos
y 3 cubos verdes.
¿Cuántos cubos hay? (CC.1.OA.1)

6   5   4   0
○   ○   ○   ○

7. Hay 2 personas en la casa.
Entran más personas a la
casa. Ahora hay 6 personas
en la casa. ¿Cuántas personas
entraron a la casa? (CC.1.OA.1)

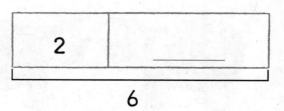

6

$$2 + \underline{} = 6$$

8   6   5   4
○   ○   ○   ○

8. Hay 3 aves en el árbol.
No llegan más aves.
¿Cuántas aves hay en total? (CC.1.OA.3)

$3 + 0 = 3$ $3 + 2 = 5$ $0 + 2 = 2$ $3 + 1 = 4$
    ○   ○   ○   ○

9. ¿Qué opción muestra los mismos sumandos en diferente orden? (CC.1.OA.3)

$$3 + 1 = 4$$

$2 + 2 = 4$ ○ | $1 + 3 = 4$ ○ | $4 + 1 = 5$ ○ | $3 + 2 = 5$ ○

10. ¿Cuál es el total? (CC.1.OA.3)

$$3 + 2 = 5 \qquad 2 + 3 = \boxed{}$$

2 ○ 3 ○ 5 ○ 7 ○

11. ¿Cuál es la manera de formar 8? (CC.1.OA.1)

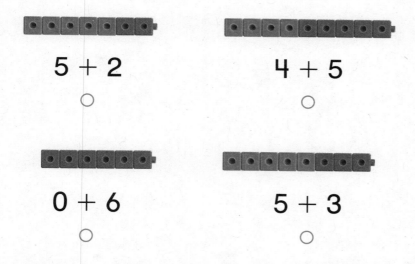

5 + 2 ○   4 + 5 ○

0 + 6 ○   5 + 3 ○

12. ¿Cuál es el total? (CC.1.OA.6)

$$\begin{array}{r} 6 \\ +3 \\ \hline \end{array}$$

4 ○   5 ○   8 ○   9 ○

Tarea de rendimiento (CC.1.OA.1, CC.1.OA.3)

Katie dibuja tarjetas con puntos y escribe enunciados de suma con un total de 8. ¿Cuántas tarjetas con puntos puede dibujar Katie?

- Dibuja las tarjetas con puntos.
- Escribe el enunciado de suma de cada tarjeta.
- Muestra todas las maneras de formar 8.

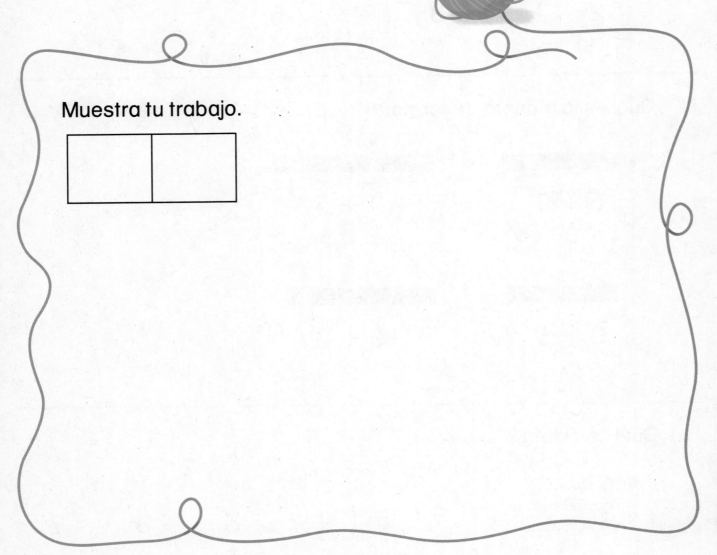

Muestra tu trabajo.

Conceptos de resta

Aprendo más con

Jorge el Curioso

Observa la foto. Inventa un problema de resta.

Nombre _____

Explora los números del 1 al 4

Muestra el número con .

Dibuja las .

1.

4

2.

2

Números del 1 al 10

¿Cuántos objetos hay en cada conjunto?

3.

_____ mariposas

4.

_____ gato

5.

_____ hojas

Usa dibujos para restar

¿Cuántos quedan?

6.

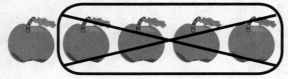

$$5 - 4 = \underline{}$$

7.

$$4 - 2 = \underline{}$$

Nota a la familia: Esta página es para verificar que su niño comprenda las destrezas importantes que se necesitan para tener éxito en el Capítulo 2.

 Opciones de evaluación
Soar to Success Math

Desarrollo del vocabulario

Visualízalo

Clasifica las palabras de repaso de la caja.

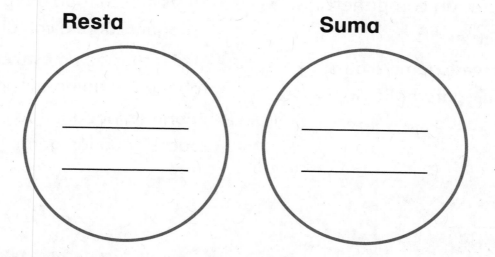

Resta

_____

_____

Suma

_____

_____

Comprende el vocabulario

Encierra en un círculo la parte que quitas del grupo. Luego táchala.

1.

5 naranjas   Alguien se come 2.

2.

4 globos   3 se van volando.

3.

3 carritos   I se va rodando.

 APRENDE en línea • Libro electrónico del estudiante • Glosario multimedia

Juego Tobogán de resta

Materiales • 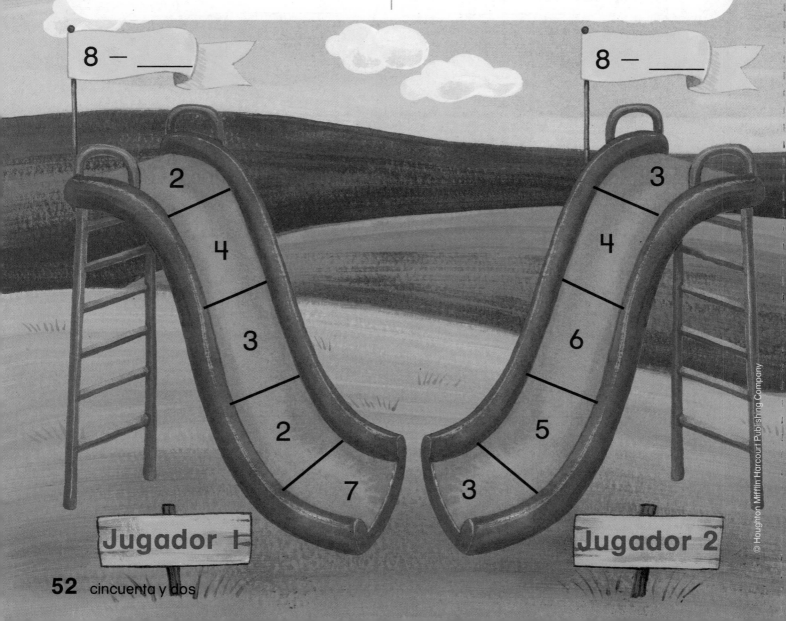 • 5 ● • 5 ● • 8 ▪

Juega con un compañero.

1 Lanza el ▪.

2 Quita ese número de 8. Usa ▪ para hallar lo que queda.

3 Si ves el resultado en tu tobogán, cúbrelo con una ●.

4 Si el resultado no está en tu tobogán, termina tu turno.

5 El primer jugador que cubre todo el tobogán gana.

8 – ____

8 – ____

2

4

3

2

7

3

4

6

5

3

Jugador 1

Jugador 2

Nombre _____

Usar dibujos para mostrar cómo quitar

Pregunta esencial ¿Cómo puedes mostrar cómo quitar con dibujos?

ESTÁNDARES COMUNES **CC.1.OA.1**
Represent and solve problems involving addition and subtraction.

Escucha y dibuja EN EL MUNDO

Haz un dibujo que muestre cómo quitar.
Escribe cuántos quedan.

Quedan _____ niños.

PARA EL MAESTRO • Lea el siguiente problema. Pida a los niños que hagan un dibujo que muestre el problema. Hay 5 niños en el cajón de arena. Dos se van caminando. ¿Cuántos niños se quedan en el cajón de arena?

Charla matemática
¿Cómo hallaste cuántos niños se quedaron en el cajón de arena? **Explica.**
MÉTODOS MATEMÁTICOS

Hay 4 gatos en todo el grupo.

4 gatos   I gato se va caminando.   Quedan __3__ gatos.

Comparte y muestra

Encierra en un círculo la parte que quitas del grupo.
Luego táchala. Escribe cuántos quedan.

☑ I.

6 insectos   2 insectos se van volando.   Quedan _____ insectos.

☑ 2.

3 perros   I perro se va caminando.   Quedan _____ perros.

© Houghton Mifflin Harcourt Publishing Company

Por tu cuenta

Encierra en un círculo la parte que quitas del grupo.
Luego táchala. Escribe cuántos hay ahora.

3.

7 pollitos   2 pollitos se van caminando.   Quedan _____ pollitos.

4.

6 patos   3 patos se van caminando.   Quedan _____ patos.

5.

10 peces   6 peces se van nadando.   Quedan _____ peces.

6. **H.O.T.** Elige números para completar el
problema. Escribe los números. Haz un dibujo
que muestre el problema.

_____

_____ lombrices   _____ lombrices se van.   Quedan _____ lombrices.

RESOLUCIÓN DE PROBLEMAS EN EL MUNDO

Escribe

Resuelve.

7. Hay 6 gatos. Un gato se va corriendo. ¿Cuántos gatos quedan?

_____ gatos

8. Hay 5 aves. Tres aves se van volando. ¿Cuántas aves quedan?

_____ aves

9. **H.O.T.** Mira el dibujo. Escribe los números.

8 aves   _____ aves se van volando.   Quedan_____ aves.

10. ⭐ **Preparación para la prueba** Hay 7 ballenas. Dos ballenas se van nadando. ¿Cuántas ballenas quedan?

2   3   5   9
○   ○   ○   ○

ACTIVIDAD PARA LA CASA · Pida a su niño que dibuje y resuelva el problema de resta: Hay 6 vacas. Tres vacas se van caminando. ¿Cuántas vacas quedan?

© Houghton Mifflin Harcourt Publishing Company

PRÁCTICA ADICIONAL: Cuaderno de práctica de los estándares, págs P23 y P24

Nombre _____

Hacer un modelo de cómo quitar

Pregunta esencial ¿Cómo haces un modelo de cómo quitar de un grupo?

ESTÁNDARES COMUNES CC.1.OA.1
Represent and solve problems involving addition and subtraction.

Escucha y dibuja EN EL MUNDO

Usa ▪️ para mostrar cómo quitar.
Haz un dibujo que muestre tu trabajo.

PARA EL MAESTRO • Lea el siguiente problema. Pida a los niños que usen cubos interconectables para hacer un modelo del problema y que hagan un dibujo que muestre su trabajo. Hay 9 mariposas. 2 mariposas se van volando. ¿Cuántas mariposas quedan?

Charla matemática
¿Quedan más o menos de 9 mariposas? Explica.

MÉTODOS MATEMÁTICOS

4 conejos   3 conejos se van saltando.

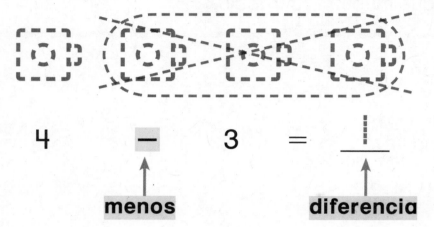

$$4 \quad - \quad 3 \quad = \quad \underline{}$$

↑ **menos**   ↑ **diferencia**

$4 - 3 = 1$ es un **enunciado de resta**.

Comparte y muestra

Usa ▣ para mostrar cómo quitar. Dibuja los ▣.
Encierra en un círculo la parte que quitaste del grupo.
Luego táchala. Escribe la diferencia.

1. 8 perros   3 perros se van
          corriendo.

2. 6 ranas   4 ranas se van
          saltando.

$8 - 3 = \underline{}$

$6 - 4 = \underline{}$

Por tu cuenta

Usa para mostrar cómo quitar. Dibuja los .
Encierra en un círculo la parte que quitaste del grupo.
Luego táchala. Escribe la diferencia.

3. 5 focas 4 focas se van nadando.	4. 9 osos 6 osos se van corriendo.
$5 - 4 =$ ___	$9 - 6 =$ ___
5. 7 búhos 1 búho se va volando.	6. 8 caracoles 6 caracoles se van despacito.
$7 - 1 =$ ___	$8 - 6 =$ ___

7. **H.O.T.** Mira la ilustración. Encierra en un círculo una parte que quitas del grupo. Luego táchala. Escribe el enunciado de resta.

___ ◯ ___ ◯ ___

RESOLUCIÓN DE PROBLEMAS EN EL MUNDO

Escribe

Dibuja ▨ para resolver. Completa el enunciado de resta.

8. Hay 5 niños. Tres niños se van a casa. ¿Cuántos quedan?

_____ − _____ = _____

_____ niños

9. Hay 8 conejos. Dos conejos se van saltando. ¿Cuántos conejos quedan?

_____ − _____ = _____

_____ conejos

10. **H.O.T.** Haz un dibujo para mostrar un enunciado de resta. Escribe el enunciado de resta.

_____ − _____ = _____

11. ⭐ **Preparación para la prueba** ¿Cuál es la diferencia?

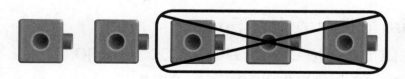

2   3   5   8
○   ○   ○   ○

ACTIVIDAD PARA LA CASA • Use monedas de 1¢ u otros objetos pequeños del mismo tipo para hacer un modelo de una situación de resta con números hasta el 10. Pida a su niño que escriba el enunciado numérico de esto. Luego intercambien papeles y repitan la actividad.

PRÁCTICA ADICIONAL:
Cuaderno de práctica de los estándares, págs. P25 y P26

Nombre _____

Hacer un modelo de cómo separar

Pregunta esencial ¿Cómo haces un modelo de cómo separar?

ESTÁNDARES COMUNES CC.1.OA.1
Represent and solve problems involving addition and subtraction.

Escucha y dibuja EN EL MUNDO

Usa ⬤ para hacer un modelo del problema.
Haz y colorea un dibujo que muestre tu modelo.
Escribe los números y un enunciado de resta.

_____ manzanas rojas   _____ manzanas amarillas

_____ ⊖ 3 ⊜ _____
5

Jeff tiene _____ manzanas amarillas.

PARA EL MAESTRO • Pida a los niños que hagan un modelo del problema con fichas. Jeff tiene 5 manzanas. Tres manzanas son rojas. El resto son amarillas. ¿Cuántas manzanas son amarillas?

Charla matemática
¿Cómo resolviste este problema? **Explica.**

MATHEMATICAL PRACTICES

© Houghton Mifflin Harcourt Publishing Company

Resta para hallar cuántos vasos pequeños hay.

Mary tiene 6 vasos. Dos vasos son grandes. El resto son pequeños. ¿Cuántos vasos pequeños hay?

Dos vasos son grandes.

El resto son pequeños.

_____ vasos pequeños

$6 - 2 =$ ____

Comparte y muestra

Usa ⬤ para resolver. Haz un dibujo que muestre tu trabajo. Escribe el enunciado numérico y cuántos hay.

1. Hay 7 carpetas. Seis carpetas son rojas. El resto son amarillas. ¿Cuántas carpetas amarillas hay?

_____ carpeta amarilla

2. Hay 8 lápices. 3 lápices son cortos. El resto son largos. ¿Cuántos lápices largos hay?

_____ lápices largos

© Houghton Mifflin Harcourt Publishing Company

Nombre _____

Por tu cuenta

Usa ⬤ para resolver. Haz un dibujo que muestre tu trabajo. Escribe el enunciado numérico y cuántos hay.

3. Hay 9 peces. Cinco peces tienen manchas. El resto son rayados. ¿Cuántos peces rayados hay?

_____ peces rayados   ___ ◯ ___ ◯ ___

4. Hay 7 hormigas. Cuatro hormigas son grandes. El resto son pequeñas. ¿Cuántas hormigas pequeñas hay?

_____ hormigas pequeñas   ___ ◯ ___ ◯ ___

5. Hay 8 sombreros. Dos sombreros son pequeños. El resto son grandes. ¿Cuántos sombreros grandes hay?

_____ sombreros grandes   ___ ◯ ___ ◯ ___

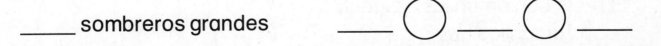

6. Hay 5 árboles. Un árbol es bajo. El resto son altos. ¿Cuántos árboles altos hay?

_____ árboles altos   ___ ◯ ___ ◯ ___

Resuelve. Dibuja un modelo para explicar.

7. Hay 6 osos. Cuatro son grandes. El resto son pequeños. ¿Cuántos osos pequeños hay?

_____ osos pequeños

8. Hay 7 osos. Cinco osos se van caminando. ¿Cuántos osos quedan?

quedan _____ osos

9. H.O.T. Hay 4 osos. Unos son negros y otros son marrones. Hay menos de 2 osos negros. ¿Cuántos osos marrones hay?

_____ osos marrones

10. ⭐ Preparación para la prueba ¿Qué enunciado numérico resuelve el problema? Hay 4 cubos. Tres cubos son rojos. El resto son amarillos. ¿Cuántos cubos amarillos hay?

$4 + 3 = 7$ ○ | $4 - 3 = 1$ ○ | $4 - 2 = 2$ ○ | $3 + 4 = 7$ ○

ACTIVIDAD PARA LA CASA • Pida a su niño que reúna un grupo de hasta 10 objetos pequeños del mismo tipo y los use para hacer cuentos de resta.

PRÁCTICA ADICIONAL:
Cuaderno de práctica de los estándares, págs. P27 y P28

Nombre _____

Resolución de problemas •
Hacer un modelo de resta

ESTÁNDARES COMUNES **CC.1.OA.1**
Represent and solve problems involving addition and subtraction.

Pregunta esencial ¿Cómo resuelves problemas de resta haciendo un modelo?

Tom tiene 6 crayones en una caja.

Saca 2 crayones de la caja.

¿Cuántos crayones hay en la caja ahora?

¿Cómo puedes saberlo a través de un modelo?

Soluciona el problema EN EL MUNDO

¿Qué debo hallar?

_____

cuántos **crayones**
quedan en la caja

¿Qué información debo usar?

Tiene __6__ crayones en la caja.

Saca __2__ crayones.

Muestra cómo resolver el problema.

2	4

6

$6 - 2 = \underline{}$

CONEXIÓN CON EL HOGAR • Su niño hizo un modelo de barras para comprender y resolver problemas de resta.

Haz otro problema

Lee el problema. Usa el modelo para resolver. Completa el modelo y el enunciado numérico.

- ¿Qué debo hallar?
- ¿Qué información debo usar?

1. Hay 10 adhesivos. Siete adhesivos son anaranjados. El resto son marrones. ¿Cuántos adhesivos marrones hay?

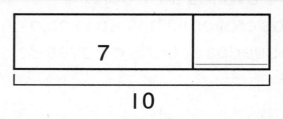

$$10 - 7 = \underline{\qquad}$$

2. Había unas aves en el árbol. Dos aves se fueron volando. Luego quedaron 6 aves. ¿Cuántas aves había en el árbol antes?

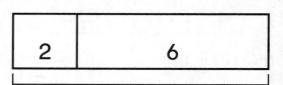

$$\underline{\qquad} - 2 = 6$$

3. Había 5 carros. Algunos carros se fueron. Luego quedó 1 carro. ¿Cuántos carros se fueron?

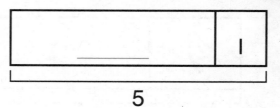

$$5 - \underline{\qquad} = 1$$

Charla matemática
¿Qué muestra cada parte del modelo? Explica.

MÉTODOS MATEMÁTICOS

Comparte y muestra

Lee el problema. Usa el modelo para resolver.
Completa el modelo y el enunciado numérico.

4. Había unas cabras en el campo. Tres cabras se fueron corriendo. Luego quedaron 4 cabras. ¿Cuántas cabras había en el campo antes?

3	4

_____

$$\_\_\_ - 3 = 4$$

5. Hay 8 trineos. Algunos trineos bajaron por una colina. Luego quedaron 4 trineos. ¿Cuántos trineos bajaron por la colina?

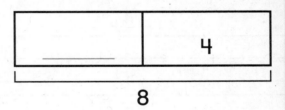

8

$$8 - \_\_\_ = 4$$

6. Hay 10 botones. Tres botones son pequeños. El resto son grandes. ¿Cuántos botones grandes hay?

3	_____

10

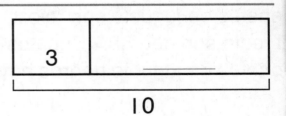

$$10 - 3 = \_\_\_$$

Por tu cuenta

Resuelve.

7. Había 8 arañas en el césped. Algunas arañas salieron corriendo. Luego quedaron 3 arañas. ¿Cuántas arañas salieron corriendo?

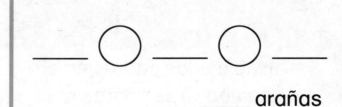

_____ arañas

8. **H.O.T.** Escribe tu propio problema con el modelo de barras.

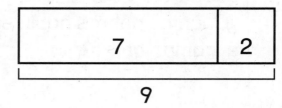

7 | 2

9

_____

_____

_____

9. ⭐ **Preparación para la prueba** Hay 7 cohetes de juguete. Cuatro cohetes de juguete son rojos. El resto son negros. ¿Cuántos cohetes de juguete negros hay?

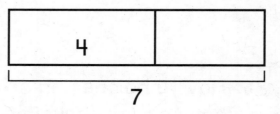

4

7

2 ○   3 ○   4 ○   7 ○

ACTIVIDAD PARA LA CASA · Pida a su niño que describa qué significa la parte inferior de un modelo de barras al hacer restas.

PRÁCTICA ADICIONAL:
Cuaderno de práctica de los estándares, págs. P29 y P30

Nombre _____

Comparar usando dibujos y restas

Pregunta esencial ¿Cómo puedes comparar y restar usando dibujos?

ESTÁNDARES COMUNES CC.1.OA.8
Work with addition and subtraction equations.

Escucha y dibuja EN EL MUNDO

Dibuja tazones para mostrar los problemas.
Dibuja líneas para emparejar.

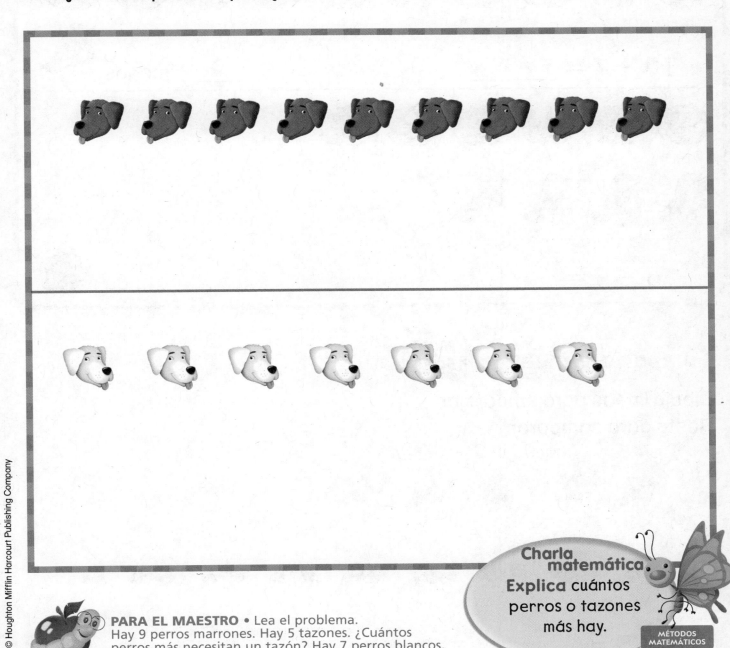

 PARA EL MAESTRO • Lea el problema.
Hay 9 perros marrones. Hay 5 tazones. ¿Cuántos perros más necesitan un tazón? Hay 7 perros blancos. Hay 8 tazones. ¿Cuántos tazones no se necesitan?

Charla matemática
Explica cuántos perros o tazones más hay.

MÉTODOS MATEMÁTICOS

Compara los grupos.
Resta para hallar cuántos
menos o cuántos **más** hay.

$10 - 7 =$ _____ 3 _____

_____ 3 _____ menos

$6 - 4 =$ _____

_____ más

Comparte y muestra

Dibuja líneas para emparejar.
Resta para comparar.

☑ 1.

$8 - 5 =$ _____

_____ menos

Por tu cuenta

Dibuja líneas para emparejar. Resta para comparar.

2.

9 − 3 = _____   _____ más

3.

10 − 6 = _____   _____ menos

4.

9 − 7 = _____   _____ menos

5.

_____ más

_____ menos

7 − 2 = _____

RESOLUCIÓN DE PROBLEMAS EN EL MUNDO

Escribe

Haz un dibujo que muestre el problema.
Escribe un enunciado de resta para
emparejar tu dibujo.

6. Sam tiene 5 bates de béisbol y
3 pelotas de béisbol. ¿Cuántas pelotas
de béisbol menos tiene Sam?

____ − ____ = ____   ____ menos

7. **H.O.T.** Si Jill tiene 2 gatos más
que perros, ¿cuántos perros
menos tiene Jill? Haz un dibujo
de la explicación.

Jill tiene ____ perros menos.

8. ★ **Preparación para la prueba** ¿Cuántas 🍂 menos hay?

8 − 5 = ___

2 menos 🍂   3 menos 🍂   5 menos 🍂   8 menos 🍂
   ○   ○   ○   ○

ACTIVIDAD PARA LA CASA • Muestre a su niño dos grupos de hasta 10
monedas de 1¢. Pida a su niño que las empareje para ver cuántas menos o
cuántas más hay y luego que escriba un enunciado de resta que muestre el
problema.

PRÁCTICA ADICIONAL:
Cuaderno de práctica de los estándares,
págs. P31 y P32

Nombre _____

Restar para comparar

Pregunta esencial ¿Cómo podemos comparar y restar usando modelos?

ESTÁNDARES COMUNES CC.1.OA.1
Represent and solve problems involving addition and subtraction.

Escucha y dibuja EN EL MUNDO

Usa ⬤ para mostrar el problema. Dibuja las ⬤.
Haz un modelo del problema con el modelo de barras.

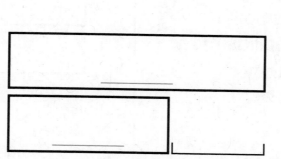

 PARA EL MAESTRO • Lea el problema. Mindy tiene 8 piezas de rompecabezas. David tiene 5 piezas de rompecabezas. ¿Cuántas piezas de rompecabezas más que David tiene Mindy?

Charla matemática
Explica cómo hallas cuántas piezas de rompecabezas más tiene Mindy que David.

MÉTODOS MATEMÁTICOS

James tiene 4 piedras. Heather tiene
7 piedras. ¿Cuántas piedras menos
que Heather tiene James?

_____ piedras menos

___ ◯ ___ ◯ ___

Comparte y muestra

Math Board

Lee el problema. Usa el modelo de barras
para resolver. Escribe el enunciado
numérico. Luego escribe cuántos hay.

☑ 1. Abby tiene 8 estampillas.
Ben tiene 6 estampillas.
¿Cuántas estampillas más
que Ben tiene Abby?

_____ estampillas más

___ ◯ ___ ◯ ___

☑ 2. Tanner tiene 3 libros.
Vicky tiene 6 libros.
¿Cuántos libros menos
que Vicky tiene Tanner?

_____ libros menos

___ ◯ ___ ◯ ___

Por tu cuenta

Lee el problema. Usa el modelo de barras
para resolver. Escribe el enunciado numérico.
Luego escribe cuántos hay.

3. Pam tiene 4 canicas.
    Rick tiene 10 canicas.
    ¿Cuántas canicas menos
    que Rick tiene Pam?

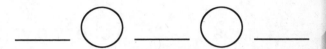

_____ canicas menos

_____ ◯ _____ ◯ _____

4. Sally tiene 5 plumas.
    James tiene 2 plumas.
    ¿Cuántas plumas más
    que James tiene Sally?

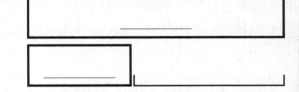

_____ plumas más

_____ ◯ _____ ◯ _____

5. **H.O.T.** Kyle tiene 6 llaves.
    Kyle tiene 4 llaves más
    que Luis. ¿Cuántas llaves
    tiene Luis?

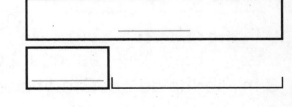

_____ llaves

_____ ◯ _____ ◯ _____

ACTIVIDAD PARA LA CASA · Pida a su niño que explique cómo resolvió el ejercicio 3
con el modelo de barras.

PRÁCTICA ADICIONAL:
Cuaderno de práctica de los estándares,
págs. P33 y P34

✓ Revisión de la mitad del capítulo

Conceptos y destrezas

Encierra en un círculo la parte que quitas del grupo.
Luego táchala. Escribe cuántas quedan. (CC.1.OA.1)

1.

7 aves   3 aves se van volando.   Quedan _____ aves.

Usa ⬤ para resolver. Haz un dibujo de tu trabajo.
Escribe el enunciado numérico y cuántas hay. (CC.1.OA.1)

2. Hay 4 latas. Una lata es roja.
    El resto son amarillas.
    ¿Cuántas latas amarillas hay?

_____ latas amarillas   _____ ◯ _____ ◯ _____

3. ⭐ **Preparación para la prueba** Jennifer tiene
    3 monedas de 1¢. Brad tiene
    9 monedas de 1¢. ¿Cuántas
    monedas de 1¢ menos que Brad
    tiene Jennifer? (CC.1.OA.1)

9

3

3   5   6   9
◯   ◯   ◯   ◯

Restar todo o cero

Pregunta esencial ¿Qué sucede cuando restas 0 de un número?

ESTÁNDARES COMUNES **CC.1.OA.8**
Work with addition and subtraction equations.

Escucha y dibuja EN EL MUNDO

Usa ⬤ para mostrar el problema. Dibuja las ⬤.
Escribe los números.

____ − ____ = ____

____ − ____ = ____

PARA EL MAESTRO • Lea el siguiente problema. Hay 4 juguetes en el estante. Se sacan 0 juguetes. ¿Cuántos juguetes quedan? Luego lea el siguiente problema. Quedan 4 juguetes en el estante. Se sacan 4 juguetes. ¿Cuántos juguetes quedan?

Charla matemática
¿Tu primera respuesta tiene sentido? Explica.

MÉTODOS MATEMÁTICOS

Cuando restas cero,
¿cuántos quedan?

_5_ – 0 = _5_

Cuando restas todo,
¿cuántos quedan?

_5_ – _5_ = 0

Comparte y muestra

Mira el dibujo para completar el
enunciado de resta.

1.

___ – 0 = ___

2.

___ – ___ = 0

3.

___ – ___ = 0

4.

___ – 0 = ___

⌾5.

___ – 0 = ___

⌾6.

___ – ___ = 0

Por tu cuenta

Completa el enunciado de resta.

7.

$$1 - 0 = \underline{\quad}$$

8.

$$\underline{\quad} = 6 - 6$$

9.

$$0 = \underline{\quad} - 3$$

10.

$$1 - 1 = \underline{\quad}$$

11.

$$3 - 0 = \underline{\quad}$$

12.

$$\underline{\quad} = 8 - 0$$

13.

$$7 - \underline{\quad} = 7$$

14.

$$8 - 8 = \underline{\quad}$$

15.

$$5 - 5 = \underline{\quad}$$

16.

$$\underline{\quad} = 0 - 0$$

H.O.T. Elige números para completar el enunciado de resta.

17. $\underline{\quad} - \underline{\quad} = 0$

18. $\underline{\quad} - \underline{\quad} = 0$

RESOLUCIÓN DE PROBLEMAS EN EL MUNDO

Escribe

Escribe el enunciado numérico y di cuántos hay.

19. Hay 6 marcadores de libro en la mesa. Cuatro son azules y el resto son amarillos. ¿Cuántos marcadores amarillos hay?

____ ◯ ____ ◯ ____

____ marcadores amarillos

20. Jared tiene 8 dibujos. Le regaló algunos a Wendy. Jared ahora tiene 2 dibujos. ¿Cuántos dibujos le regaló Jared a Wendy?

____ ◯ ____ ◯ ____

____ dibujos

21. H.O.T. Kevin tiene 3 hojas menos que Sandy. Sandy tiene 3 hojas. ¿Cuántas hojas tiene Kevin?

____ ◯ ____ ◯ ____

____ hojas

22. ⭐ **Preparación para la prueba** ¿Cuál es la diferencia de $5 - 0$?

| 0 | 1 | 5 | 6 |
| ○ | ○ | ○ | ○ |

ACTIVIDAD PARA LA CASA · Pida a su niño que explique en qué se diferencian $4 - 4$ y $4 - 0$.

PRÁCTICA ADICIONAL:
Cuaderno de práctica de los estándares, págs. P35 y P36

Nombre _____

Álgebra • Separar números

Pregunta esencial ¿Cómo puedes mostrar
todas las maneras de separar un número?

ESTÁNDARES COMUNES CC.1.OA.1
Represent and solve problems involving
addition and subtraction.

Escucha y dibuja EN EL MUNDO

Usa 🔲 para mostrar todas las maneras de separar
el 5. Haz y colorea un dibujo que muestre tu trabajo.

Separa 5

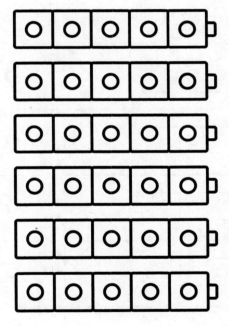

PARA EL MAESTRO • Lea el siguiente problema
y pida a los niños que muestren todas las maneras
de resolver el problema. Jenny tiene 5 monedas de
1¢. ¿Cuáles son todas las maneras en que puede
compartir las monedas de 1¢ con su hermana?

Charla matemática
¿Cómo sabes que
mostraste todas
las maneras?
Explica.

MÉTODOS
MATEMÁTICOS

Capítulo 2

Ahora Jenny tiene 9 monedas de 1 ¢. ¿Cuáles son todas las maneras en que puede compartir sus monedas de 1 ¢ con su hermana?

Completa el enunciado numérico.

1. $9 - \underline{0} = \underline{9}$

2. $9 - \underline{1} = \underline{8}$

Comparte y muestra

Usa ▨. Haz y colorea un dibujo que muestre cómo separar el 9. Completa el enunciado de resta.

Muestra todas las maneras de separar el 9.

3. $9 - \underline{} = \underline{}$

4. $9 - \underline{} = \underline{}$

5. $9 - \underline{} = \underline{}$

6. $9 - \underline{} = \underline{}$

7. $9 - \underline{} = \underline{}$

8. $9 - \underline{} = \underline{}$

9. $9 - \underline{} = \underline{}$

10. $9 - \underline{} = \underline{}$

Por tu cuenta

Usa ▪. Haz y colorea un dibujo de cómo
separar el 10. Completa el enunciado de resta.

Muestra todas
las maneras de
separar el 10.

11. ⬜⬜⬜⬜⬜⬜⬜⬜⬜⬜ $10 - \_\_\_ = \_\_\_$

12. ⬜⬜⬜⬜⬜⬜⬜⬜⬜⬜ $10 - \_\_\_ = \_\_\_$

13. ⬜⬜⬜⬜⬜⬜⬜⬜⬜⬜ $10 - \_\_\_ = \_\_\_$

14. ⬜⬜⬜⬜⬜⬜⬜⬜⬜⬜ $10 - \_\_\_ = \_\_\_$

15. ⬜⬜⬜⬜⬜⬜⬜⬜⬜⬜ $10 - \_\_\_ = \_\_\_$

16. ⬜⬜⬜⬜⬜⬜⬜⬜⬜⬜ $10 - \_\_\_ = \_\_\_$

17. ⬜⬜⬜⬜⬜⬜⬜⬜⬜⬜ $10 - \_\_\_ = \_\_\_$

18. ⬜⬜⬜⬜⬜⬜⬜⬜⬜⬜ $10 - \_\_\_ = \_\_\_$

19. ⬜⬜⬜⬜⬜⬜⬜⬜⬜⬜ $10 - \_\_\_ = \_\_\_$

20. ⬜⬜⬜⬜⬜⬜⬜⬜⬜⬜ $10 - \_\_\_ = \_\_\_$

21. ⬜⬜⬜⬜⬜⬜⬜⬜⬜⬜ $10 - \_\_\_ = \_\_\_$

RESOLUCIÓN DE PROBLEMAS EN EL MUNDO

 Escribe

22. H.O.T. Usé 6 canicas para jugar un juego.
Perdí 1 canica por vez.
Ahora tengo 0 canicas.

¿Cuántas canicas me quedan
cada vez? Escribe los números.

Comienzo	Pierdo	Diferencia

23. ⭐ **Preparación para la prueba** ¿Qué opción muestra una manera de separar el 9?

$10 - 1 = 9$	$10 - 9 = 1$	$9 + 9 = 18$	$9 - 1 = 8$
○	○	○	○

ACTIVIDAD PARA LA CASA · Escriba $5 - 0 = 5$ y $5 - 1 = 4$.
Pida a su niño que reste de 5 de otra manera. Túrnense para
mostrar todas las maneras de restar de 5.

PRÁCTICA ADICIONAL:
Cuaderno de práctica de los estándares,
págs. P37 y P38

Nombre _____

Resta de 10 o menos

Pregunta esencial ¿Por qué es más fácil restar en algunas operaciones de resta?

ESTÁNDARES COMUNES CC.1.OA.6
Add and subtract within 20.

Escucha y dibuja EN EL MUNDO

Haz un dibujo que muestre el problema. Luego escribe el problema de resta de dos maneras.

____ − ____ = ____

____ − ____ = ____

PARA EL MAESTRO • Lea el siguiente problema para la sección superior. Hay 5 aves en un árbol. Dos aves se van volando. ¿Cuántas aves quedan? Lea el siguiente problema para la parte inferior. Steve tiene 6 crayones. Le da 4 a Matt. ¿Cuántos crayones tiene Steve ahora?

Charla matemática
Observa el problema de arriba. **Explica** por qué la diferencia es igual.

MÉTODOS MATEMÁTICOS

Escribe el problema de resta.

 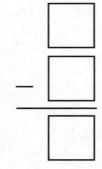

$$\boxed{} - \boxed{} = \boxed{}$$

 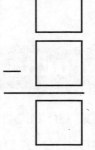

$$\boxed{} - \boxed{} = \boxed{}$$

Comparte y muestra

Escribe el problema de resta.

1.

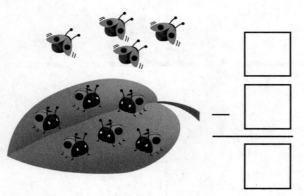

$$\boxed{} - \boxed{} = \boxed{}$$

2.

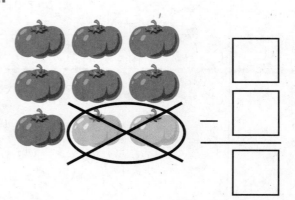

$$\boxed{} - \boxed{} = \boxed{}$$

✓3.

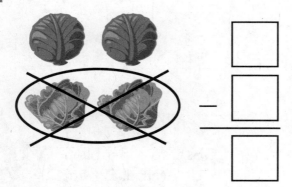

$$\boxed{} - \boxed{} = \boxed{}$$

✓4.

$$\boxed{} - \boxed{} = \boxed{}$$

Por tu cuenta

Escribe la diferencia.

5. $\begin{array}{r} 2 \\ -\ 1 \\ \hline \end{array}$ 6. $\begin{array}{r} 3 \\ -\ 3 \\ \hline \end{array}$ 7. $\begin{array}{r} 5 \\ -\ 4 \\ \hline \end{array}$ 8. $\begin{array}{r} 7 \\ -\ 3 \\ \hline \end{array}$ 9. $\begin{array}{r} 6 \\ -\ 2 \\ \hline \end{array}$ 10. $\begin{array}{r} 10 \\ -\ 7 \\ \hline \end{array}$

11. $\begin{array}{r} 9 \\ -\ 9 \\ \hline \end{array}$ 12. $\begin{array}{r} 8 \\ -\ 2 \\ \hline \end{array}$ 13. $\begin{array}{r} 7 \\ -\ 4 \\ \hline \end{array}$ 14. $\begin{array}{r} 6 \\ -\ 3 \\ \hline \end{array}$ 15. $\begin{array}{r} 8 \\ -\ 0 \\ \hline \end{array}$ 16. $\begin{array}{r} 9 \\ -\ 4 \\ \hline \end{array}$

17. $\begin{array}{r} 8 \\ -\ 7 \\ \hline \end{array}$ 18. $\begin{array}{r} 7 \\ -\ 5 \\ \hline \end{array}$ 19. $\begin{array}{r} 8 \\ -\ 6 \\ \hline \end{array}$ 20. $\begin{array}{r} 10 \\ -\ 1 \\ \hline \end{array}$ 21. $\begin{array}{r} 6 \\ -\ 5 \\ \hline \end{array}$ 22. $\begin{array}{r} 9 \\ -\ 7 \\ \hline \end{array}$

23. **Explica** cómo el dibujo muestra la resta.

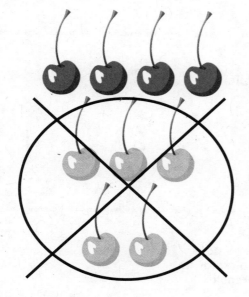

_____

- - - - - - - - - - - - - - - -

_____

- - - - - - - - - - - - - - - -

_____

- - - - - - - - - - - - - - - -

_____

- - - - - - - - - - - - - - - -

_____

RESOLUCIÓN DE PROBLEMAS EN EL MUNDO

Escribe

24. H.O.T. Haz un dibujo que muestre la resta. Escribe el problema de resta que coincida con el dibujo.

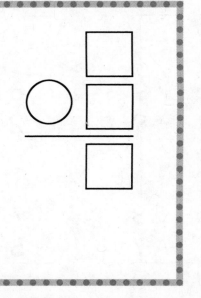

25. Escribe el enunciado numérico.

Hay 10 patos en el estanque.
Todos los patos se van volando.
¿Cuántos patos quedan?

___ − ___ = ___

26. ⭐ **Preparación para la prueba** ¿Cuál es la diferencia?

$$\begin{array}{r} 7 \\ -3 \\ \hline \end{array}$$

4	3	2	1
○	○	○	○

ACTIVIDAD PARA LA CASA • Diga un problema de resta a su niño. Pida a su niño que escriba el problema para restar de dos maneras. Luego pida a su niño que halle la diferencia.

© Houghton Mifflin Harcourt Publishing Company

PRÁCTICA ADICIONAL:
Cuaderno de práctica de los estándares, págs. P39 y P40

Repaso y prueba del Capítulo 2

Vocabulario

Encierra en un círculo el signo de **menos**. (pág. 58)
Subraya la **diferencia**. (pág. 58)

1. $5 - 2 = 3$

Conceptos y destrezas

Encierra en un círculo la parte que quitas.
Luego táchala. Escribe cuántas hay ahora. (CC.1.OA.1)

2.

2 cebras   3 cebras se van caminando.   quedan _____ cebras

Usa ◧ para mostrar cómo quitar. Dibuja los ◧.
Encierra en un círculo la parte que quitas del grupo.
Luego táchala. Escribe la diferencia. (CC.1.OA.1)

3. 6 gatos   3 gatos se van
             corriendo.

4. 5 perros   4 perros se van
              corriendo.

$6 - 3 = \underline{}$

$5 - 4 = \underline{}$

5. ¿Cuál es la diferencia? (CC.1.OA.1)

$$5 - 2 = \_\_\_$$

1	2	3	4
○	○	○	○

6. ¿Qué enunciado numérico resuelve el problema?
Hay 6 carritos. Cuatro carritos son grandes.
El resto son pequeños. ¿Cuántos carritos pequeños hay? (CC.1.OA.1)

$6 - 4 = 2$	$4 + 4 = 8$	$3 + 3 = 6$	$6 + 4 = 10$
○	○	○	○

7. Hay 9 flores. Cinco flores
son rosadas. El resto son amarillas.
¿Cuántas flores amarillas hay? (CC.1.OA.1)

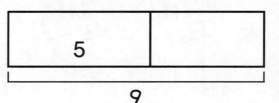

2	3	4	9
○	○	○	○

8. ¿Cuántos bates menos hay? (CC.1.OA.8)

$$10 - 3 = \_\_\_$$

10 menos	7 menos	4 menos	3 menos
○	○	○	○

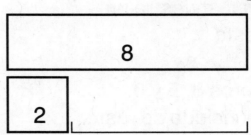

9. Mandy tiene 2 rocas.
Peter tiene 8 rocas.
¿Cuántas rocas más
que Mandy tiene
Peter? (CC.1.OA.1)

| 8 |

| 2 |

2 ○   6 ○   7 ○   8 ○

---

10. ¿Qué número completa el
enunciado de resta?

(CC.1.OA.8)

$4 - \underline{} = 4$

0 ○   1 ○   2 ○   4 ○

---

11. ¿Qué opción muestra una
manera de quitar 7? (CC.1.OA.1)

$7 + 7 = 14$ ○ | $8 - 1 = 7$ ○ | $7 - 2 = 5$ ○ | $9 - 7 = 2$ ○

---

12. ¿Cuál es la diferencia?

(CC.1.OA.6)

$$\begin{array}{r} 9 \\ -5 \\ \hline \end{array}$$

2 ○   3 ○   4 ○   5 ○

Tarea de rendimiento (CC.1.OA.1)

Haz un dibujo que muestre un problema de resta.

- Usa los números 8, 5 y 3.
- Escribe el enunciado de resta.
- Di o lee tu problema.

Muestra tu trabajo.

Capítulo 3

Estrategias de suma

Aprendo más con

Jorge el Curioso

Hay 4 peces en la pecera. Si doblaras el número de peces, ¿cuántos peces habría?

Muestra lo que sabes

Haz un modelo de la suma

Usa para mostrar cada número. Dibuja los cubos.
Escribe cuántos hay en total.

I.

2   +   3   _____

Usa los signos para sumar

Mira el dibujo. Luego escribe el enunciado de suma.

2.

3.

___ ◯ ___ ◯ ___   ___ ◯ ___ ◯ ___

Suma en cualquier orden

Usa y para sumar. Colorea para relacionar
con el problema. Escribe cada total.

4.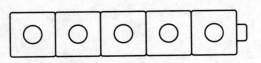

1 + 4 = ___

5.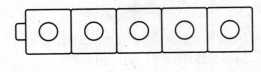

4 + 1 = ___

 Nota a la familia: Esta página es para verificar que su niño
comprenda las destrezas importantes que se necesitan para
tener éxito en el Capítulo 3.

 Opciones de evaluación
Soar to Success Math
APRENDE en línea

© Houghton Mifflin Harcourt Publishing Company

Desarrollo del vocabulario

Visualízalo

Escribe los sumandos y el total
del enunciado de suma.

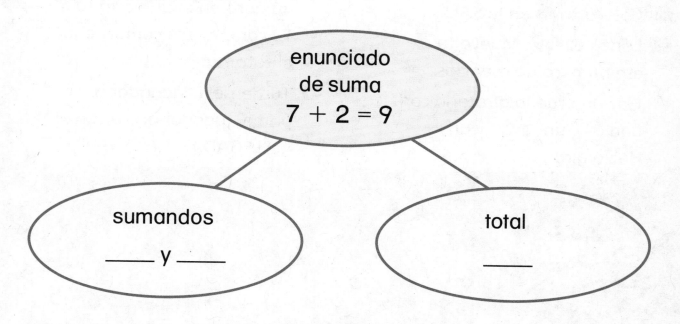

enunciado
de suma
$7 + 2 = 9$

sumandos

_____ y _____

total

_____

Comprende el vocabulario

Completa los enunciados con las palabras
de repaso.

1. En $4 + 3 = 7$, 4 y 3 son los _____.

2. $4 + 3 = 7$ es un _____.

3. Juntas 4 cubos y 3 cubos para

_____ los grupos.

APRENDE
en línea
• Libro electrónico del
estudiante
• Glosario multimedia

Juego Totales de patitos

Materiales • •

 •

Juega con un compañero.

1 Coloca tu ♟ en la SALIDA.

2 Lanza el 🎲. Mueve tu ♟ ese número de espacios.

3 Haz una rueda giratoria con una, un y un. Hazla girar.

4 Suma el número que te tocó en la rueda giratoria y el número en el que está tu ♟. Tu compañero comprueba el total.

5 Túrnense. El ganador es el primer jugador que alcanza la LLEGADA.

SALIDA

8 9 4 6 5 7 6 9 5 8 3 7 4 8 3 6 5 7 9

LLEGADA

Nombre _____

Álgebra • Sumar en cualquier orden

Pregunta esencial ¿Qué pasa si cambias el orden de los sumandos al sumar?

ESTÁNDARES COMUNES CC.1.OA.3
Understand and apply properties of operations and the relationship between addition and subtraction.

Escucha y dibuja EN EL MUNDO

Usa 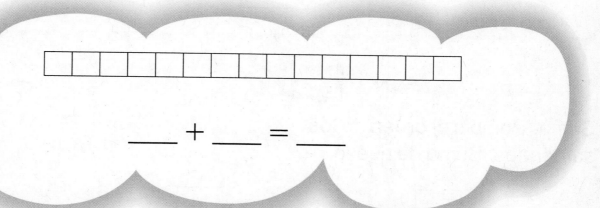 y ____. Colorea para hacer un modelo del problema. Escribe el enunciado de suma.

____ + ____ = ____

Usa ____ y ____. Colorea para cambiar el orden. Escribe el enunciado de suma.

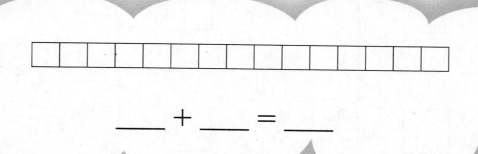

____ + ____ = ____

PARA EL MAESTRO • Lea el problema. George ve 7 pájaros azules y 8 pájaros rojos. ¿Cuántos pájaros ve? Explique a los niños cómo trabajar en el cambio del orden de los sumandos.

Charla matemática
Explica por qué la operación 7 + 8 te sirve para saber cuánto es 8 + 7.

MÉTODOS MATEMÁTICOS

Si usas los mismos sumandos, ¿qué otra operación puedes escribir?

$$5 + 6$$

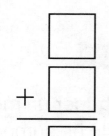 

Comparte y muestra

Suma. Cambia el orden de los sumandos. Suma de nuevo.

1.
$$8 + 9$$ $+$

2.
$$6 + 7$$ $+$

3.
$$7 + 5$$ $+$

4.
$$2 + 8$$ $+$

✓ 5.
$$9 + 2$$ $+$

✓ 6.
$$8 + 4$$ $+$

© Houghton Mifflin Harcourt Publishing Company

Por tu cuenta

Suma. Cambia el orden de los
sumandos. Suma de nuevo.

7.

$$\begin{array}{r} 9 \\ +\ 6 \\ \hline \end{array}$$
□
$$+\ □$$
□

8.

$$\begin{array}{r} 0 \\ +\ 6 \\ \hline \end{array}$$
□
$$+\ □$$
□

9.

$$\begin{array}{r} 8 \\ +\ 3 \\ \hline \end{array}$$
□
$$+\ □$$
□

10.

$$\begin{array}{r} 5 \\ +\ 9 \\ \hline \end{array}$$
□
$$+\ □$$
□

11.

$$\begin{array}{r} 4 \\ +\ 5 \\ \hline \end{array}$$
□
$$+\ □$$
□

12.

$$\begin{array}{r} 8 \\ +\ 5 \\ \hline \end{array}$$
□
$$+\ □$$
□

13.

$$\begin{array}{r} 9 \\ +\ 1 \\ \hline \end{array}$$
□
$$+\ □$$
□

14.

$$\begin{array}{r} 7 \\ +\ 9 \\ \hline \end{array}$$
□
$$+\ □$$
□

15.

$$\begin{array}{r} 4 \\ +\ 6 \\ \hline \end{array}$$
□
$$+\ □$$
□

16. **Explica** Si Adam sabe que $4 + 7 = 11$,
¿qué otra operación de suma sabe?
Escribe la operación nueva en la casilla.
Di cómo sabe Adam la operación nueva.

_____

— —

_____

RESOLUCIÓN DE PROBLEMAS EN EL MUNDO

Escribe

Escribe dos enunciados de suma con los que puedes resolver el problema. Escribe la respuesta.

17. Roy ve 4 peces grandes y 9 peces pequeños. ¿Cuántos peces ve Roy?

_____ peces

_____ + _____ = _____

_____ + _____ = _____

18. Justin tiene 6 monedas de 10¢. Le dan 8 monedas de 10¢ más. ¿Cuántas monedas de 10¢ tiene ahora?

_____ monedas de 10¢

_____ + _____ = _____

_____ + _____ = _____

19. H.O.T. Anna tiene dos grupos de monedas de 1¢. Tiene 10 monedas de 1¢ en total. Cuando cambia el orden de los sumandos, el enunciado de suma es el mismo. ¿Qué enunciado pudo escribir Anna?

_____ = _____ + _____

20. Preparación para la prueba ¿Qué operación muestra los mismos sumandos en otro orden?

$$9 + 3 = 12$$

$6 + 3 = 9$	$3 + 9 = 12$	$4 + 8 = 12$	$3 + 8 = 11$
○	○	○	○

ACTIVIDAD PARA LA CASA · Pida a su niño que explique qué le sucede al total cuando usted cambia el orden de los sumandos.

PRÁCTICA ADICIONAL:
Cuaderno de práctica de los estándares, págs. P45 y P46

Contar hacia adelante

Pregunta esencial ¿Cómo cuentas hacia adelante 1, 2 ó 3?

ESTÁNDARES COMUNES CC.1.OA.5
Add and subtract within 20.

Comienza en el 9. ¿Cómo cuentas hacia adelante para sumar?

Suma 1.

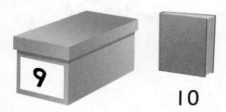

9

10

$9 + 1 =$ _____

Suma 2.

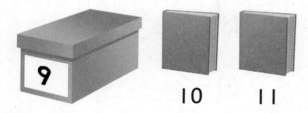

9

10   11

$9 + 2 =$ _____

Suma 3.

9

10   11   12

$9 + 3 =$ _____

PARA EL MAESTRO • Lea el siguiente problema y use el espacio de arriba para resolver. Sam tiene 9 libros en una caja. Le dan 1 más. ¿Cuántos libros tiene? Repita la actividad en los otros dos espacios, diga: *Le dan 2 más* y *le dan 3 más.*

Charla matemática
¿En qué se parecen contar hacia adelante 2 y sumar 2? Explica.

MÉTODOS MATEMÁTICOS

Puedes **contar hacia adelante** para sumar 1, 2 o 3.
Comienza con el sumando mayor.

Comienza con 5.
Cuenta hacia
adelante 3.

6   7   8
___ ___ ___

3 + ⑤ = __8__

Comparte y muestra

Encierra en un círculo el sumando mayor. Dibuja
para contar hacia adelante 1, 2 o 3. Escribe el total.

1.

2 + ⑥ = __8__

2.

6 + 3 = ___

3.

___ = 1 + 6

4.

___ = 7 + 1

✓5.

2 + 7 = ___

✓6.

___ = 7 + 3

Por tu cuenta

Encierra en un círculo el sumando mayor.
Cuenta hacia adelante para hallar el total.

7. $\begin{array}{r} 1 \\ +\,9 \\ \hline \end{array}$ 8. $\begin{array}{r} 8 \\ +\,3 \\ \hline \end{array}$ 9. $\begin{array}{r} 1 \\ +\,8 \\ \hline \end{array}$ 10. $\begin{array}{r} 1 \\ +\,6 \\ \hline \end{array}$ 11. $\begin{array}{r} 9 \\ +\,3 \\ \hline \end{array}$ 12. $\begin{array}{r} 7 \\ +\,2 \\ \hline \end{array}$

13. $\begin{array}{r} 2 \\ +\,6 \\ \hline \end{array}$ 14. $\begin{array}{r} 5 \\ +\,3 \\ \hline \end{array}$ 15. $\begin{array}{r} 7 \\ +\,1 \\ \hline \end{array}$ 16. $\begin{array}{r} 3 \\ +\,7 \\ \hline \end{array}$ 17. $\begin{array}{r} 9 \\ +\,2 \\ \hline \end{array}$ 18. $\begin{array}{r} 3 \\ +\,4 \\ \hline \end{array}$

19. $\begin{array}{r} 4 \\ +\,1 \\ \hline \end{array}$ 20. $\begin{array}{r} 2 \\ +\,8 \\ \hline \end{array}$ 21. $\begin{array}{r} 2 \\ +\,4 \\ \hline \end{array}$ 22. $\begin{array}{r} 5 \\ +\,2 \\ \hline \end{array}$ 23. $\begin{array}{r} 3 \\ +\,6 \\ \hline \end{array}$ 24. $\begin{array}{r} 5 \\ +\,1 \\ \hline \end{array}$

25. $\begin{array}{r} 9 \\ +\,3 \\ \hline \end{array}$ 26. $\begin{array}{r} 2 \\ +\,7 \\ \hline \end{array}$ 27. $\begin{array}{r} 6 \\ +\,2 \\ \hline \end{array}$ 28. $\begin{array}{r} 3 \\ +\,4 \\ \hline \end{array}$ 29. $\begin{array}{r} 8 \\ +\,1 \\ \hline \end{array}$ 30. $\begin{array}{r} 3 \\ +\,5 \\ \hline \end{array}$

31. **Explica** Terry sumó 3 y 7. Obtuvo un
total de 9. Su resultado **no** es correcto.
Describe cómo puede Terry hallar el
resultado correcto.

_____

- -

_____

_____

- -

_____

RESOLUCIÓN DE PROBLEMAS EN EL MUNDO

Escribe

Haz un dibujo para resolver. Escribe el enunciado de suma.

32. Cindy y Joe cosechan 8 naranjas.
Luego cosechan 3 naranjas más.
¿Cuántas naranjas cosechan?

_____ + _____ = _____ naranjas

¿Qué tres números puedes usar
para completar el problema?

33. H.O.T. Jennifer tiene _____ estampillas.

Le dan _____ estampillas más.
¿Cuántas estampillas tiene ahora?

_____ + _____ = _____ estampillas

34. ⭐ **Preparación para la prueba** Cuenta hacia adelante para resolver $3 + 8$.

| 10 | 11 | 12 | 13 |
| ○ | ○ | ○ | ○ |

ACTIVIDAD PARA LA CASA • Pida a su niño que le diga
cómo contar hacia adelante para hallar el total de $6 + 3$.

PRÁCTICA ADICIONAL:
Cuaderno de práctica de los estándares,
págs. P47 y P48

Nombre _____

Sumar dobles

Pregunta esencial ¿Qué son las operaciones de dobles?

ESTÁNDARES COMUNES CC.1.OA.6
Add and subtract within 20.

Escucha y dibuja EN EL MUNDO

Usa 🔲. Dibuja 🔲 para resolver.
Escribe el enunciado de suma.

___ + ___ = ___

PARA EL MAESTRO • Lea el siguiente problema. Sally construyó dos torres. Cada torre tiene 4 cubos. ¿Cuántos cubos usó Sally para construir las dos torres?

Charla matemática
Describe cómo muestra tu modelo una operación de dobles.

MÉTODOS MATEMÁTICOS

Representa y dibuja

¿Por qué estas son operaciones de **dobles**?

$$\begin{array}{r} 1 \\ + \ 1 \\ \hline 2 \end{array}$$

$$\begin{array}{r} 2 \\ + \ 2 \\ \hline \end{array}$$

Comparte y muestra

Usa ▣. Dibuja ▣ para mostrar tu trabajo.
Escribe el total.

1.

$$\begin{array}{r} 3 \\ + \ 3 \\ \hline \end{array}$$

2.

$$\begin{array}{r} 4 \\ + \ 4 \\ \hline \end{array}$$

☑ 3.

$$\begin{array}{r} 5 \\ + \ 5 \\ \hline \end{array}$$

☑ 4.

$$\begin{array}{r} 6 \\ + \ 6 \\ \hline \end{array}$$

Por tu cuenta

Usa ◻️. Dibuja ◻️ para mostrar tu trabajo.
Escribe el total.

5.
$$\begin{array}{r} 7 \\ + \ 7 \\ \hline \end{array}$$

6.
$$\begin{array}{r} 8 \\ + \ 8 \\ \hline \end{array}$$

7. **H.O.T.** Vuelve a ver los Ejercicios 1 a 6.
Escribe la operación que seguiría en el
patrón. Dibuja ◻️ para mostrar tu trabajo.

$$\begin{array}{r} \boxed{} \\ + \ \boxed{} \\ \hline \boxed{} \end{array}$$

Suma.

8.	9.	10.	11.	12.	13.
$\begin{array}{r} 5 \\ + \ 5 \\ \hline \end{array}$	$\begin{array}{r} 7 \\ + \ 7 \\ \hline \end{array}$	$\begin{array}{r} 6 \\ + \ 6 \\ \hline \end{array}$	$\begin{array}{r} 10 \\ + \ 10 \\ \hline \end{array}$	$\begin{array}{r} 4 \\ + \ 4 \\ \hline \end{array}$	$\begin{array}{r} 8 \\ + \ 8 \\ \hline \end{array}$

RESOLUCIÓN DE PROBLEMAS   EN EL MUNDO

Escribe

Escribe una operación de dobles para resolver.

14. Meg y Paul ponen 8 manzanas en una canasta cada uno. ¿Cuántas manzanas hay en la canasta?

____ + ____ = ____

15. H.O.T. Hay 18 invitados en la fiesta. Hay niños y niñas. El número de niños es igual al número de niñas.

____ = ____ + ____

16. ★ **Preparación para la prueba** ¿Cuál es una operación de dobles?

$$\begin{array}{r} 7 \\ +1 \\ \hline 8 \end{array} \qquad \begin{array}{r} 6 \\ +0 \\ \hline 6 \end{array} \qquad \begin{array}{r} 5 \\ +5 \\ \hline 10 \end{array} \qquad \begin{array}{r} 4 \\ +3 \\ \hline 7 \end{array}$$

○   ○   ○   ○

ACTIVIDAD PARA LA CASA • Pida a su niño que elija un número del 1 al 10 y que haga una operación de dobles con ese número. Repita la actividad con otros números.

PRÁCTICA ADICIONAL: Cuaderno de práctica de los estándares, págs. P49 y P50

Nombre _____

Usar dobles para sumar

Pregunta esencial ¿Cómo te sirven los dobles al sumar?

ESTÁNDARES COMUNES CC.1.OA.6
Add and subtract within 20.

Escucha y dibuja EN EL MUNDO

Haz un dibujo que muestre el problema.
Escribe el número de peces.

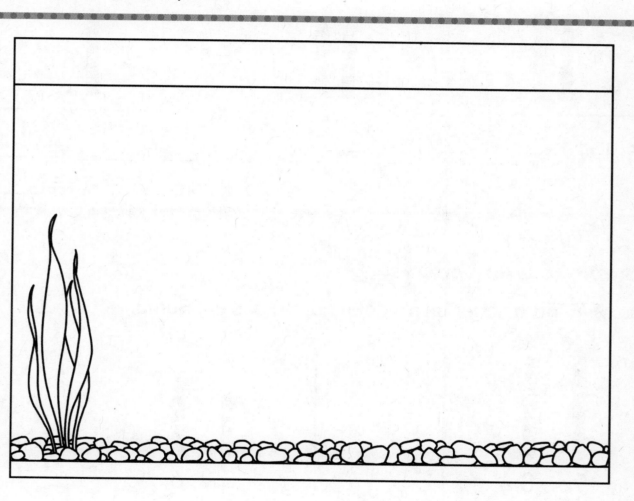

Hay ____ peces.

PARA EL MAESTRO • Lea el siguiente problema.
Hay 3 peces anaranjados, 3 peces rayados y un pez
blanco en la pecera del salón de clases. ¿Cuántos
peces hay en la pecera?

Charla matemática
¿Por qué es más fácil
resolver el problema
si sabes cuánto es
3 + 3? **Explica.**

MÉTODOS MATEMÁTICOS

Representa y dibuja

¿Cómo te sirve una operación de dobles para resolver 6 + 7?

Separa el 7; 7 es lo mismo que 6 + 1. Resuelve la operación de dobles 6 + 6. **PIENSA** ¿Cuánto es uno más que 12?

$$6 + 7 = \underline{6} + \underline{6} + \underline{1} = \underline{12} + \underline{1} = \underline{13}$$

Por lo tanto, 6 + 7 = _____.

Comparte y muestra

Usa  para hacer un modelo. Forma dobles. Suma.

1.

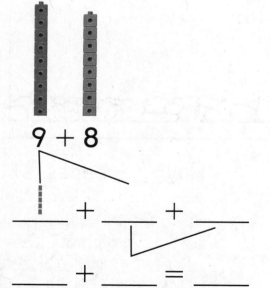

9 + 8

_____ + _____ + _____

_____ + _____ = _____

Por lo tanto, 9 + 8 = _____.

2.

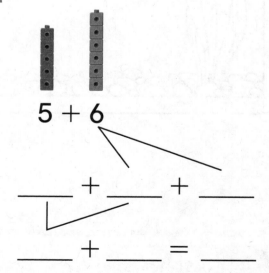

5 + 6

_____ + _____ + _____

_____ + _____ = _____

Por lo tanto, 5 + 6 = _____.

Por tu cuenta

Usa . Forma dobles y suma.

3.

$$7 + 8$$

____ + ____ + ____

Por lo tanto, $7 + 8 =$ ____.

4.

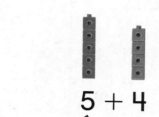

$$5 + 4$$

____ + ____ + ____

Por lo tanto, $5 + 4 =$ ____.

Usa los dobles como ayuda para sumar.

5. $8 + 9 =$ ____	6. $4 + 5 =$ ____	7. $6 + 7 =$ ____
8. $7 + 6 =$ ____	9. $6 + 5 =$ ____	10. $9 + 8 =$ ____

Explica ¿Resolverías contando hacia adelante o usando dobles? ¿Por qué?

11. $3 + 4$

_____
- - - - - - - - - - - - - - -
_____
- - - - - - - - - - - - - - -
_____

12. $3 + 9$

_____
- - - - - - - - - - - - - - -
_____
_____
- - - - - - - - - - - - - - -
_____

RESOLUCIÓN DE PROBLEMAS

Escribe

13. **H.O.T.** Usa lo que sabes sobre dobles para completar la clave. Escribe los totales que faltan.

◯ + ◯ = 4

◯ + ● = ____

● + ● = 6

● + ● = ____

● + ● = 8

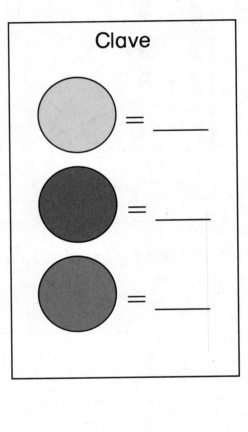

Clave

◯ = ____

● = ____

● = ____

14. ⭐ **Preparación para la prueba** ¿Qué opción tiene el mismo total que 9 + 8?

○ 6 + 6 + 1
○ 6 + 6 + 2
○ 1 + 8 + 8
○ 2 + 8 + 8

ACTIVIDAD PARA LA CASA · Pida a su niño que muestre cómo usar lo que sabe sobre dobles para resolver 6 + 5.

PRÁCTICA ADICIONAL:
Cuaderno de práctica de los estándares, págs. P51 y P52

Nombre _____

Dobles más 1 y dobles menos 1

Pregunta esencial ¿Cómo te sirve lo que sabes sobre dobles para hallar otros totales?

ESTÁNDARES COMUNES CC.1.OA.6
Add and subtract within 20.

Escucha y dibuja

¿Cómo usarías la operación de dobles 4 + 4, para resolver cada problema? Haz un dibujo que lo muestre.

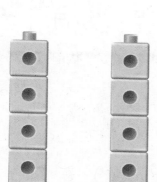

4 + ___ = 9

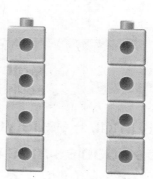

4 + ___ = 7

PARA EL MAESTRO • Lea el siguiente problema. Observa la operación de dobles 4 + 4. En el primer espacio haz un dibujo que muestre 1 más. En el segundo espacio haz un dibujo que muestre 1 menos.

Charla matemática
Explica qué pasa en la operación de dobles cuando le aumentas uno o le disminuyes uno a un sumando.
MÉTODOS MATEMÁTICOS

Usa la operación de dobles 5 + 5 para sumar.

Usa **dobles mas uno**.
Suma I a la operación
de dobles 5 + 5.

Usa **dobles menos uno**.
Resta I a la operación de
dobles 5 + 5.

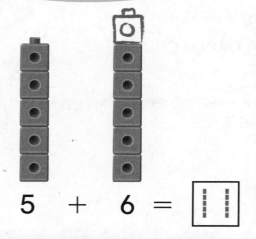

5 + 6 = 11

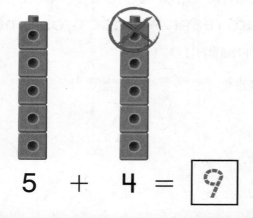

5 + 4 = 9

Comparte y muestra

Usa ▪ ▪ para sumar. Resuelve la operación de
dobles. Luego usa dobles más uno o dobles menos
uno. Encierra en un círculo + o − para mostrar
cómo resolviste cada problema.

I. $2 + 2 = \boxed{}$ $2 + 3 = \boxed{}$ $2 + 1 = \boxed{}$

dobles $\overset{+}{\underset{-}{}}$ uno   dobles $\overset{+}{\underset{-}{}}$ uno

⊘2. $3 + 3 = \boxed{}$ $3 + 4 = \boxed{}$ $3 + 2 = \boxed{}$

dobles $\overset{+}{\underset{-}{}}$ uno   dobles $\overset{+}{\underset{-}{}}$ uno

⊘3. $4 + 4 = \boxed{}$ $4 + 5 = \boxed{}$ $4 + 3 = \boxed{}$

dobles $\overset{+}{\underset{-}{}}$ uno   dobles $\overset{+}{\underset{-}{}}$ uno

Nombre _____

Por tu cuenta

Suma. Escribe la operación de dobles que usaste para resolver el problema.

4. $8 + 9 =$ ___
___ ◯ ___ ◯ ___

5. $2 + 3 =$ ___
___ ◯ ___ ◯ ___

6. $7 + 6 =$ ___
___ ◯ ___ ◯ ___

7. $6 + 5 =$ ___
___ ◯ ___ ◯ ___

8. $3 + 4 =$ ___
___ ◯ ___ ◯ ___

9. $4 + 5 =$ ___
___ ◯ ___ ◯ ___

10. $8 + 7 =$ ___
___ ◯ ___ ◯ ___

11. $6 + 7 =$ ___
___ ◯ ___ ◯ ___

12. $9 + 8 =$ ___
___ ◯ ___ ◯ ___

13. $7 + 8 =$ ___
___ ◯ ___ ◯ ___

H.O.T. Suma. Escribe la operación de dobles más uno. Escribe la operación de dobles menos uno.

14.
$$\begin{array}{r} 6 \\ + 6 \\ \hline \end{array}$$

dobles más uno	dobles menos uno

RESOLUCIÓN DE PROBLEMAS EN EL MUNDO

Escribe

15. **H.O.T.** Grace quiere escribir los totales de operaciones de dobles más uno y de dobles menos uno. Comenzó por escribir los totales. Ayúdala a hallar el resto de los totales.

+	0	1	2	3	4	5	6	7	8	9
0	0	1								
1	1	2	3							
2		3	4	5						
3			5	6	7					
4				7	8					
5						10	11			
6						11	12			
7								14	15	
8								15	16	
9										18

16. ⭐ **Preparación para la prueba** ¿Qué operación de dobles te sirve para resolver 6 + 7 = 13?

$5 + 5 = 10$ ○ | $6 + 6 = 12$ ○ | $8 + 8 = 16$ ○ | $9 + 9 = 18$ ○

ACTIVIDAD PARA LA CASA · Pida a su niño que explique cómo usar una operación de dobles para resolver la operación de dobles más uno 4 + 5 y la operación de dobles menos uno 4 + 3.

© Houghton Mifflin Harcourt Publishing Company

PRÁCTICA ADICIONAL: Cuaderno de práctica de los estándares, págs. P53 y P54

Nombre _____

Practicar las estrategias

Pregunta esencial ¿Qué estrategias te sirven para resolver problemas de operaciones de suma?

ESTÁNDARES COMUNES CC.1.OA.6
Add and subtract within 20.

Escucha y dibuja

Piensa en varias estrategias de suma. Escribe o haz un dibujo de dos maneras de resolver 4 + 3.

4 + 3 = ___	
Manera 1	**Manera 2**

PARA EL MAESTRO • Anime a los niños a usar varias estrategias para mostrar dos maneras de resolver 4 + 3. Pida a los niños que compartan sus resultados y que comenten todas las estrategias.

Charla matemática
Explica por qué el total es el mismo si usas estrategias distintas.

MÉTODOS MATEMÁTICOS

Estas son las maneras de hallar totales que has aprendido.

Puedes contar hacia adelante.

$9 + 1 = \underline{10}$ $5 + 5 = \underline{10}$

$9 + 2 = \underline{\hphantom{00}}$ $5 + 6 = \underline{\hphantom{00}}$

$9 + 3 = \underline{\hphantom{00}}$ $5 + 4 = \underline{\hphantom{00}}$

Puedes usar dobles, dobles más 1 y dobles menos 1.

Comparte y muestra

Math Board

1.

Contar hacia adelante 1
$4 + 1 = \underline{\hphantom{00}}$
$5 + 1 = \underline{\hphantom{00}}$
$6 + 1 = \underline{\hphantom{00}}$
$7 + 1 = \underline{\hphantom{00}}$

2.

Contar hacia adelante 2
$5 + 2 = \underline{\hphantom{00}}$
$6 + 2 = \underline{\hphantom{00}}$
$7 + 2 = \underline{\hphantom{00}}$
$8 + 2 = \underline{\hphantom{00}}$

3.

Contar hacia adelante 3
$6 + 3 = \underline{\hphantom{00}}$
$7 + 3 = \underline{\hphantom{00}}$
$8 + 3 = \underline{\hphantom{00}}$
$9 + 3 = \underline{\hphantom{00}}$

4.

Dobles
$7 + 7 = \underline{\hphantom{00}}$
$8 + 8 = \underline{\hphantom{00}}$
$9 + 9 = \underline{\hphantom{00}}$
$10 + 10 = \underline{\hphantom{00}}$

5.

Dobles más uno
$5 + 6 = \underline{\hphantom{00}}$
$6 + 7 = \underline{\hphantom{00}}$

Dobles menos uno
$8 + 7 = \underline{\hphantom{00}}$
$9 + 8 = \underline{\hphantom{00}}$

Por tu cuenta

Suma. Colorea las operaciones de dobles con 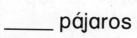.
Colorea las operaciones de contar hacia adelante con ▭.
Colorea las operaciones de dobles más uno o de
dobles menos uno con ▭.

6. $9 + 9 = $ ___	7. $7 + 1 = $ ___	8. $5 + 3 = $ ___
9. $2 + 9 = $ ___	10. $7 + 3 = $ ___	11. $7 + 7 = $ ___
12. $6 + 5 = $ ___	13. $2 + 8 = $ ___	14. $8 + 8 = $ ___
15. $8 + 9 = $ ___	16. $9 + 3 = $ ___	17. $7 + 8 = $ ___
18. $3 + 8 = $ ___	19. $6 + 6 = $ ___	20. $1 + 9 = $ ___

H.O.T. Haz un problema de contar hacia
adelante. Escribe los números que faltan.

21. Hay ____ pájaros en el árbol.

Llegan volando ____ pájaros más.
¿Cuántos pájaros hay en el árbol ahora?

____ pájaros

ACTIVIDAD PARA LA CASA · Pida a su niño que señale una operación
de dobles, una operación de dobles más uno, una operación de
dobles menos uno y una operación que pueda resolver contando
hacia adelante. Pídale que describa cómo funciona cada estrategia.

© Houghton Mifflin Harcourt Publishing Company

PRÁCTICA ADICIONAL:
Cuaderno de práctica de los estándares, págs. P55 y P56

Revisión de la mitad del capítulo

Conceptos y destrezas

Suma. Cambia el orden de los sumandos.
Suma de nuevo. (CC.1.OA.3)

1.

$$\begin{array}{r} 8 \\ +4 \\ \hline \end{array}$$

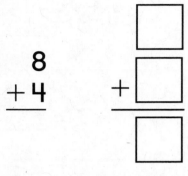

2.

$$\begin{array}{r} 7 \\ +9 \\ \hline \end{array}$$

Encierra en un círculo el sumando mayor.
Cuenta hacia adelante para hallar el total. (CC.1.OA.5)

3.	4.	5.	6.	7.	8.
$\begin{array}{r} 1 \\ +8 \\ \hline \end{array}$	$\begin{array}{r} 3 \\ +7 \\ \hline \end{array}$	$\begin{array}{r} 9 \\ +2 \\ \hline \end{array}$	$\begin{array}{r} 6 \\ +3 \\ \hline \end{array}$	$\begin{array}{r} 7 \\ +1 \\ \hline \end{array}$	$\begin{array}{r} 2 \\ +8 \\ \hline \end{array}$

Usa dobles como ayuda para sumar. (CC.1.OA.6)

9. $7 + 8 =$ _____ | 10. $6 + 7 =$ _____ | 11. $9 + 8 =$ _____

 **Preparación para la prueba**

12. ¿Cuál es la operación de dobles más uno de $6 + 6$? (CC.1.OA.6)

$6 + 6 = 12$ | $6 + 7 = 13$ | $6 + 5 = 11$ | $5 + 7 = 12$

○ | ○ | ○ | ○

Nombre _____

Sumar 10 y más

Pregunta esencial ¿Cómo usamos un cuadro de diez para sumar 10 y algo más?

ESTÁNDARES COMUNES **CC.1.OA.6**
Add and subtract within 20.

Escucha y dibuja EN EL MUNDO

¿Cuánto es 10 + 5? Usa ⬤ ⬤ y el cuadro de diez. Haz un modelo y dibuja para resolver.

PARA EL MAESTRO • Lea el siguiente problema. Ali tiene 10 manzanas rojas en una bolsa. Tiene 5 manzanas amarillas al lado de la bolsa. ¿Cuántas manzanas tiene Ali?

Charla matemática
Explica cómo tu modelo muestra 10 + 5.
MÉTODOS MATEMÁTICOS

Capítulo 3

Representa y dibuja

Puedes usar un cuadro de diez para sumar $10 + 6$.

$$\begin{array}{r} 10 \\ + \ 6 \\ \hline 16 \end{array}$$

Colorea las fichas para mostrar 10 rojas. Colorea las fichas para mostrar 6 amarillas.

Comparte y muestra

Dibuja ● para mostrar 10. Dibuja ○ para mostrar el otro sumando. Escribe el total.

1.
$$\begin{array}{r} 10 \\ + \ 3 \\ \hline \end{array}$$
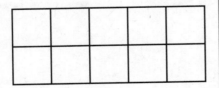

2.
$$\begin{array}{r} 10 \\ + \ 5 \\ \hline \end{array}$$
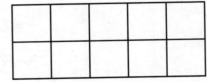

3.
$$\begin{array}{r} 10 \\ + \ 1 \\ \hline \end{array}$$

4.
$$\begin{array}{r} 10 \\ + \ 2 \\ \hline \end{array}$$
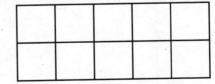

5.
$$\begin{array}{r} 10 \\ + \ 4 \\ \hline \end{array}$$
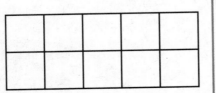

6.
$$\begin{array}{r} 10 \\ + \ 7 \\ \hline \end{array}$$
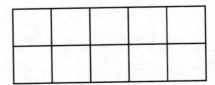

Por tu cuenta

Dibuja 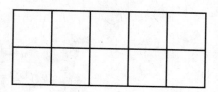 para mostrar 10. Dibuja 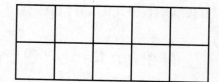 para mostrar el otro sumando. Escribe el total.

7. $\begin{array}{r} 10 \\ +\ 8 \\ \hline \end{array}$

8. $\begin{array}{r} 10 \\ +\ 2 \\ \hline \end{array}$

9. $\begin{array}{r} 10 \\ +\ 6 \\ \hline \end{array}$

10. $\begin{array}{r} 10 \\ +\ 9 \\ \hline \end{array}$

Suma.

11. $\begin{array}{r} 10 \\ +\ 1 \\ \hline \end{array}$

12. $\begin{array}{r} 4 \\ +10 \\ \hline \end{array}$

13. $\begin{array}{r} 5 \\ +10 \\ \hline \end{array}$

14. $\begin{array}{r} 10 \\ +\ 3 \\ \hline \end{array}$

15. $\begin{array}{r} 0 \\ +10 \\ \hline \end{array}$

16. 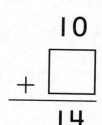 **H.O.T.** Dibuja 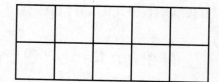 para mostrar 10. Dibuja 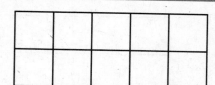 para mostrar el sumando que falta. Escribe el sumando que falta.

$\begin{array}{r} 10 \\ +\ \boxed{} \\ \hline 14 \end{array}$

H.O.T. Dibuja 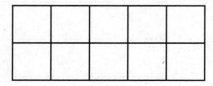 para resolver. Escribe el enunciado de suma. Escribe una explicación de tu modelo.

17. Marina tiene 10 crayones.
Le regalan 7 crayones más.
¿Cuántos crayones tiene ahora?

_____ + _____ = _____

_____
_____
_____
_____
_____

18. ⭐ **Preparación para la prueba** ¿Qué enunciado muestra este modelo?

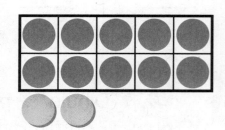

$10 - 2 = 8$ | $10 + 2 = 12$ | $5 + 2 = 7$ | $5 + 1 = 6$
○ | ○ | ○ | ○

ACTIVIDAD PARA LA CASA • Pida a su niño que elija un número entre el 1 y el 10 y que luego halle la suma total de 10 y ese número. Repita la actividad con otro número.

PRÁCTICA ADICIONAL:
Cuaderno de práctica de los estándares, págs. P57 y P58

Formar decenas para sumar

Pregunta esencial ¿Cómo usamos la estrategia de formar una decena para sumar?

ESTÁNDARES COMUNES CC.1.OA.6
Add and subtract within 20.

Escucha y dibuja

¿Cuánto es 9 + 6? Usa ⬤ ⬤ y el cuadro de diez. Haz un modelo y dibuja para resolver.

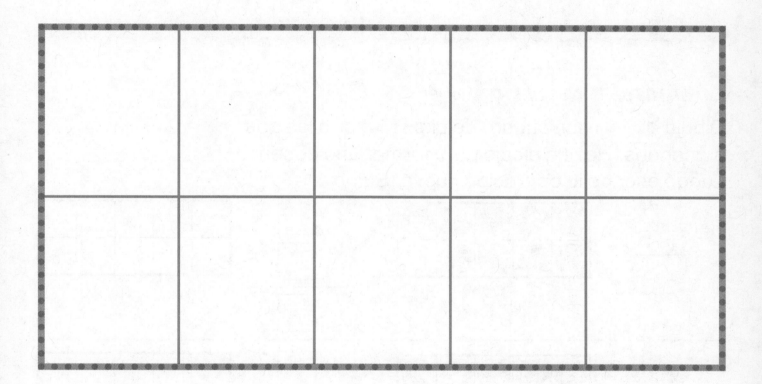

PARA EL MAESTRO • Pregunte a los niños: ¿Cuánto es 9 + 6? Pida a los niños que hagan un modelo con fichas rojas y amarillas. Luego mueva una de las 6 fichas amarillas para formar una decena.

Charla matemática
Explica por qué comienzas poniendo 9 fichas en el cuadro de diez.

MÉTODOS MATEMÁTICOS

¿Por qué muestras 8 en el cuadro de diez para hallar 4 + 8?

Coloca 8 en el cuadro de diez. Luego muestra 4 ⚪.

$$\begin{array}{r} 4 \\ + 8 \\ \hline \end{array}$$

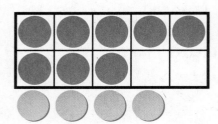

Haz un dibujo para **formar una decena**. Luego escribe la operación nueva.

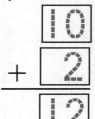 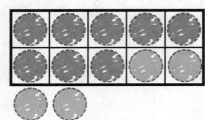

Comparte y muestra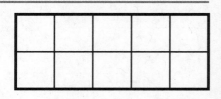

Dibuja ⚫ ⚪ y un cuadro de diez. Muestra los dos sumandos. Haz un dibujo para formar una decena. Luego escribe la operación nueva. Suma.

1.
$$\begin{array}{r} 9 \\ + 5 \\ \hline \end{array}$$

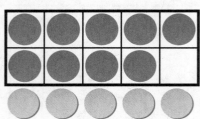

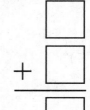

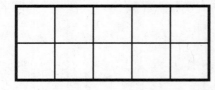

⊘2.
$$\begin{array}{r} 4 \\ + 7 \\ \hline \end{array}$$

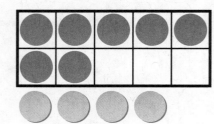

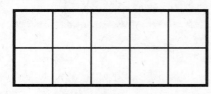

⊘3.
$$\begin{array}{r} 9 \\ + 8 \\ \hline \end{array}$$

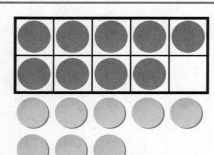

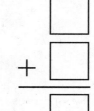

Por tu cuenta

Dibuja 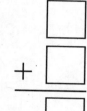 y un cuadro de diez. Muestra los dos sumandos. Haz un dibujo para formar una decena. Escribe la operación nueva y suma.

4.
$$\begin{array}{r} 5 \\ +\ 8 \\ \hline \end{array}$$

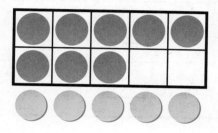

$+$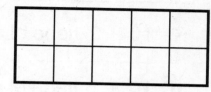

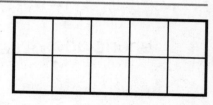

5.
$$\begin{array}{r} 9 \\ +\ 6 \\ \hline \end{array}$$

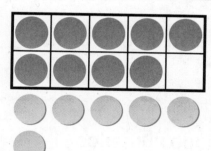

$+$

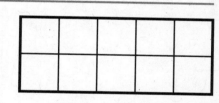

6.
$$\begin{array}{r} 7 \\ +\ 9 \\ \hline \end{array}$$

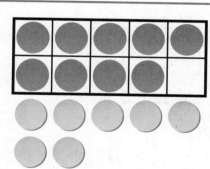

$+$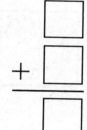

7. **Explica** ¿Qué estrategia elegirías para resolver 7 + 8? ¿Por qué?

_____

_ _

_____

_ _

_____

RESOLUCIÓN DE PROBLEMAS

Escribe

Resuelve.

8. 10 + 8 tiene el mismo total que 9 + _____.

9. 10 + 7 tiene el mismo total que 8 + _____.

10. 10 + 5 tiene el mismo total que 6 + _____.

11. **H.O.T.** Escribe los números **6, 8** y **10** para completar este

enunciado. _____ + _____ tiene el mismo total que _____ + 8.

12. **Preparación para la prueba** ¿Qué enunciado numérico muestra este modelo?

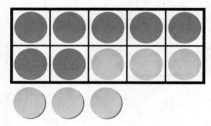

$10 - 3 = 7$ ○

$7 + 2 = 9$ ○

$10 + 2 = 12$ ○

$10 + 3 = 13$ ○

 ACTIVIDAD PARA LA CASA · Recorte 2 tazas de un cartón de huevos o dibuje una cuadrícula de 5 por 2 en una hoja de papel para crear un cuadro de diez. Pida a su niño que muestre cómo formar una decena con objetos pequeños para resolver 8 + 3, 7 + 6, y 9 + 9.

© Houghton Mifflin Harcourt Publishing Company

PRÁCTICA ADICIONAL: Cuaderno de práctica de los estándares, págs. P59 y P60

Práctica: Formar 10 para sumar

Pregunta esencial ¿Cómo se forma una decena de ayuda para sumar?

ESTÁNDARES COMUNES **CC.1.OA.6**
Add and subtract within 20.

Escucha y dibuja EN EL MUNDO

Haz un dibujo que muestre los sumandos.
Luego haz un dibujo que muestre cómo formar
una decena. Escribe el total.

$$\begin{array}{r} 6 \\ + 7 \\ \hline \end{array}$$

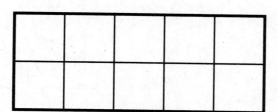

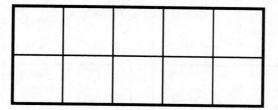

PARA EL MAESTRO • Lea el siguiente problema.
Juan tiene 6 clips grandes y 7 clips pequeños. ¿Cuántos
clips tiene? Pida a los niños que dibujen fichas en los
cuadros de diez para mostrar cómo resolver formando
una decena.

Charla matemática
Describe cómo los dibujos muestran el modo de formar una decena para resolver 6 + 7.

MÉTODOS MATEMÁTICOS

¿Cuánto es 9 + 6?

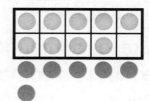
Comienza con el sumando mayor.

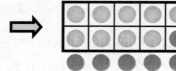
Forma una decena.

Halla el total.

$$9 + 1 + 5$$

$$10 + 5 = \underline{\hspace{1cm}}$$

Por lo tanto, $6 + 9 = \underline{\hspace{1cm}}$.

Comparte y muestra  Math Board

Muestra cómo formas una decena. Luego suma.

1. ¿Cuánto es 8 + 4?

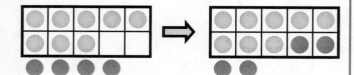

$$\underline{\hspace{1cm}} + \underline{\hspace{1cm}} + 2$$

$$\underline{\hspace{1cm}} + \underline{\hspace{1cm}} = \underline{\hspace{1cm}}$$

Por lo tanto, $8 + 4 = \underline{\hspace{1cm}}$.

2. ¿Cuánto es 5 + 7?

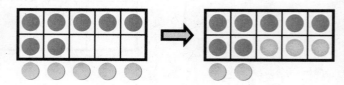

$$\underline{\hspace{1cm}} + \underline{\hspace{1cm}} + 2$$

$$\underline{\hspace{1cm}} + \underline{\hspace{1cm}} = \underline{\hspace{1cm}}$$

Por lo tanto, $5 + 7 = \underline{\hspace{1cm}}$.

Por tu cuenta

Muestra cómo formas una decena. Luego suma.

3. ¿Cuánto es 7 + 8?

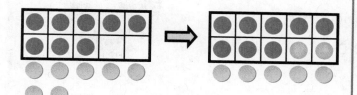

___ + ___ + ___

___ + ___ = ___

Por lo tanto, 7 + 8 = ___.

4. ¿Cuánto es 9 + 8?

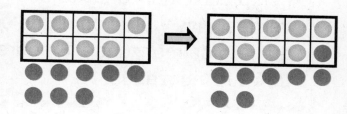

___ + ___ + ___

___ + ___ = ___

Por lo tanto, 9 + 8 = ___.

H.O.T. Usa el modelo. Muestra cómo formas una decena. Luego suma.

5.

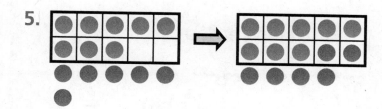

___ + ___ + ___

___ + ___ = ___

Por lo tanto, ___ + ___ = ___.

RESOLUCIÓN DE PROBLEMAS EN EL MUNDO

Escribe

Sigue las pistas para resolver. Dibuja líneas para emparejar.

6. Juan, Luis y Mike compran manzanas. Mike compra 10 manzanas rojas y 4 manzanas verdes. Luis y Mike compran el mismo número de manzanas. Empareja a cada niño con sus manzanas.

Juan	10 manzanas rojas y 4 manzanas verdes
Luis	6 manzanas rojas y 8 manzanas verdes
Mike	8 manzanas rojas y 7 manzanas verdes

7. **H.O.T.** Observa el Ejercicio 6. Juan come una manzana. Ahora tiene el mismo número de manzanas que Luis y Mike. ¿Cuántas manzanas rojas y verdes podría tener?

_____ manzanas rojas y _____ manzanas verdes

8. ⭐ **Preparación para la prueba** ¿Qué opción muestra cómo formar una decena para resolver 9 + 7?

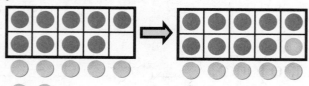

- ○ 5 + 4 + 5
- ○ 7 + 3 + 9
- ○ 9 + 1 + 6
- ○ 9 + 1 + 7

ACTIVIDAD PARA LA CASA · Pida a su niño que le muestre cómo formar una decena para resolver 8 + 7.

PRÁCTICA ADICIONAL:
Cuaderno de práctica de los estándares, págs. P61 y P62

© Houghton Mifflin Harcourt Publishing Company

Nombre _____

Álgebra • Sumar 3 números

Pregunta esencial ¿Cómo se suman tres sumandos?

ESTÁNDARES COMUNES CC.1.OA.3
Understand and apply properties of
operations and the relationship
between addition and subtraction.

Escucha y dibuja EN EL MUNDO

Usa 🔳 para hacer un modelo del problema.
Haz un dibujo que muestre tu trabajo.

_____ pájaros

Charla matemática
¿Qué dos sumandos sumaste primero? Explica.

MÉTODOS MATEMÁTICOS

PARA EL MAESTRO • Lea el siguiente problema.
Kelly ve 7 pájaros. Bill ve 2 pájaros. Joe ve
3 pájaros. ¿Cuántos pájaros vieron los tres?

2 + 3 + 1 = ___

> Puedes cambiar qué dos sumandos sumas primero. El total siempre es el mismo.

Suma 2 y 3. Luego suma 1.

__5__ + __1__ = __6__

Suma 3 y 1. Luego suma 2.

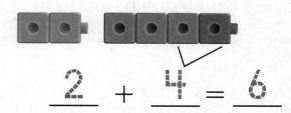

__2__ + __4__ = __6__

Comparte y muestra

Usa ▦▦▦ para cambiar qué dos sumandos sumas primero. Completa los enunciados de suma.

1. 5 + 2 + 3 = ___

___ + ___ = ___   ___ + ___ = ___

2. 3 + 4 + 6 = ___

___ + ___ = ___   ___ + ___ = ___

Por tu cuenta

Observa los . Completa los enunciados de suma mostrando dos maneras de hallar el total.

3. $7 + 3 + 1 =$ ___

___ + ___ = ___   ___ + ___ = ___

4. $3 + 6 + 3 =$ ___

___ + ___ = ___   ___ + ___ = ___

Resuelve de las dos maneras.

5. $2 + 3 + 7 =$ ___ $2 + 3 + 7 =$ ___

___ + ___ = ___   ___ + ___ = ___

6. **H.O.T.** Usé  para hacer un modelo de 3 sumandos. Usa mi modelo. Escribe los 3 sumandos.

Mi modelo

___ + ___ + ___ = 7

RESOLUCIÓN DE PROBLEMAS

Escribe

7. **H.O.T.** Elige tres números del 1 al 6. Escribe los números en un enunciado de suma. Muestra dos maneras de hallar el total.

8. ⭐ **Preparación para la prueba** ¿Cuál es el total de 2 + 2 + 8?

10   11   12   20

○   ○   ○   ○

ACTIVIDAD PARA LA CASA · Pida a su niño que haga un dibujo que muestre dos maneras de sumar los números 2, 4 y 6.

PRÁCTICA ADICIONAL:
Cuaderno de práctica de los estándares, págs. P63 y P64

Nombre _____

Álgebra • Sumar 3 números

Pregunta esencial ¿Cómo agrupamos los números para sumar tres sumandos?

ESTÁNDARES COMUNES **CC.1.OA.3**
Understand and apply properties of operations and the relationship between addition and subtraction.

Escucha y dibuja EN EL MUNDO

Escucha el problema. Muestra dos maneras de agrupar y sumar los números.

3	6	3

Charla matemática
Describe las dos maneras en que agrupaste los números para sumarlos.

MÉTODOS MATEMÁTICOS

PARA EL MAESTRO • Lea el siguiente problema. Hay 3 niños en una mesa. Hay 6 niños en otra mesa. Hay 3 niños en la fila. ¿Cuántos niños hay?

Puedes agrupar los sumandos en cualquier orden y en diferentes maneras de hallar el total.

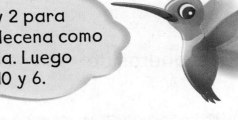

Suma 8 y 2 para formar una decena como estrategia. Luego suma 10 y 6.

Suma 6 y 2 para contar hacia adelante como estrategia. Luego suma los dobles 8 y 8.

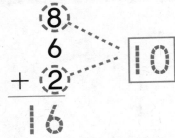

8
6
+ 2

10

16

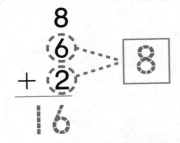

8
6
+ 2

8

16

Comparte y muestra

Elige una estrategia. Encierra en un círculo los dos sumandos que sumarás primero. Escribe el total. Luego halla el total de las sumas. Luego usa otra estrategia y suma de nuevo.

PIENSA
Cuenta hacia adelante, usa dobles, dobles más uno, dobles menos uno o forma una decena para sumar.

1.
6
4
+ 2

☐

6
4
+ 2

☐

2.
3
4
+ 4

☐

3
4
+ 4

☐

3.
2
5
+ 0

☐

2
5
+ 0

☐

4.
5
4
+ 5

☐

5
4
+ 5

☐

Por tu cuenta

Elige una estrategia. Encierra en un círculo los dos sumandos que sumarás primero. Escribe el total.

5. 8
  2
+2
	6. 6
	  0
	+8
		7. 3
		  4
		+6
			8. 2
			  3
			+7

9. 7
  7
+2
	10. 1
	  9
	+1
		11. 5
		  4
		+4
			12. 5
			  5
			+5

13. 3
  5
+2
	14. 2
	  6
	+4
		15. 9
		  9
		+1
			16. 1
			  2
			+8

 Escribe los sumandos que faltan. Suma.

17.

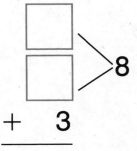

18.

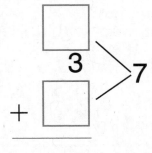

RESOLUCIÓN DE PROBLEMAS EN EL MUNDO

Escribe

Haz un dibujo. Escribe el enunciado numérico.

19. Maria tiene 3 gatos. Jim tiene 2 gatos. Cheryl tiene 5 gatos. ¿Cuántos gatos tienen los tres?

___ + ___ + ___ = ___ gatos

___

20. Tony ve 5 tortugas pequeñas.
Ve 0 tortugas medianas.
Ve 4 tortugas grandes.
¿Cuántas tortugas ve en total?

___ + ___ + ___ = ___ tortugas

___

21. **H.O.T.** Kathy ve 13 peces en la pecera. Hay 6 peces doraros. El resto son azules o rojos. ¿Cuántos tipos de cada uno podría ver?

___ + ___ + 6 = 13 peces

22. ⭐ **Preparación para la prueba** ¿Cuál es el total de $7 + 4 + 3$?

7	13	14	15
○	○	○	○

ACTIVIDAD PARA LA CASA • Pida a su niño que observe el Ejercicio 21. Pida a su niño que le explique cómo decidió qué números usar. Pídale que le diga dos números nuevos que podrían funcionar.

© Houghton Mifflin Harcourt Publishing Company

PRÁCTICA ADICIONAL:
Cuaderno de práctica de los estándares, págs. P65 y P66

Nombre _____

Resolución de problemas •
Usar las estrategias de suma

Pregunta esencial ¿Cómo resolvemos problemas de suma haciendo un dibujo?

ESTÁNDARES COMUNES CC.1.OA.2
Represent and solve problems involving addition and subtraction.

Megan pone 8 peces en la pecera. Tess pone 2 peces más. Luego Bob pone 3 peces más. ¿Cuántos peces hay en la pecera ahora?

? Soluciona el problema EN EL MUNDO

¿Qué debo hallar?

cuántos **peces**

hay en la pecera

¿Qué información debo usar?

Megan pone __8__ peces.

Tess pone __2__ peces.

Bob pone __3__ peces.

Muestra cómo resolver el problema.

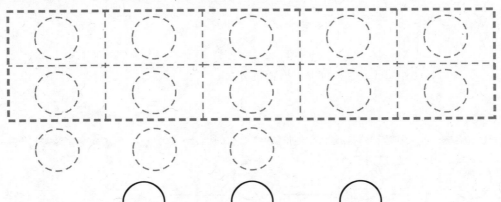

____ $\bigcirc$ ____ $\bigcirc$ ____ $\bigcirc$ ____

____ peces

CONEXIÓN CON EL HOGAR • Su niño continuará usando esta tabla durante el año como ayuda para solucionar problemas. En esta lección, su niño aplicó la estrategia de hacer un dibujo para resolver problemas.

Haz otro problema

Haz un dibujo para resolver.

- ¿Qué debo hallar?
- ¿Qué información debo usar?

1. Mark tiene 9 carritos verdes.
   Tiene 1 carrito amarillo.
   También tiene 5 carritos azules.
   ¿Cuántos carritos tiene?

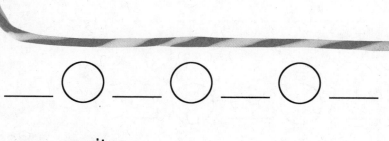

__ carritos

© Houghton Mifflin Harcourt Publishing Company

Charla matemática
Explica por qué formar una decena te ayuda a resolver el problema.

MÉTODOS MATEMÁTICOS

Nombre _____

Comparte y muestra

Haz un dibujo para resolver.

2. Ken pone 5 monedas de 1¢ en un frasco.
Lou pone 0 monedas de 1¢. Mae pone 5
monedas de 1¢. ¿Cuántas monedas de
1¢ hay en el frasco?

____ ◯ ____ ◯ ____ ◯ ____   ____ monedas de 1¢

3. Ava tiene 3 cometas. Lexi tiene
3 cometas. Fred tiene 5 cometas.
¿Cuántas cometas tienen los tres?

____ ◯ ____ ◯ ____ ◯ ____   ____ cometas

4. Alex saca 8 libros de la biblioteca.
Ryan saca 7 libros. Dee saca 1 libro.
¿Cuántos libros tienen los tres?

____ ◯ ____ ◯ ____ ◯ ____   ____ libros

5. Haley tiene 6 lápices. Mac tiene
4 lápices. Sid tiene 4 lápices.
¿Cuántos lápices tienen los tres?

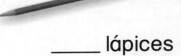

____ ◯ ____ ◯ ____ ◯ ____   ____ lápices

Por tu cuenta

Resuelve. Escribe o haz un dibujo que muestre tu trabajo.

Escribe

6. Kevin tiene 15 tarjetas de béisbol. Regala 8 tarjetas de béisbol. ¿Cuántas tarjetas de béisbol tiene?

_____ tarjetas de béisbol

7. Peter envía 4 cartas. Luego envía 3 cartas más. Luego envía 2 cartas más. ¿Cuántas cartas envió Peter?

Querida June,
Me voy a México y volaré en un avión.

_____ cartas

8. **H.O.T.** Hay 12 canicas en una bolsa. Shelly saca 3 canicas. Dany pone 4. ¿Cuántas canicas hay en la bolsa ahora?

_____ canicas

9. ⭐ **Preparación para la prueba** Brooke tiene 7 conchas marinas rosadas, 8 blancas y 3 marrones. ¿Cuántas conchas marinas tiene?

○ 10 conchas marinas   ○ 11 conchas marinas

○ 15 conchas marinas   ○ 18 conchas marinas

ACTIVIDAD PARA LA CASA • Pida a su niño que observe el Ejercicio 8 y que diga cómo halló la respuesta.

PRÁCTICA ADICIONAL:
Cuaderno de práctica de los estándares, págs. P67 y P68

Vocabulario

Empareja cada operación con la estrategia que usarías para resolverla.

1. $5 + 5 = 10$ •
2. $5 + 2 = 7$ •
3. $5 + 4 = 9$ •
4. $5 + 6 = 11$ •

• **contar hacia adelante** (p. 102)
• **dobles** (p. 106)
• **dobles más uno** (p. 114)
• **dobles menos uno** (p. 114)

Conceptos y destrezas

Usa ⬤ ⬤ y un cuadro de diez. Muestra los dos sumandos. Haz un dibujo para formar una decena. Luego escribe la operación nueva. Suma. (CC.1.OA.6)

5.

$\begin{array}{r} 8 \\ + 7 \\ \hline \end{array}$

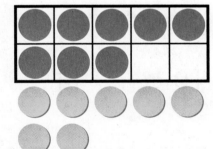

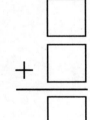

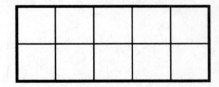

Observa los ▪️▪️▪️. Completa los enunciados de suma mostrando dos maneras de hallar el total. (CC.1.OA.3)

6. $3 + 4 + 5 = $ ____

____ + ____ = ____   ____ + ____ = ____

7. Rick tiene 10 caracoles.
Encuentra 4 caracoles más.
¿Cuántos caracoles tiene
Rick ahora? (CC.1.OA.6)

| 5 caracoles | 6 caracoles | 10 caracoles | 14 caracoles |
| ○ | ⊙ | ○ | ○ |

8. ¿Qué enunciado
numérico coincide con
el modelo? (CC.1.OA.5)

$8 + 3 = 11$
○

$8 + 4 = 12$
○

$12 - 3 = 9$
○

$11 - 4 = 7$
○

9. ¿Cuál es el total?
(CC.1.OA.5)

$$\begin{array}{r} 2 \\ + 9 \\ \hline \end{array}$$

| 9 | 10 | 11 | 12 |
| ○ | ○ | ○ | ○ |

10. ¿Qué operación de dobles
muestra el modelo? (CC.1.OA.6)

$2 + 2 = 4$
○

$3 + 3 = 6$
○

$4 + 4 = 8$
○

$5 + 5 = 10$
○

11. ¿Cuál es el total de la operación de dobles menos uno? (CC.1.OA.6)

$$\begin{array}{r} 8 \\ + 7 \\ \hline \end{array}$$

13   14   15   16
○   ○   ○   ○

12. ¿Cuál es el total de suma que falta? (CC.1.OA.6)

Contar hacia adelante 3
$6 + 3 = 9$
$7 + 3 = 10$
$8 + 3 = $ _____

13   12   11   10
○   ○   ○   ○

13. ¿Qué opción muestra los mismos sumandos en diferente orden? (CC.1.OA.3)

$$\begin{array}{r} 8 \\ + 5 \\ \hline 13 \end{array}$$

$$\begin{array}{r} 8 \\ - 5 \\ \hline 3 \end{array} \quad \begin{array}{r} 13 \\ - 5 \\ \hline 8 \end{array} \quad \begin{array}{r} 8 \\ + 5 \\ \hline 13 \end{array} \quad \begin{array}{r} 5 \\ + 8 \\ \hline 13 \end{array}$$

○   ○   ○   ○

14. ¿Qué opción muestra cómo usar dobles para resolver $9 + 8$?

(CC.1.OA.6)

$8 + 8 + 8$ $1 + 8 + 8$
○   ○

$8 + 8 + 9$ $8 + 1 + 9$
○   ○

Tarea de rendimiento (CC.1.OA.3, CC.1.OA.6)

Ben elige 3 sumandos y halla el total.
Usa las siguientes estrategias.

- Sumar 3 números.
- Sumar dobles.
- Formar una decena para sumar.
- Sumar en cualquier orden.

Muestra los 3 sumandos que pudo elegir Ben.
Resuelve.
Explica con números, dibujos o palabras.

Muestra tu trabajo.

Estrategias de resta

Aprendo más con

Jorge el Curioso

Hay seis pollitos en la cerca. Dos pollitos se fueron saltando. ¿Cuántos pollitos quedan?

Muestra lo que sabes

Representa la resta

Usa  para mostrar cada número.
Quita algunos. Escribe cuántos quedan.

1.

quítale 2 a 5

_____
_ _ _ _ _ _ _ _ _
_____

2.

quítale 1 a 3

_____
_ _ _ _ _ _ _ _ _
_____

Usa los signos para restar

Mira el dibujo. Escribe el enunciado de resta.

3.

___ ◯ ___ ◯ ___

4.

___ ◯ ___ ◯ ___

Resta todo o cero

Escribe cuántos quedan.

5.

$3 - 0 =$ ___

6.

$4 - 4 =$ ___

 Nota a la familia: Esta página es para verificar que su niño comprenda las destrezas importantes que se necesitan para tener éxito en el Capítulo 4.

 Opciones de evaluación
Soar to Success Math

© Houghton Mifflin Harcourt Publishing Company

Desarrollo del vocabulario

Visualízalo

Completa la tabla.

Marca cada hilera con un ✔.

Palabra	La conozco	Suena conocida	No la conozco
diferencia			
restar			
enunciado de resta			
quitar			

Comprende el vocabulario

Completa los enunciados con las palabras de repaso.

1. Tres es la _____ de $5 - 2 = 3$.

2. $7 - 4 = 3$ es un _____.

3. Para resolver $5 - 1$, debes _____.

4. Le puedes _____ 2 ◯ a 6 ◯.

Capítulo 4

• Libro electrónico del estudiante
• Glosario multimedia
APRENDE en línea

ciento cincuenta y uno **151**

Juego

Bajo el mar

Materiales • 👥👥 • • 12 📷

Juega con un compañero. Túrnense.

1. Coloca tu ♟ en la SALIDA.
2. Haz girar la (1→2). Muévete esa cantidad de casillas.
3. Haz girar la rueda de nuevo. Resta ese número del número que está en la casilla del tablero.
4. Usa 📷 para comprobar tu resultado. Si no es correcto, pierdes un turno.
5. El primer jugador que alcance la LLEGADA gana.

SALIDA 4 6 8 5 10 9

8 Adelanta 1 casilla. 9 Regresa una casilla. 7 10 Adelanta 2 casillas. 7

5 10 Regresa una casilla. 9 5 Adelanta 1 casilla. 4 6

LLEGADA Regresa una casilla. 4 5 Regresa una casilla. 4 5 8

Contar hacia atrás

Pregunta esencial ¿Cómo contamos hacia atrás 1, 2 o 3?

ESTÁNDARES COMUNES **CC.1.OA.5**
Add and subtract within 20.

Escucha y dibuja

Comienza en el 9. Cuenta hacia atrás para hallar la diferencia.

$9 - 1 =$ _____

$9 - 2 =$ _____

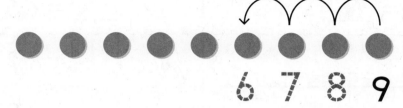

$9 - 3 =$ _____

Charla matemática
Explica por qué cuentas hacia atrás para hallar la diferencia.

MÉTODOS MATEMÁTICOS

CONEXIÓN CON EL HOGAR • Su niño contó hacia atrás para hallar la diferencia. Contar hacia atrás es una estrategia que sirve para aprender operaciones de resta.

Puedes **contar hacia atrás**
para restar.

Usa 8 ⬤.

Cuenta hacia atrás 1 ⬤.

La diferencia es 7.

7   8

$8 - 1 = \underline{7}$

Comparte y muestra

Usa ⬤.
Cuenta hacia atrás 1, 2 o 3 para restar.
Escribe la diferencia.

1. $5 - 1 = \underline{\quad}$	2. $\underline{\quad} = 5 - 2$
3. $6 - 1 = \underline{\quad}$	4. $\underline{\quad} = 6 - 3$
5. $7 - 2 = \underline{\quad}$	6. $\underline{\quad} = 7 - 3$
7. $10 - 1 = \underline{\quad}$	8. $\underline{\quad} = 10 - 2$
9. $12 - 3 = \underline{\quad}$	10. $\underline{\quad} = 8 - 2$
✓11. $4 - 3 = \underline{\quad}$	✓12. $\underline{\quad} = 9 - 1$

Nombre _____

Por tu cuenta

Cuenta hacia atrás 1, 2 o 3.
Escribe la diferencia.

13. $9 - 3 =$ ___	14. ___ $= 5 - 3$	15. $6 - 3 =$ ___
16. $7 - 2 =$ ___	17. ___ $= 10 - 1$	18. $8 - 1 =$ ___
19. $5 - 2 =$ ___	20. ___ $= 8 - 3$	21. $11 - 3 =$ ___
22. $7 - 1 =$ ___	23. ___ $= 9 - 1$	24. $6 - 2 =$ ___
25. $4 - 1 =$ ___	26. ___ $= 7 - 2$	27. $3 - 1 =$ ___
28. $12 - 3 =$ ___	29. ___ $= 11 - 2$	30. $10 - 2 =$ ___
31. $3 - 2 =$ ___	32. ___ $= 4 - 2$	33. $9 - 2 =$ ___
34. $8 - 2 =$ ___	35. ___ $= 10 - 3$	36. $7 - 3 =$ ___

37.  Alex restó 3 de 10. ¿Qué enunciado
de resta podría escribir?

___ ◯ ___ ◯ ___

RESOLUCIÓN DE PROBLEMAS EN EL MUNDO

Escribe

Escribe un enunciado de resta para resolver.

38. Paco tiene 11 vagones. Puso 2 vagones en la vía. ¿Cuántos vagones quedan fuera de la vía?

_____ – _____ = _____ vagones

39. **H.O.T.** Paco puso 1 vagón más en la vía. ¿Cuántos vagones quedan fuera de la vía ahora?

Busca en el Ejercicio 38 información para resolver.

_____ – _____ = _____ vagones

40. ⭐ **Preparación para la prueba** Josh tenía 9 carritos. Le regaló algunos a Paul. Ahora Josh tiene 7 carritos. ¿Cuántos le regaló a Paul? ¿Qué enunciado de resta muestra el problema?

$7 - 2 = 5$ ○ | $8 - 1 = 7$ ○ | $9 - 1 = 8$ ○ | $9 - 2 = 7$ ○

ACTIVIDAD PARA LA CASA • Pida a su niño que muestre cómo usar la estrategia de contar hacia atrás para hallar la diferencia de 7 – 2. Repita la actividad con otros problemas de contar hacia atrás 1, 2 o 3 desde 12 o menos.

• **PRÁCTICA ADICIONAL:** Cuaderno de práctica de los estándares, págs. P73 y P74

Nombre _____

Pensar en la suma para restar

Pregunta esencial ¿Cómo usamos una operación de suma para hallar el resultado de una operación de resta?

ESTÁNDARES COMUNES CC.1.OA.4
Understand and apply properties of operations and the relationship between addition and subtraction.

Escucha y dibuja

Usa ▣▣ para hacer un modelo del problema.
Dibuja ▣▣ para mostrar tu trabajo.

¿Cuánto es 12 – 5?

$$5 + \text{\_\_\_} = 12$$

$$12 - 5 = \text{\_\_\_}$$

PARA EL MAESTRO • Lea los siguientes problemas. Joey tenía 5 cubos. Sara le dio más cubos. Ahora Joey tiene 12 cubos. ¿Cuántos cubos le dio Sara? Los niños resuelven en el espacio de arriba. Luego pida a los niños que resuelvan este problema: Joey tenía 12 cubos. Le dio 5 cubos a Sara. ¿Cuántos cubos tiene Joey ahora?

Charla matemática
Explica cómo 5 + 7 = 12 te sirve para hallar 12 – 5.

MÉTODOS MATEMÁTICOS

¿Cuánto es 9 − 4?

Piensa

$$4 + \underline{\ ?\ } = 9$$

Piensa $4 + \underline{5} = 9$

Por lo tanto, $9 - 4 = \underline{5}$

Comparte y muestra Math Board

Usa 🟦 🟦 para sumar y restar.

1. ¿Cuánto es 8 − 6?

   Piensa $6 + \underline{\ \ \ } = 8$

   Por lo tanto, $8 - 6 = \underline{\ \ \ }$

2. ¿Cuánto es 8 − 4?

   Piensa $4 + \underline{\ \ \ } = 8$

   Por lo tanto, $8 - 4 = \underline{\ \ \ }$

3. ¿Cuánto es 10 − 4?

   Piensa $4 + \underline{\ \ \ } = 10$

   Por lo tanto, $10 - 4 = \underline{\ \ \ }$

4. ¿Cuánto es 12 − 6?

   Piensa $6 + \underline{\ \ \ } = 12$

   Por lo tanto, $12 - 6 = \underline{\ \ \ }$

Nombre _____

Por tu cuenta

Usa  para sumar y restar.

5.
$$\begin{array}{r} 8 \\ -\ 3 \\ \hline ? \end{array}$$

Piensa
$$\begin{array}{r} 3 \\ +\ \boxed{} \\ \hline 8 \end{array}$$

Por lo tanto,
$$\begin{array}{r} 8 \\ -\ 3 \\ \hline \end{array}$$

6.
$$\begin{array}{r} 9 \\ -\ 5 \\ \hline ? \end{array}$$

Piensa
$$\begin{array}{r} 5 \\ +\ \boxed{} \\ \hline 9 \end{array}$$

Por lo tanto,
$$\begin{array}{r} 9 \\ -\ 5 \\ \hline \end{array}$$

7.
$$\begin{array}{r} 12 \\ -\ 7 \\ \hline ? \end{array}$$

Piensa
$$\begin{array}{r} 7 \\ +\ \boxed{} \\ \hline 12 \end{array}$$

Por lo tanto,
$$\begin{array}{r} 12 \\ -\ 7 \\ \hline \end{array}$$

H.O.T. Resuelve.

8. Carol sabe usar los enunciados de suma para escribir enunciados de resta. Escribe un enunciado de resta que Carol pueda resolver con $6 + 8 = 14$.

____ ◯ ____ ◯ ____

9. Escribe un enunciado de suma que le sirva a Carol para resolver $13 - 9$.

____ ◯ ____ ◯ ____

RESOLUCIÓN DE PROBLEMAS EN EL MUNDO

Escribe

Escribe un enunciado numérico para resolver.

10. Hay 14 gatos. Siete son negros. El resto son amarillos. ¿Cuántos gatos amarillos hay?

__ ◯ __ ◯ __

____ gatos amarillos

11. Tenía unos lápices. Regalé 4 lápices. Ahora tengo 2 lápices. ¿Cuántos lápices tenía al comienzo?

__ ◯ __ ◯ __

____ lápices

12. **H.O.T.** Sarah tiene 8 flores menos que Ann. Ann tiene 16 flores. ¿Cuántas flores tiene Sarah?

__ ◯ __ ◯ __

____ flores

13. ⭐ **Preparación para la prueba** ¿Qué enunciado numérico te sirve para resolver $10 - 7$?

$3 + 4 = 7$	$5 + 5 = 10$	$7 + 3 = 10$	$6 + 4 = 10$
○	○	○	○

ACTIVIDAD PARA LA CASA • Escriba $5 + 4 = $ ___ y pida a su niño que escriba el total. Pídale que explique cómo usó $5 + 4 = 9$ para resolver ___ $- 4 = 5$ y que luego escriba el resultado.

© Houghton Mifflin Harcourt Publishing Company

PRÁCTICA ADICIONAL:
Cuaderno de práctica de los estándares, págs. P75 y P76

Nombre _____

Práctica: Pensar en la suma para restar

Pregunta esencial ¿Cómo nos sirve una operación de suma para hallar el resultado de una operación de resta?

ESTÁNDARES COMUNES CC.1.OA.4
Understand and apply properties of operations and the relationship between addition and subtraction.

Escucha y dibuja

¿Cuánto es 10 − 3?

Usa ▪▪ ▪▪. Haz un dibujo que muestre tu trabajo.
Escribe los enunciados numéricos.

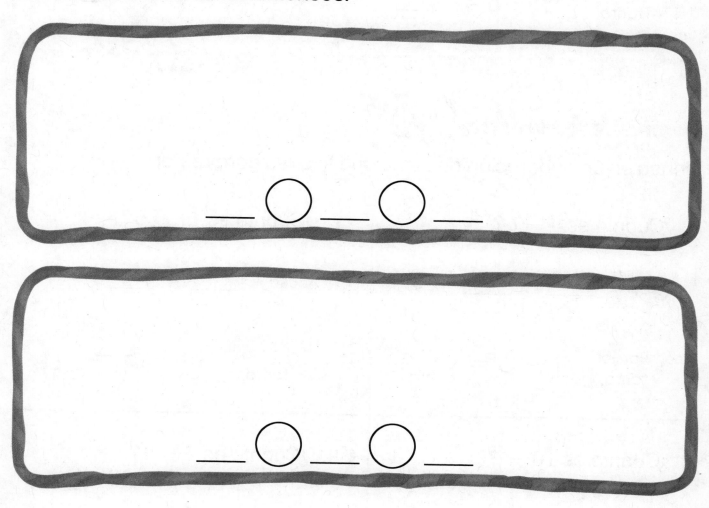

___ ◯ ___ ◯ ___

___ ◯ ___ ◯ ___

PARA EL MAESTRO • Lea el problema. María tiene 7 juegos. Le regalan 3 más. ¿Cuántos juegos tiene María en total? Los niños resuelven en el espacio de arriba. Luego pida a los niños que resuelvan este problema: María tiene 10 juegos. Regala 3 juegos a sus amigos. ¿Cuántos juegos le quedan?

Charla matemática
¿Tus resultados tienen sentido? Explica.

MÉTODOS MATEMÁTICOS

Capítulo 4

Las operaciones de suma te sirven para restar. ¿Cuánto es 8 − 6?

Usa $\underline{6}$ + $\underline{}$ = 8

Por lo tanto,   8 − 6 = $\underline{}$

Comparte y muestra

Piensa en una operación de suma que te sirva para restar.

1. ¿Cuánto es 9 − 6?

Usa $\underline{6}$ + $\underline{}$ = 9

Por lo tanto,   9 − 6 = $\underline{}$

2. ¿Cuánto es 11 − 5?

Usa $\underline{}$ + $\underline{}$ = 11

Por lo tanto,   11 − 5 = $\underline{}$

3. ¿Cuánto es 10 − 8?

Usa $\underline{}$ + $\underline{}$ = 10

Por lo tanto,   10 − 8 = $\underline{}$

4. ¿Cuánto es 7 − 4?

Usa $\underline{}$ + $\underline{}$ = 7

Por lo tanto,   7 − 4 = $\underline{}$

Por tu cuenta

Piensa en una operación de suma que te sirva para restar.

5.
$$\begin{array}{r} 16 \\ -\ 8 \\ \hline \end{array}$$

$$\begin{array}{r} 8 \\ +\ \blacksquare \\ \hline 16 \end{array}$$

6.
$$\begin{array}{r} 10 \\ -\ 6 \\ \hline \end{array}$$

$$\begin{array}{r} 6 \\ +\ \blacksquare \\ \hline 10 \end{array}$$

7.
$$\begin{array}{r} 7 \\ -\ 5 \\ \hline \end{array}$$

8.
$$\begin{array}{r} 10 \\ -\ 5 \\ \hline \end{array}$$

9.
$$\begin{array}{r} 8 \\ -\ 5 \\ \hline \end{array}$$

10.
$$\begin{array}{r} 11 \\ -\ 6 \\ \hline \end{array}$$

11.
$$\begin{array}{r} 13 \\ -\ 7 \\ \hline \end{array}$$

12.
$$\begin{array}{r} 11 \\ -\ 4 \\ \hline \end{array}$$

13.
$$\begin{array}{r} 14 \\ -\ 7 \\ \hline \end{array}$$

14.
$$\begin{array}{r} 9 \\ -\ 3 \\ \hline \end{array}$$

15.
$$\begin{array}{r} 11 \\ -\ 7 \\ \hline \end{array}$$

16.
$$\begin{array}{r} 12 \\ -\ 7 \\ \hline \end{array}$$

17. **H.O.T.** Emil tiene 13 lápices en un portalápices. Saca unos lápices y le quedan 6 lápices en el portalápices. ¿Cuántos lápices sacó?

¿Qué operación de suma te sirve para resolver este problema?

____ + ____ = ____

Por lo tanto, Emil sacó ____ lápices.

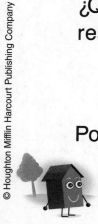

ACTIVIDAD PARA LA CASA • Pida a su niño que explique cómo la operación de suma 8 + 6 = 14 le sirve para hallar 14 − 6.

PRÁCTICA ADICIONAL:
Cuaderno de práctica de los estándares, págs. P77 y P78

Nombre _____

Revisión de la mitad del capítulo

Conceptos y destrezas

Cuenta hacia atrás 1, 2 o 3 para restar.
Escribe la diferencia. (CC.1.OA.5)

1. $7 - 1 = $ _____

2. _____ $= 7 - 2$

3. $12 - 3 = $ _____

4. $9 - 3 = $ _____

5. $6 - 2 = $ _____

6. $8 - 3 = $ _____

7. _____ $= 11 - 3$

8. $5 - 2 = $ _____

Usa ▪ ▪ para sumar y restar. (CC.1.OA.4)

9.
$$\begin{array}{r} 11 \\ -\ 5 \\ \hline ? \end{array}$$

Piensa
$$\begin{array}{r} 5 \\ +\ \\ \hline 11 \end{array}$$

Por lo tanto,
$$\begin{array}{r} 11 \\ -\ 5 \\ \hline \end{array}$$

10.
$$\begin{array}{r} 14 \\ -\ 7 \\ \hline ? \end{array}$$

Piensa
$$\begin{array}{r} 7 \\ +\ \\ \hline 14 \end{array}$$

Por lo tanto,
$$\begin{array}{r} 14 \\ -\ 7 \\ \hline \end{array}$$

⭐ **Preparación para la prueba**

11. ¿Qué enunciado de resta puedes resolver usando $3 + 9 = 12$? (CC.1.OA.4)

$9 - 3 = $ _____ ○ | $10 - 3 = $ _____ ○ | $12 - 6 = $ _____ ○ | $12 - 3 = $ _____ ○

Nombre _____

Usar 10 para restar

Pregunta esencial ¿Cómo formas una decena para que la resta sea más fácil?

ESTÁNDARES COMUNES **CC.1.OA.6**
Add and subtract within 20.

Escucha y dibuja EN EL MUNDO

Usa ⬤ para mostrar el problema.
Haz un dibujo que muestre tu trabajo.

PARA EL MAESTRO • Lea el siguiente problema. Austin pone 9 fichas rojas en el primer cuadro de diez. Luego pone una ficha amarilla en el cuadro de diez. ¿Cuántas fichas amarillas más necesita Austin para formar 15?

Charla matemática
Explica cómo el dibujo te ayuda a resolver 15 – 9.

MÉTODOS MATEMÁTICOS

Capítulo 4

ciento sesenta y cinco **165**

Puedes formar una decena como ayuda para restar.

$$13 - 9 = \underline{\ ?\ }$$

Comienza en el 9.

Cuenta hacia adelante 1 para formar 10.

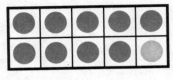

Cuenta hacia adelante 3 más hasta 13.

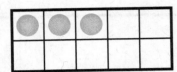

Contaste 4 hacia adelante.

$$13 - 9 = \underline{\qquad}$$

$$17 - 8 = \underline{\ ?\ }$$

Comienza en el 8.

Cuenta hacia adelante __2__ para formar 10.

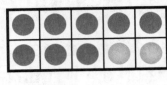

Cuenta hacia adelante __7__ más hasta 17.

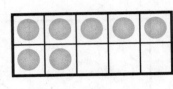

Contaste __9__ hacia adelante.

$$17 - 8 = \underline{\qquad}$$

Comparte y muestra

Math Board

Usa ⬤ y cuadros de diez. Forma una decena para restar.
Haz un dibujo que muestre tu trabajo.

1.
$$12 - 8 = \underline{\ ?\ }$$

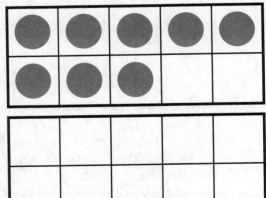

$$12 - 8 = \underline{\qquad}$$

☑ 2.
$$11 - 9 = \underline{\ ?\ }$$

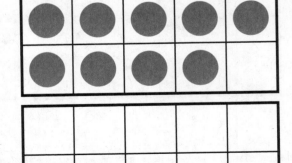

$$11 - 9 = \underline{\qquad}$$

Nombre _____

Por tu cuenta

Usa  y cuadros de diez. Forma decenas
para restar. Haz un dibujo que muestre tu trabajo.

3. $14 - 9 =$ ___?___

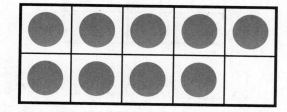

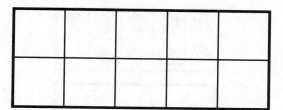

$14 - 9 =$ ___

4. $11 - 8 =$ ___?___

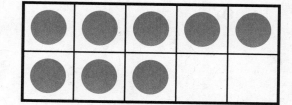

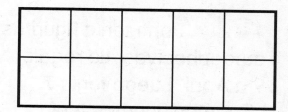

$11 - 8 =$ ___

5. $15 - 8 =$ ___?___

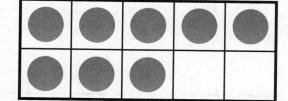

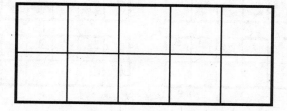

$15 - 8 =$ ___

6. $17 - 9 =$ ___?___

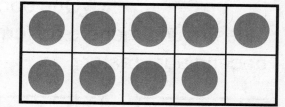

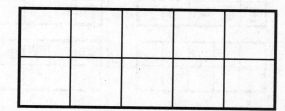

$17 - 9 =$ ___

RESOLUCIÓN DE PROBLEMAS EN EL MUNDO

Escribe

Resuelve. Forma decenas en los cuadros de diez como ayuda para restar.

7. Alice tiene 18 cuentas. 9 son rojas y el resto son amarillas. ¿Cuántas cuentas amarillas tiene?

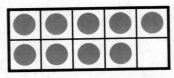
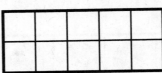

_____ cuentas amarillas

8. H.O.T. John tenía figuritas autoadhesivas. Le regaló 9 a April. Luego tenía 7. ¿Cuántas figuritas tenía John al comienzo?

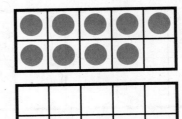
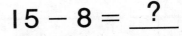

_____ figuritas

9. Preparación para la prueba ¿Qué opción muestra una manera de formar una decena para restar?

$15 - 8 = \_\_?$

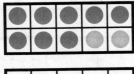
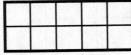
○

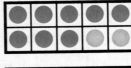
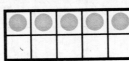
○

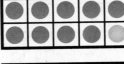
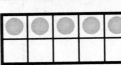
○

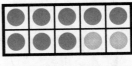
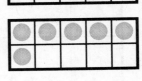
○

ACTIVIDAD PARA LA CASA • Pida a su niño que explique cómo resolvió el Ejercicio 7.

PRÁCTICA ADICIONAL:
Cuaderno de práctica de los estándares, págs. P79 y P80

Separar para restar

Pregunta esencial ¿Cómo separas un número para restar?

ESTÁNDARES COMUNES CC.1.OA.6
Add and subtract within 20.

Escucha y dibuja EN EL MUNDO

Usa ● para resolver cada problema.
Haz un dibujo que muestre tu trabajo.

_____ monedas de 1¢

_____ monedas de 1¢

PARA EL MAESTRO • Lea el siguiente problema. Tom tenía 14 monedas de 1¢. Le dio 4 monedas a su hermana. ¿Cuántas monedas tiene Tom ahora? Pida a los niños que resuelvan en el espacio de arriba. Después lea esta parte del problema: Luego Tom le dio 2 monedas de 1¢ a su hermano. ¿Cuántas monedas le quedan a Tom?

Charla matemática
¿Cuántas monedas de 1¢ les dio Tom a sus hermanos en total? **Explica.**

MÉTODOS MATEMÁTICOS

Piensa en una decena para hallar 13 − 4.
Coloca 13 fichas en dos cuadros de diez.

¿Cuánto debes restar para obtener 10?

¿Cuánto le falta para restar 4?

Resta __3__ para obtener 10.

Luego resta __1__ más.

Paso 1

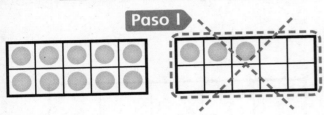

Paso 2

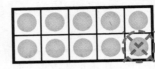

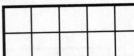

13 − 3 − 1

10 − 1 = ___

Por lo tanto, 13 − 4 = ___.

Comparte y muestra

Math Board

PIENSA
¿Cuál es la mejor manera de separar el 7?

Resta.

☑ 1. ¿Cuánto es 15 − 7?

Paso 1

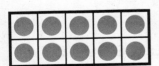 

Paso 2

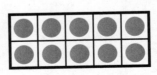 

___ − ___ − ___

___ − ___ = ___

Por lo tanto, 15 − 7 = ___.

Por tu cuenta

Resta.

2. ¿Cuánto es 14 − 6?

Paso 1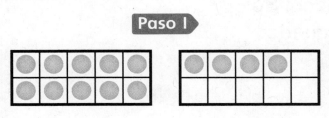

Paso 2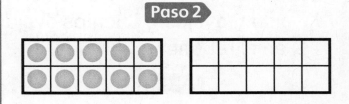

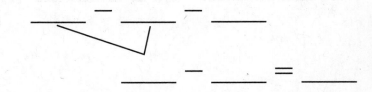

Por lo tanto, 14 − 6 = _____.

---

3. ¿Cuánto es 16 − 7?

Paso 1

Paso 2

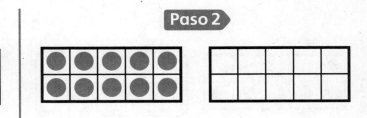

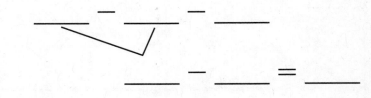

Por lo tanto, _____ − _____ = _____.

RESOLUCIÓN DE PROBLEMAS EN EL MUNDO

Usa los cuadros de diez.

Escribe un enunciado numérico para resolver.

4. **H.O.T.** Hay 14 ovejas en el rebaño. Se van 5 ovejas. ¿Cuántas ovejas quedan en el rebaño?

Paso 1

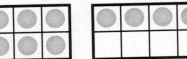

Paso 2

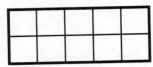

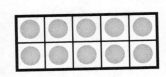

____ ○ ____ ○ ____

_____ ovejas

5. ★ **Preparación para la prueba** ¿En cuál se muestra la manera de formar una decena para resolver 15 − 6?

Paso 1

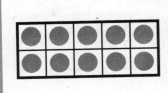

$15 - 5$
○

$10 - 5$
○

Paso 2

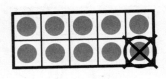

$15 - 5 - 1$
○

$10 - 5 - 1$
○

ACTIVIDAD PARA LA CASA · Pida a su niño que explique cómo resolvió el Ejercicio 4.

PRÁCTICA ADICIONAL:
Cuaderno de práctica de los estándares, págs. P81 y P82

Nombre _____

Resolución de problemas •
Usar las estrategias de resta

Pregunta esencial ¿Por qué es más fácil resolver un problema si lo representamos?

ESTÁNDARES COMUNES **CC.1.OA.1**
Represent and solve problems involving addition and subtraction.

Kyle tenía 13 gorras. Le dio 5 gorras a Jake.
¿Cuántas gorras le quedan a Kyle?

🔑 Soluciona el problema EN EL MUNDO

¿Qué debo hallar?

_____

cuántas <u>gorras</u>

le quedan a Kyle

¿Qué información debo usar?

Kyle tenía ___13___ gorras.

Kyle le dio ___5___ gorras a Jake.

Muestra cómo resolver el problema.

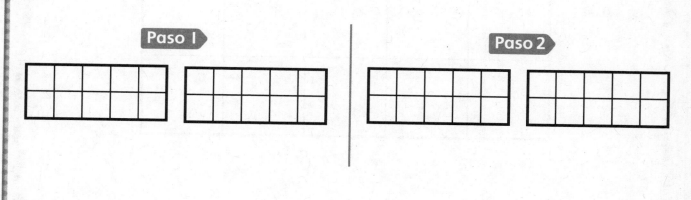

Paso 1

Paso 2

Kyle ahora tiene ___8___ gorras.

CONEXIÓN CON EL HOGAR • Su niño usó fichas para representar un problema de resta. El organizador gráfico permite a su niño analizar la información que se da en el problema.

Haz otro problema

Representa para resolver. Haz un dibujo
que muestre tu trabajo.

- ¿Qué debo hallar?
- ¿Qué información debo usar?

1. Heather tiene 14 galletas.
   Algunas galletas están rotas.
   8 galletas no están rotas.
   ¿Cuántas galletas están rotas?

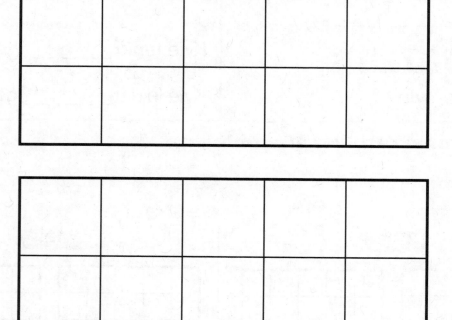

$$14 - \boxed{} = 8$$

_____ galletas están rotas.

Charla matemática
Explica cómo muestras cuántas galletas están rotas.

MÉTODOS MATEMÁTICOS

Nombre _____

Comparte y muestra

Representa para resolver. Haz un dibujo que muestre tu trabajo.

2. Phil tenía figuritas autoadhesivas. Perdió 7 figuritas. Ahora tiene 9 figuritas. ¿Cuántas figuritas tenía Phil al comienzo?

$\boxed{} - 7 = 9$

Phil tenía _____ figuritas al comienzo.

3. Hillary tiene 9 muñecas. Abby tiene 15 muñecas. ¿Cuántas muñecas menos que Abby tiene Hillary?

$15 - 9 = \boxed{}$

Hillary tiene _____ muñecas menos.

4. Sid tenía 12 monedas de 1¢. Arrojó algunas a la fuente. Le quedan 5. ¿Cuántas monedas arrojó a la fuente?

$12 - \boxed{} = 5$

Sid arrojó _____ monedas.

5. Cami tiene 13 manzanas. Unas son verdes y otras son rojas. Tiene 8 manzanas rojas. ¿Cuántas manzanas verdes tiene?

$13 - \boxed{} = 8$

Tiene _____ manzanas verdes.

Por tu cuenta

Elige una manera de resolver. Dibuja o escribe la
explicación.

6. Hay 10 ranas en el árbol.
Llegan saltando 3 ranas más.
Luego se van saltando 4 ranas.
¿Cuántas ranas hay en
el árbol ahora?

_____ ranas

7. Hay 9 tortugas más en el
agua que en un tronco.
Hay 13 tortugas en el agua.
¿Cuántas tortugas hay
en el tronco?

_____ tortugas

8. **H.O.T.** Elige un número para
completar el espacio en blanco.
Resuelve.

Hay 10 perros en el parque.

_____ perros son marrones.
El resto tiene manchas
negras. ¿Cuántos perros
tienen manchas negras?

_____ perros

9. ⭐ **Preparación
para la prueba** Cheryl tiene 14 flores.
Regala algunas. Le quedan 8. ¿Cuántas
flores regala?

○ 9   ○ 7

○ 8   ○ 6

ACTIVIDAD PARA LA CASA • Diga a su niño un problema
de resta. Pídale que represente el problema usando objetos
pequeños para resolverlo.

PRÁCTICA ADICIONAL:
Cuaderno de práctica de los estándares, págs. P83 y P84

Repaso y prueba del Capítulo 4

Vocabulario

1. ¿En qué operación **cuentas hacia atrás** para responder? Enciérrala en un círculo. (pág.154)

$$8 - 2 = \underline{\hspace{1.5cm}}$$

$$1 + 7 = \underline{\hspace{1.5cm}}$$

Conceptos y destrezas

Usa ⬤ para resolver.

Haz un dibujo que muestre tu trabajo. (CC.1.OA.5)

2. ¿Cuánto es $12 - 3 = \underline{\hspace{1.5cm}}$?

$$12 - 3 = \underline{\hspace{1.5cm}}$$

Cuenta hacia atrás 1, 2 o 3 para restar.

Escribe la diferencia. (CC.1.OA.5)

3. $\underline{\hspace{1.5cm}} = 7 - 3$

4. $10 - 2 = \underline{\hspace{1.5cm}}$

5. $10 - 1 = \underline{\hspace{1.5cm}}$

6. $\underline{\hspace{1.5cm}} = 8 - 2$

7. $\underline{\hspace{1.5cm}} = 9 - 2$

8. $11 - 3 = \underline{\hspace{1.5cm}}$

9. $6 - 2 = \underline{\hspace{1.5cm}}$

10. $\underline{\hspace{1.5cm}} = 4 - 1$

11. ¿Cuánto es 11 − 5 = _____?

(CC.1.OA.4)

Piensa   5 + ____ = 11

Por lo tanto, 11 − 5 = ____

3	4	5	6
○	○	○	○

12. ¿Qué operación de suma te sirve para resolver esta operación de resta? (CC.1.OA.4)

14
− 6

$$6 \quad 7 \quad 8 \quad 8$$
$$\underline{+6} \quad \underline{+7} \quad \underline{+6} \quad \underline{+9}$$
$$12 \quad 14 \quad 14 \quad 17$$

○   ○   ○   ○

13. ¿Qué enunciado de resta muestra el modelo? (CC.1.OA.6)

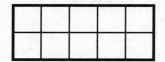

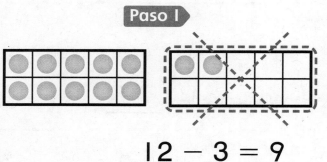

Paso 1

12 − 3 = 9
○

10 − 3 = 7
○

Paso 2

10 − 1 = 9
○

12 − 2 = 10
○

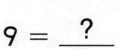

PREPARACIÓN PARA LA PRUEBA

14. ¿Qué opción muestra una manera de formar una decena para restar? (CC.1.OA.6)

$$13 - 9 = \underline{\quad ? \quad}$$

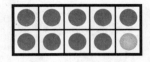
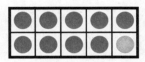
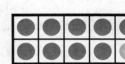

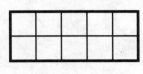
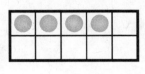
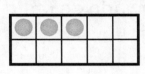
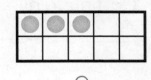

     ○   ○   ○   ○

15. Adam tenía 12 galletas. Se comió algunas. Le quedan 5. ¿Qué opción muestra una manera de hallar cuántas galletas comió? (CC.1.OA.1)

○ $12 - \boxed{} = 5$

○ $12 - 2 = \boxed{}$

○ $10 - 5 = \boxed{}$

○ $2 + \boxed{} = 5$

16. Elsa tenía algunas canicas. Regaló 9 canicas. Ahora tiene 9 canicas. ¿Cuántas canicas tenía al comienzo? (CC.1.OA.1)

0   9   18   19

○   ○   ○   ○

Tarea de rendimiento (CC.1.OA.1, CC.1.OA.5, CC.1.OA.6)

Shantel resuelve un problema de resta.
Sigue las siguientes pistas.

- La diferencia es 4.
- Puedes contar hacia atrás 1, 2 o 3.
- Usa la suma como ayuda para restar.
- Completa el enunciado de resta
  _____ − _____ = 4.

Muestra un problema de resta que
Shantel pueda resolver.
Usa números, dibujos o palabras.

Muestra tu trabajo.

Aprendo más con

Jorge el Curioso

Los niños tocan 4 veces la Campana de la Libertad. Luego la tocan 9 veces más. ¿Cuántas veces tocan la campana en total?

Muestra lo que sabes

Suma en cualquier orden

Usa 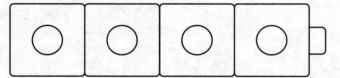. Colorea para relacionar.
Escribe los totales.

1.

$1 + 3 =$ _____

$3 + 1 =$ _____

Cuenta hacia adelante

Usa la recta numérica para sumar. Escribe los totales.

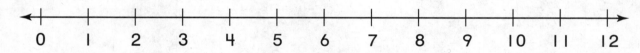

0 1 2 3 4 5 6 7 8 9 10 11 12

2. $6 + 3 =$ ___ | 3. $7 + 1 =$ ___ | 4. $8 + 2 =$ ___

Cuenta hacia atrás

Usa la recta numérica para restar. Escribe las diferencias.

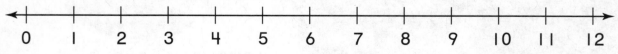

0 1 2 3 4 5 6 7 8 9 10 11 12

5. $11 - 2 =$ ___ | 6. $8 - 3 =$ ___ | 7. $9 - 1 =$ ___

Nota a la familia: Esta página es para verificar que su niño comprenda las destrezas importantes que se necesitan para tener éxito en el Capítulo 5.

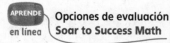
APRENDE en línea   Opciones de evaluación
Soar to Success Math

© Houghton Mifflin Harcourt Publishing Company

Desarrollo del vocabulario

Visualízalo

Clasifica las palabras de repaso de la casilla.

Palabras de suma   Palabras de resta

Comprende el vocabulario

Sigue las instrucciones.

1. Escribe una operación de suma.   3. Escribe una operación de resta.

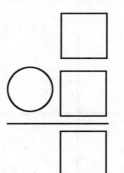
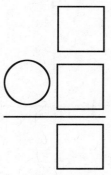

2. ¿Cuál es el total?   4. ¿Cuál es la diferencia?

____   ____

© Houghton Mifflin Harcourt Publishing Company

• Libro electrónico del estudiante
• Glosario multimedia

APRENDE en línea

Juego Bingo de sumas y restas

Materiales • 16 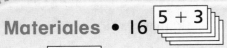 5 + 3

• 16 8 − 3 • 18 ●

Juega con un compañero.
Cada uno juega con ● o ●.

1 Mezcla las tarjetas de suma. Cada jugador recibe 8 tarjetas. Coloca tus tarjetas boca arriba.

2 Apila las tarjetas de resta boca abajo.

3 Toma una tarjeta de resta. ¿Tienes la tarjeta de suma que te sirve de ayuda para restar?

4 Si es así, junta ambas tarjetas y cubre un espacio con una ●. Si no, pierdes un turno.

5 Gana el primer jugador que logra cubrir 3 espacios de una hilera.

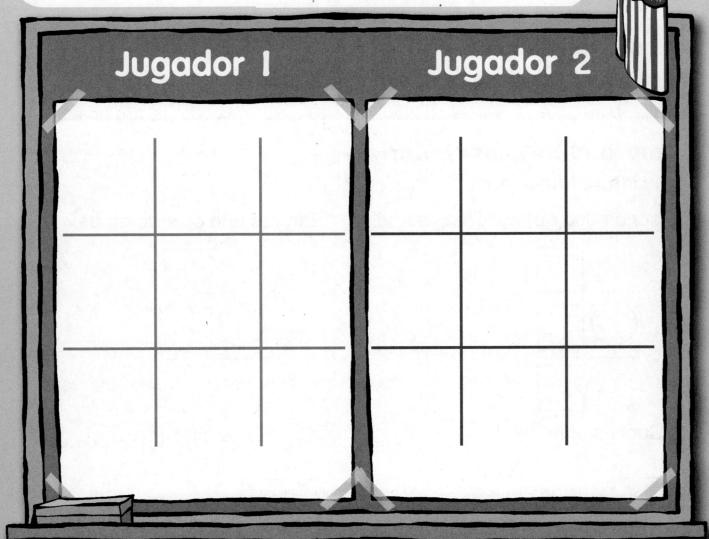

Jugador 1   Jugador 2

Resolución de problemas •
Sumar o restar

Pregunta esencial ¿Por qué es más fácil resolver un problema si haces un modelo?

ESTÁNDARES COMUNES **CC.1.OA.1**
Represent and solve problems involving addition and subtraction.

Nicole ve 16 tortugas en la playa.
Algunas tortugas se van nadando.
Quedan 9 tortugas en la playa.
¿Cuántas tortugas se van nadando?

🔑 Soluciona el problema EN EL MUNDO

¿Qué debo hallar?

cuántas **tortugas**

se van nadando

¿Qué información debo usar?

__16__ tortugas

__?__ se van nadando

__9__ tortugas quedan en la playa

Muestra cómo resolver el problema.

	9
16	

16 tortugas _____ se van nadando   quedan 9 tortugas en la playa

CONEXIÓN CON EL HOGAR • Su niño hizo un modelo para visualizar el problema. El modelo sirve para que su niño vea qué parte del problema debe hallar.

Haz otro problema

Haz un modelo para resolver.
Usa 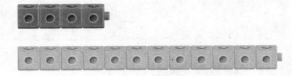 como ayuda.

- ¿Qué debo hallar?
- ¿Qué información debo usar?

1. Hay 4 conejos en el campo. Llegan unos conejos más. Ahora hay 12 en total. ¿Cuántos conejos llegaron al campo?

```
┌─────┬──────────────┐
│  4  │  _____     │
└─────┴──────────────┘
        12
```

4 conejos   llegan _____ conejos   hay 12 conejos en total

2. Hay 14 aves en un árbol. Algunas aves se van volando. Quedan 9 aves en el árbol. ¿Cuántas aves se van volando?

```
┌───────────┬─────────┐
│ _____   │    9    │
└───────────┴─────────┘
        14
```

14 aves   _____ aves se van volando   quedan 9 aves en el árbol

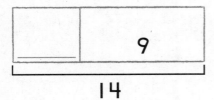

Charla matemática
Explica cómo hallar el número que falta.

MÉTODOS MATEMÁTICOS

Comparte y muestra Math Board

Haz un modelo para resolver.

3. Hay 20 patos en el estanque.
Luego 10 patos se van nadando.
¿Cuántos patos quedan en el
estanque?

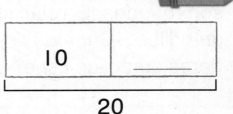

10	_____

20

20 patos   10 se van nadando   quedan _____ patos en el estanque

---

4. 3 águilas se posan en los árboles.
Ahora hay 12 águilas en los
árboles. ¿Cuántas águilas había
en los árboles al comienzo?

_____	3

12

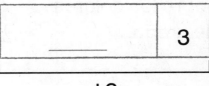

_____ águilas   3 águilas se posan   hay 12 aguilas en total

---

5. Hay 8 ardillas en el parque.
Llegan unas ardillas más.
Ahora hay 16 ardillas.
¿Cuántas ardillas llegaron al
parque?

8	_____

16

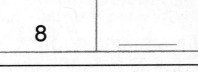

8 ardillas   llegan _____ ardillas   hay 16 ardillas en total

Por tu cuenta

Resuelve. Escribe o haz un dibujo que muestre
tu trabajo.

Escribe

6. Liz recoge 15 flores. Siete
son rosadas. El resto son
amarillas. ¿Cuántas
flores amarillas tiene?

_____ flores amarillas.

7. Cindy tiene 14 dólares de
arena. Tiene el mismo número
de dólares de arena grandes
y pequeños. Escribe un
enunciado numérico
sobre los dólares
de arena.

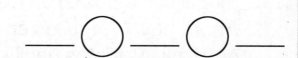

8. **H.O.T.** Sam tiene tres
libros más que Ed. Sam tiene
8 libros. ¿Cuántos libros
tiene Ed?

_____ libros

9. ⭐ **Preparación
para la prueba** Hay 13 peces en la pecera.
Unos peces nadan detrás de la roca. Hay
8 peces delante de la roca. ¿Cuántos peces
hay detrás de la roca?

4	5	6	7
○	○	○	○

ACTIVIDAD PARA LA CASA · Pida a su niño que observe el
Ejercicio 7 y ponga el 18 como número total. Luego pida a su niño
que escriba un enunciado numérico.

© Houghton Mifflin Harcourt Publishing Company

PRÁCTICA ADICIONAL:
Cuaderno de práctica de los estándares,
págs. P89 y P90

Nombre _____

Anotar operaciones relacionadas

Pregunta esencial ¿Cómo te ayudan las operaciones relacionadas a hallar los números que faltan?

ESTÁNDARES COMUNES CC.1.OA.6
Add and subtract within 20.

Escucha y dibuja EN EL MUNDO

Escucha el problema.
Haz modelos con 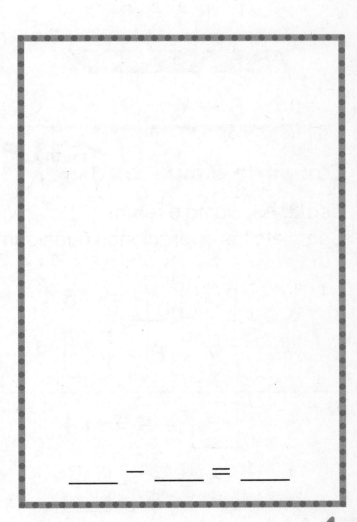. Dibuja 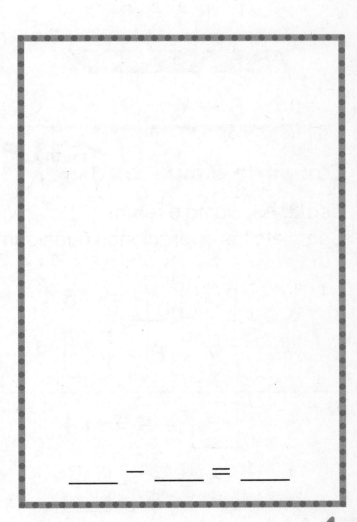.
Escribe el enunciado numérico.

___ + ___ = ___

___ − ___ = ___

PARA EL MAESTRO • Lea el siguiente problema para la casilla izquierda. Colin tiene 7 galletas. Le dan otra galleta. ¿Cuántas galletas tiene Colin ahora? Luego lea el siguiente problema para la casilla derecha. Colin tiene 8 galletas. Le da una a Jacob. ¿Cuántas galletas tiene Colin ahora?

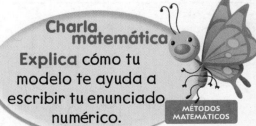

Charla matemática
Explica cómo tu modelo te ayuda a escribir tu enunciado numérico.
MÉTODOS MATEMÁTICOS

Capítulo 5

ciento ochenta y nueve **189**

Representa y dibuja

¿Cómo puedes escribir cuatro **operaciones relacionadas** usando un solo modelo?

$$4 + 5 = 9$$

$$9 - 5 = 4$$

$$5 + 4 = 9$$

$$9 - 4 = 5$$

Comparte y muestra

Usa 🟦 🟦. Suma o resta.
Completa las operaciones relacionadas.

1.

$8 + \boxed{} = 15$ $15 - 7 = \boxed{}$

$7 + 8 = \boxed{}$ $\boxed{} - \boxed{} = \boxed{}$

2.

$\boxed{} + 9 = 14$ $14 - \boxed{} = 5$

$9 + 5 = \boxed{}$ $\boxed{} - \boxed{} = \boxed{}$

3.

$7 + \boxed{} = 13$ $13 - 6 = \boxed{}$

$6 + 7 = \boxed{}$ $\boxed{} - \boxed{} = \boxed{}$

Por tu cuenta

Usa ▪▪ ▪▪. Suma o resta.
Completa las operaciones relacionadas.

4.

☐ + 8 = 13   13 − ☐ = 5

8 + 5 = ☐   ☐ − ☐ = ☐

5.

☐ + 8 = 17   17 − ☐ = 9

8 + 9 = ☐   ☐ − ☐ = ☐

6.

9 + ☐ = 15   ☐ − 6 = 9

6 + ☐ = 15   ☐ − ☐ = ☐

7. **H.O.T.** Encierra en un círculo el enunciado
numérico que tiene un error. Corrígelo y
completa la operación relacionada.

7 + 9 = 16

16 + 9 = 7

9 + 7 = 16

16 − 7 = 9

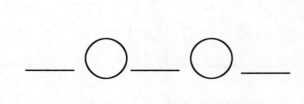

RESOLUCIÓN DE PROBLEMAS

Escribe

8. **H.O.T.** Elige tres números para formar una operación relacionada. Elige números entre el 0 y el 18. Escribe tus números. Escribe las operaciones relacionadas.

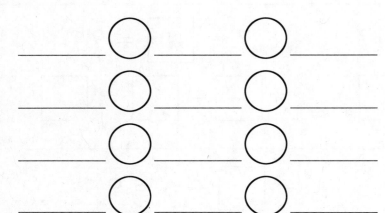

---

9. **Preparación para la prueba** ¿Qué opción completa las operaciones relacionadas?

$$9 + 8 = 17 \qquad\qquad 17 - 8 = 9$$
$$8 + 9 = 17$$

○ $9 - 6 = 3$ ○ $17 - 8 = 9$

○ $9 + 9 = 18$ ○ $17 - 9 = 8$

ACTIVIDAD PARA LA CASA · Escriba una operación de suma. Pida a su niño que escriba otras tres operaciones relacionadas.

PRÁCTICA ADICIONAL:
Cuaderno de práctica de los estándares, págs. P91 y P92

Nombre _____

Identificar operaciones relacionadas

Pregunta esencial ¿Cómo sabes si la suma y
la resta son operaciones relacionadas?

ESTÁNDARES COMUNES CC.1.OA.6
Add and subtract within 20.

Escucha y dibuja

Usa $4 + 9 = 13$ para mostrar ▪▪.
Dibuja ▪▪ para mostrar una operación de
resta relacionada.
Escribe el enunciado de resta.

___ ◯ ___ ◯ ___

PARA EL MAESTRO · Su niño ha aprendido cómo se
relacionan las operaciones de suma y resta. Pida a su
niño que le diga las dos operaciones relacionadas de
esta página.

Charla matemática
Explica por qué tu
enunciado de resta se
relaciona con
$4 + 9 = 13$.

MÉTODOS MATEMÁTICOS

Usa los dibujos. ¿Qué dos operaciones puedes escribir?

__3__ $\oplus$ __9__ $=$ __12__

__12__ $\ominus$ __9__ $=$ __3__

Estas son operaciones relacionadas. Si conoces una de estas operaciones, también conoces la otra operación.

Comparte y muestra

Suma y resta.

Encierra en un círculo las operaciones relacionadas.

1. $6 + 4 =$ _____

   $10 - 4 =$ _____

2. _____ $= 9 + 8$

   _____ $= 17 - 8$

3. $9 + 5 =$ _____

   $9 - 5 =$ _____

4. $8 + 7 =$ _____

   $15 - 7 =$ _____

5. _____ $= 9 + 2$

   _____ $= 9 - 2$

6. $6 + 3 =$ _____

   $12 - 3 =$ _____

7. $4 + 8 =$ _____

   $12 - 8 =$ _____

8. _____ $= 7 + 6$

   _____ $= 13 - 6$

9. $9 + 9 =$ _____

   $18 - 9 =$ _____

Por tu cuenta

10. Suma y resta. Colorea con 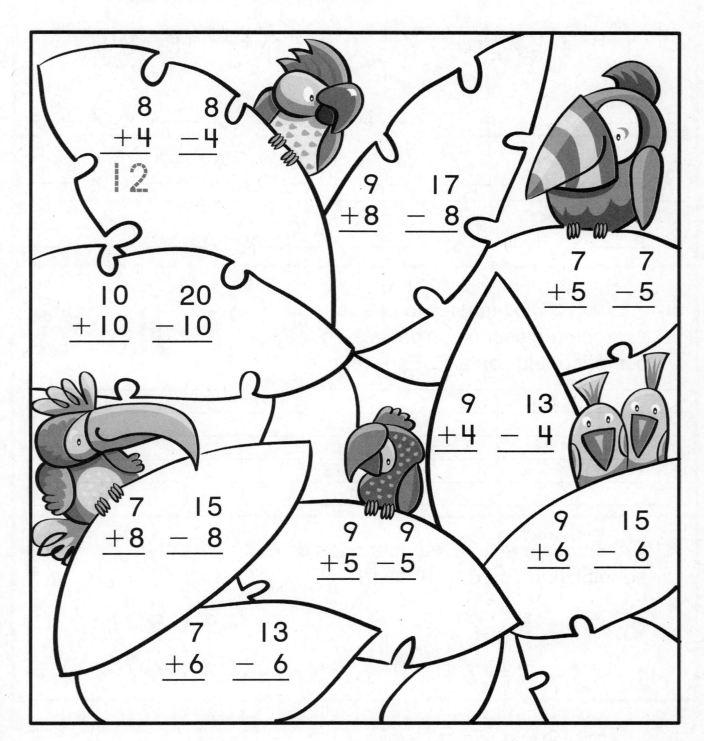 las hojas que
tienen operaciones relacionadas.

$$\begin{array}{r} 8 \\ +4 \\ \hline 12 \end{array} \qquad \begin{array}{r} 8 \\ -4 \\ \hline \end{array}$$

$$\begin{array}{r} 9 \\ +8 \\ \hline \end{array} \qquad \begin{array}{r} 17 \\ -8 \\ \hline \end{array}$$

$$\begin{array}{r} 10 \\ +10 \\ \hline \end{array} \qquad \begin{array}{r} 20 \\ -10 \\ \hline \end{array}$$

$$\begin{array}{r} 7 \\ +5 \\ \hline \end{array} \qquad \begin{array}{r} 7 \\ -5 \\ \hline \end{array}$$

$$\begin{array}{r} 9 \\ +4 \\ \hline \end{array} \qquad \begin{array}{r} 13 \\ -4 \\ \hline \end{array}$$

$$\begin{array}{r} 7 \\ +8 \\ \hline \end{array} \qquad \begin{array}{r} 15 \\ -8 \\ \hline \end{array}$$

$$\begin{array}{r} 9 \\ +5 \\ \hline \end{array} \qquad \begin{array}{r} 9 \\ -5 \\ \hline \end{array}$$

$$\begin{array}{r} 9 \\ +6 \\ \hline \end{array} \qquad \begin{array}{r} 15 \\ -6 \\ \hline \end{array}$$

$$\begin{array}{r} 7 \\ +6 \\ \hline \end{array} \qquad \begin{array}{r} 13 \\ -6 \\ \hline \end{array}$$

RESOLUCIÓN DE PROBLEMAS

Escribe enunciados de suma y resta relacionados usando estos números.

4   5   6   7   8   9   12   13   14

11. ___ ◯ ___ ◯ ___ | ___ ◯ ___ ◯ ___

12. ___ ◯ ___ ◯ ___ | ___ ◯ ___ ◯ ___

13. ___ ◯ ___ ◯ ___ | ___ ◯ ___ ◯ ___

14. **H.O.T.** ¿Qué número **no** puede usarse para escribir un enunciado numérico relacionado? Explica.

6   7   15   8

_____

_ _ _ _ _ _ _ _ _ _ _ _ _

_____

_ _ _ _ _ _ _ _ _ _ _ _ _

15. ⭐ **Preparación para la prueba** ¿Qué operación de resta se relaciona con $6 + 8 = 14$?

○ $8 - 6 = 2$ ○ $14 - 9 = 5$

○ $14 - 7 = 7$ ○ $14 - 8 = 6$

ACTIVIDAD PARA LA CASA · Escriba 7, 9, 16, +, − y = en trozos de papel. Pida a su niño que muestre operaciones relacionadas usando los trozos de papel.

PRÁCTICA ADICIONAL: Cuaderno de práctica de los estándares, págs. P93 y P94

Nombre _____

Usar la suma para comprobar la resta

Pregunta esencial ¿Cómo se usa la suma para comprobar la resta?

ESTÁNDARES COMUNES CC.1.OA.6
Add and subtract within 20.

Escucha y dibuja EN EL MUNDO

Dibuja y escribe para resolver el problema.

PARA EL MAESTRO • Lea el problema. Erin tiene 11 libros. Le pido prestado 4. ¿Cuántos libros tiene Erin? Dé tiempo a los niños para resolverlo en el espacio superior. Luego lea esta parte del problema: Le devuelvo 4 libros a Erin. ¿Cuántos libros tiene Erin ahora?

Charla matemática
¿Erin recibe todos sus libros de vuelta? Usa el enunciado numérico para **explicar** cómo lo sabes.

MÉTODOS MATEMÁTICOS

¿Cómo puedes usar la suma
para comprobar la resta?

Restas una parte
del total. La
diferencia es la
otra parte.

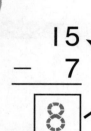

$$\begin{array}{r} 15 \\ -7 \\ \hline 8 \end{array} \qquad \begin{array}{r} 8 \\ +7 \\ \hline 15 \end{array}$$

Cuando sumas las
partes, obtienes
el total.

Comparte y muestra

Resta. Luego suma para comprobar tu resultado.

1.
$$\begin{array}{r} 13 \\ -7 \\ \hline \square \end{array} \qquad \begin{array}{r} \square \\ +7 \\ \hline \square \end{array}$$

2.
$$\begin{array}{r} 14 \\ -5 \\ \hline \square \end{array} \qquad \begin{array}{r} \square \\ +5 \\ \hline \square \end{array}$$

3.
$$\begin{array}{r} 12 \\ -5 \\ \hline \square \end{array} \qquad \begin{array}{r} \square \\ +5 \\ \hline \square \end{array}$$

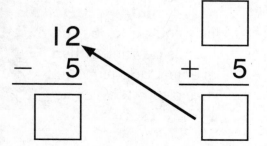

4.
$$\begin{array}{r} 17 \\ -9 \\ \hline \square \end{array} \qquad \begin{array}{r} \square \\ +9 \\ \hline \square \end{array}$$

Por tu cuenta

Resta. Luego suma para comprobar tu resultado.

5. $11 - 3 = \boxed{}$

    $\boxed{} + 3 = \boxed{}$

6. $13 - 9 = \boxed{}$

    $\boxed{} + 9 = \boxed{}$

7. $16 - 7 = \boxed{}$

    $\boxed{} + 7 = \boxed{}$

8. $14 - 8 = \boxed{}$

    $\boxed{} + 8 = \boxed{}$

9. $\boxed{} = 13 - 8$

    $\boxed{} = \boxed{} + 8$

10. $\boxed{} = 12 - 4$

    $\boxed{} = \boxed{} + 4$

H.O.T. Resta para resolver. Luego suma para comprobar tu resultado.

11. Liam lleva 15 pastelitos a la fiesta. Sus amigos se comen todos menos 6. ¿Cuántos pastelitos se comieron?

_____ pastelitos

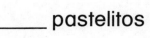

$$\begin{array}{cc} \boxed{} & \boxed{} \\ - \boxed{} & + \boxed{} \\ \hline \boxed{} & \boxed{} \end{array}$$

ACTIVIDAD PARA LA CASA • Escriba $11 - 7 = \square$ en una hoja de papel. Pida a su niño que halle la diferencia y luego escriba un enunciado de suma con el que pueda comprobar la resta.

PRÁCTICA ADICIONAL: Cuaderno de práctica de los estándares, págs. P95 y P96

Nombre _____

Revisión de la mitad del capítulo

Conceptos y destrezas

Suma o resta usando . Completa las operaciones relacionadas. (CC.1.OA.6)

1. ☐ + 8 = 14

   8 + 6 = ☐

   14 − ☐ = 6

   ☐ − ☐ = ☐

2. 7 + ☐ = 13

   6 + ☐ = 13

   ☐ − 6 = 7

   ☐ − ☐ = ☐

Suma y resta. Encierra en un círculo las operaciones relacionadas. (CC.1.OA.6)

3. 9 + 3 = _____

   9 − 3 = _____

4. 7 + 8 = _____

   15 − 8 = _____

5. _____ = 6 + 5

   _____ = 6 − 5

★ **Preparación para la prueba**

6. ¿Qué enunciado de suma te sirve para comprobar la resta? (CC.1.OA.6)

   11 − 2 = ☐

   9 + 2 = 11   6 + 2 = 8
      ○   ○

   2 + 7 = 9   2 + 2 = 4
      ○   ○

Nombre _____

Álgebra • Números que faltan

Pregunta esencial ¿Cómo se usa una operación relacionada para hallar el número que falta?

ESTÁNDARES COMUNES **CC.1.OA.8**
Work with addition and subtraction equations.

Escucha y dibuja EN EL MUNDO

Escucha el problema. Usa ▪▪ ▪▪ para mostrar el cuento. Haz un dibujo que muestre tu trabajo.

PARA EL MAESTRO • Lea el problema. Calvin tiene 7 carritos rojos. Tiene otros carritos azules. Tiene 10 carritos en total. ¿Cuántos carritos azules tiene Calvin?

Charla matemática
¿Cuántos carritos son azules? **Explica** cómo obtuviste tu respuesta.

MÉTODOS MATEMÁTICOS

¿Qué números faltan?

$8 + \boxed{3} = 11$

$11 - 8 = \boxed{3}$

Aplica lo que sabes sobre operaciones relacionadas para hallar las partes que faltan.

Comparte y muestra

Usa  para hallar los números que faltan.
Escribe los números.

1. $8 + \boxed{} = 15$

   $15 - 8 = \boxed{}$

2. $13 = 9 + \boxed{}$

   $\boxed{} = 13 - 9$

3. $5 + \boxed{} = 14$

   $14 - 5 = \boxed{}$

4. $14 = 6 + \boxed{}$

   $\boxed{} = 14 - 6$

5. $9 + \boxed{} = 16$

   $6 - 9 = \boxed{}$

6. $17 = 8 + \boxed{}$

   $\boxed{} = 17 - 8$

Por tu cuenta

PISTA:
Usa operaciones relacionadas como ayuda.

Escribe los números que faltan.
Escribe los números.

7. $7 + \boxed{} = 15$

$15 - 7 = \boxed{}$

8. $5 + \boxed{} = 11$

$11 - 5 = \boxed{}$

9. $\boxed{} + 10 = 20$

$20 - 10 = \boxed{}$

10. $\boxed{} + 9 = 16$

$16 - 9 = \boxed{}$

11. $\boxed{} = 9 + 9$

$9 = \boxed{} - 9$

12. $\boxed{} = 5 + 8$

$5 = \boxed{} - 8$

 Resuelve.

13. Rick tiene 10 sombreros de fiesta.
Necesita 19 sombreros para su fiesta.
¿Cuántos sombreros de fiesta más
necesita Rick?

_____ sombreros de fiesta

RESOLUCIÓN DE PROBLEMAS EN EL MUNDO

Usa cubos o haz un dibujo para resolver.

14. Todd tiene 12 conejos.
Le da 4 conejos a su hermana.
¿Cuántos conejos tiene
Todd ahora?

_____ conejos

15. Brad tiene 11 camiones.
Algunos son camiones
pequeños. Cuatro son
camiones grandes. ¿Cuántos
camiones pequeños tiene?

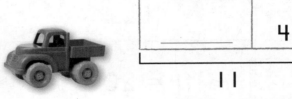

	4

11

_____ camiones pequeños

16. **H.O.T.** Hay 15 niños en el
parque. Seis niños regresan
a casa. Luego llegan 4 niños
más al parque. ¿Cuántos niños
hay en el parque ahora?

_____ niños

17. ⭐ **Preparación para la prueba**

¿Qué número falta? $9 + \boxed{} = 18$

8   9   10   11
○   ○   ○   ○

ACTIVIDAD PARA LA CASA • Pida a su niño que explique
cómo le puede servir hacer una resta para hallar el número
que falta en $7 + \square = 16$.

PRÁCTICA ADICIONAL:
Cuaderno de práctica de los estándares, págs. P97 y P98

Nombre _____

Álgebra • Usar operaciones relacionadas

Pregunta esencial ¿Cómo se usa una operación relacionada para hallar el número que falta?

ESTÁNDARES COMUNES **CC.1.OA.8**
Work with addition and subtraction equations.

Escucha y dibuja

¿Qué número puedes sumarle a 8 para obtener 10?
Haz un dibujo para resolver. Escribe el número
que falta.

$$8 + \boxed{} = 10$$

CONEXIÓN CON EL HOGAR • Su niño ha aprendido cómo hallar números que faltan en enunciados numéricos usando operaciones de suma o resta relacionadas.

Charla matemática
Describe cómo resolver este problema usando cubos.

MÉTODOS MATEMÁTICOS

Puedes hallar una operación de resta a través de una operación de suma relacionada.

Sé que 3 + 7 = 10, por lo tanto, 10 − 3 = 7.

Halla 10 − 3.

$3 + \underline{7} = 10$

$10 - 3 = \underline{7}$

Comparte y muestra

Math Board

Escribe los números que faltan.

1. Halla 14 − 8.

$8 + \underline{} = 14$

$14 - 8 = \underline{}$

2. Halla 17 − 8.

$8 + \underline{} = 17$

$17 - 8 = \underline{}$

3. Halla 11 − 6.

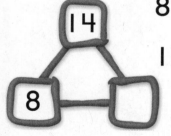

$6 + \underline{} = 11$

$11 - 6 = \underline{}$

4. Halla 15 − 9.

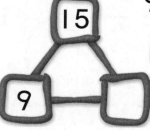

$9 + \underline{} = 15$

$15 - 9 = \underline{}$

Por tu cuenta

Escribe los números que faltan.

5. Halla 20 − 10.

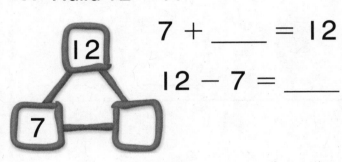

10 + ____ = 20

20 − 10 = ____

6. Halla 13 − 4.

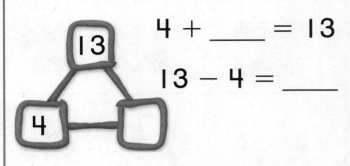

4 + ____ = 13

13 − 4 = ____

7. Halla 12 − 7.

12

7

7 + ____ = 12

12 − 7 = ____

8. Halla 15 − 8.

8 + ____ = 15

15 − 8 = ____

H.O.T. Escribe un enunciado de suma como ayuda para hallar la diferencia. Luego escribe el enunciado de resta relacionado para resolver.

9. Halla 11 − 5.

____ + ____ = ____

____ − ____ = ____

10. Halla 13 − 6.

____ = ____ + ____

____ = ____ − ____

RESOLUCIÓN DE PROBLEMAS

Escribe

Observa las figuras del enunciado de suma.
Dibuja figuras que muestren una operación
de resta relacionada.

11.   + ▲ = ● │ ● − △ = ■

12.   + ❤ = ◆ │ − ❤ = ___ ___

13. ▲ = ◆ + ● │ ◆ = ___ − ___

 H.O.T.

14.   + ★ = ■ │ ■ − ___ = ___

15.   + ⬯ = ▲ │ = ___ − ___

16. ★ **Preparación para la prueba**

¿Qué operación de suma te
sirve para resolver 17 − 18?

○ $8 + 7 = 15$
○ $8 + 8 = 16$
○ $9 + 8 = 17$
○ $9 + 9 = 18$

ACTIVIDAD PARA LA CASA • Dé a su niño 5 objetos pequeños,
como clips. Luego pregunte a su niño cuántos objetos más necesitaría
para tener 12 en total.

208 doscientos ocho

© Houghton Mifflin Harcourt Publishing Company

PRÁCTICA ADICIONAL:
Cuaderno de práctica de los estándares,
págs. P99 y P100

Elegir una operación

Pregunta esencial ¿Cómo decides cuándo sumar o cuándo restar para resolver un problema?

ESTÁNDARES COMUNES **CC.1.OA.1**
Represent and solve problems involving addition and subtraction.

Escucha y dibuja EN EL MUNDO

Escucha el problema. Usa ⬤ para resolver.
Haz un dibujo que muestre tu trabajo.

_____ juegos matemáticos

Charla matemática
¿Cómo resolviste el problema? Explain.

MÉTODOS MATEMÁTICOS

PARA EL MAESTRO • Lea el siguiente problema. Kira tiene 16 juegos de computadora. Hay 8 juegos de aventura. El resto son juegos matemáticos. ¿Cuántos juegos matemáticos tiene Kira?

Mary ve 8 ardillas. Jack ve 9 ardillas más que Mary. ¿Cuántas ardillas ve Jack?

¿Sumas o restas para resolver?

Explica cómo hiciste para resolver el problema.

(**sumar**)　**restar**　___ ◯ ___ ◯ ___

___ ardillas

Comparte y muestra

Encierra en un círculo **sumar** o **restar**.
Escribe un enunciado numérico para resolver.

1. Hanna tiene 5 marcadores. Owen tiene 9 marcadores más que Hanna. ¿Cuántos marcadores tiene Owen?

   ___ ◯ ___ ◯ ___

   sumar　　**restar**

   ___ marcadores

2. Angel tiene 13 manzanas. Regala algunas. Luego le quedaron 5 manzanas. ¿Cuántas manzanas regaló?

   ___ ◯ ___ ◯ ___

   sumar　　**restar**

   ___ manzanas

3. Deon tiene 18 bloques. Construye una casa con 9 bloques. ¿Cuántos bloques le quedan a Deon?

   ___ ◯ ___ ◯ ___

   sumar　　**restar**

   ___ bloques

Por tu cuenta

Encierra en un círculo **sumar** o **restar**.
Escribe un enunciado numérico para
responder.

4. Rob ve 5 mapaches. Talia ve
   4 mapaches más que Rob.
   ¿Cuántos mapaches ven en total?   _____

                                              _____ mapaches

   sumar   **restar**

5. Eli tiene una caja con
   12 huevos. Su otra caja no
   tiene huevos. ¿Cuántos   _____
   huevos hay en las dos cajas?
                                              _____ huevos

   sumar   **restar**

6. Leah tiene una pecera con
   16 peces. Unos peces tienen
   cola larga. Siete peces tienen
   cola corta. ¿Cuántos peces   _____
   tienen cola larga?
                                              _____ peces

   sumar   **restar**

7. H.O.T. Sasha tiene
   8 manzanas rojas. Tiene
   3 manzanas verdes menos   _____
   que manzanas rojas. ¿Cuántas
   manzanas tiene en total?   _____ manzanas

   sumar   **restar**

RESOLUCIÓN DE PROBLEMAS EN EL MUNDO

Escribe

Elige una manera de resolver.
Escribe o dibuja la explicación.

8. James tiene 4 marcadores gruesos y 7 marcadores finos. ¿Cuántos marcadores tiene?

_____ marcadores

9. Sam tiene 9 tarjetas de béisbol. Quiere tener 17 tarjetas. ¿Cuántas tarjetas más necesita?

_____ tarjetas más

10. **H.O.T.** Annie recibe 15 monedas de 1¢ el lunes. Recibe 1 moneda de 1¢ más por día. ¿Cuántas monedas de 1¢ tiene el viernes?

_____ monedas de 1¢

11. ⭐ **Preparación para la prueba** Hay 15 gatitos. Seis gatitos son negros. El resto son blancos. ¿Qué enunciado numérico muestra cómo hallar el número de gatitos blancos?

- ○ $10 + 5 = 15$
- ○ $15 - 6 = 9$
- ○ $9 - 6 = 3$
- ○ $6 + 5 = 11$

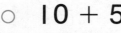

ACTIVIDAD PARA LA CASA · Pida a su niño que escriba un enunciado numérico que pueda usar para resolver el Ejercicio 9.

PRÁCTICA ADICIONAL:
Cuaderno de práctica de los estándares, págs. P101 y P102

© Houghton Mifflin Harcourt Publishing Company

Álgebra • Maneras de formar números hasta el 20

Pregunta esencial ¿Cómo puedes sumar y restar de diferentes maneras para formar el mismo número?

ESTÁNDARES COMUNES **CC.1.OA.6**
Add and subtract within 20.

Escucha y dibuja

Usa ⬚⬚. Muestra dos maneras de formar 10.
Haz un dibujo que muestre tu trabajo.

Manera uno	Manera dos

Charla matemática
Explica cómo muestran tus modelos dos maneras de formar 10.
MÉTODOS MATEMÁTICOS

ACTIVIDAD PARA LA CASA • Su niño trabajó para formar números de varias maneras. Esto refuerza la fluidez numérica.

¿Cómo puedes formar el número 12 de diferentes maneras?

Puedes sumar o restar para formar 12.

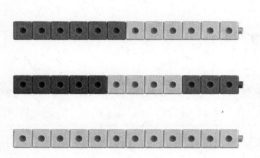

12
__6__ + __6__
__5__ + __4__ + __3__
__12__ – __0__

Comparte y muestra

Usa ▪ ▪ ▪. Escribe varias maneras de formar el número de arriba.

✓1.

13
___ + ___
___ – ___
___ + ___ + ___
___ + ___
___ ◯ ___

✓2.

10
___ – ___
___ + ___
___ – ___
___ + ___ + ___
___ ◯ ___

Nombre _____

Por tu cuenta

Usa . Escribe varias maneras de formar el número de arriba.

3.

17
___ + ___ + ___
___ + ___
___ – ___
___ ◯ ___

4.

14
___ + ___
___ + ___ + ___
___ – ___
___ ◯ ___

5.

16
___ + ___
___ + ___ + ___
___ – ___
___ ◯ ___

6.

18
___ + ___
___ + ___
___ + ___ + ___
___ ◯ ___

H.O.T. Elige un número. Escribe el número.

Escribe dos maneras de formar tu número.

7.

8.

RESOLUCIÓN DE PROBLEMAS

Escribe

Escribe números para que cada línea tenga el mismo total.

9.

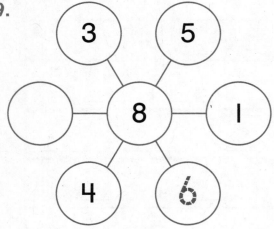

10.

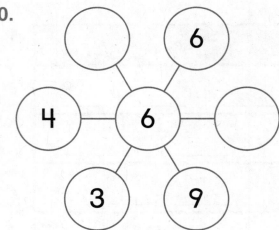

11. **H.O.T.** Elige un número del 14 al 20 como total. Escribe números para que cada línea tenga tu total.

total de cada línea ☐

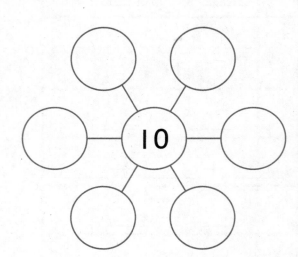

12. ⭐ **Preparación para la prueba**   ¿De qué manera te da 17?

$8 + 7$ $7 + 8$ $10 - 7$ $10 + 4 + 3$

○   ○   ○   ○

ACTIVIDAD PARA LA CASA • Pida a su niño que explique tres maneras de formar 15. Anímelo a sumar o restar, e incluso a sumar tres números.

PRÁCTICA ADICIONAL:
Cuaderno de práctica de los estándares, págs. P103 y P104

Álgebra • Igual y no igual

Pregunta esencial ¿Cómo sabes si un enunciado numérico es verdadero o falso?

ESTÁNDARES COMUNES **CC.1.OA.7**
Work with addition and subtraction equations.

Escucha y dibuja

Colorea las tarjetas que forman el mismo número.

$2 + 6$	$12 - 6$	$6 + 1$
$13 - 6$	$3 + 3 + 1$	$10 + 6$
$3 + 4$	$4 + 3$	$5 + 2 + 5$
$3 + 2 + 2$	$11 - 2$	$16 - 9$

Charla matemática
Explica por qué puedes usar dos de las tarjetas que coloreas y un signo de igual para hacer un enunciado numérico.

MÉTODOS MATEMÁTICOS

PARA EL MAESTRO • Pida a los niños que coloreen las tarjetas que forman el mismo número.

El signo de igual significa que los dos lados son iguales.

Escribe un número para que cada enunciado sea verdadero.

$4 + 5 = 5 + 5$ **no** es verdadero. Es falso.

$9 = \underline{9}$ $4 + 5 = \underline{}$ $4 + 5 = \underline{} + 4$

Comparte y muestra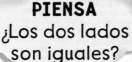

¿Qué enunciado es verdadero? Encierra en un círculo tu respuesta.
¿Qué enunciado es falso? Tacha tu respuesta.

PIENSA
¿Los dos lados son iguales?

1.
$(7 = 8 - 1)$

~~$1 + 2 = 3 = 2$~~

2.
$4 + 1 = 5 + 2$

$6 - 6 = 7 - 7$

⊘ 3.
$7 + 2 = 6 + 3$

$8 - 2 = 6 + 4$

⊘ 4.
$5 - 4 = 4 - 3$

$10 = 1 + 0$

Nombre _____

Por tu cuenta

¿Qué enunciados son verdaderos? Encierra en un círculo tus respuestas.

¿Qué enunciados son falsos? Tacha tus respuestas.

5.

$1 + 9 = 9 - 1$ | $8 + 1 = 2 + 7$ | $19 = 19$

6.

$8 = 5 + 3$ | $8 + 5 = 5 + 8$ | $6 + 2 = 4 + 4$

7.

$9 + 7 = 16$ | $16 - 9 = 9 + 7$ | $9 - 7 = 7 + 9$

8.

$12 - 3 = 9 - 0$ | $11 = 1 + 5 + 5$ | $10 = 8 - 2$

Escribe números para que los enunciados sean verdaderos.

9.

$2 + 10 = 7 + \underline{}$

10.

$\underline{} = 2 + 3 + 4$

11.

$0 + 9 = \underline{} - 9$

12.

$\underline{} + 7 = 7 + 6$

13. H.O.T.

$\underline{} - \underline{}$

14. H.O.T.

$\underline{} + \underline{} = \underline{} + \underline{}$

RESOLUCIÓN DE PROBLEMAS EN EL MUNDO

Escribe

15. ¿Qué enunciados son verdaderos?
Usa para colorear.

$20 = 20$	$9 + 1 + 1 = 11$	$8 - 0 = 8$
$12 = 1 + 2$	$10 + 1 = 1 + 10$	$7 = 14 + 7$
	$6 = 2 + 2 + 2$	
	$11 - 5 = 1 + 5$	
	$1 + 2 + 3 = 4 + 5$	

16. **H.O.T.** Usa los mismos números.
Escribe otro enunciado numérico
que sea verdadero.

$$7 + 8 = 15$$

____ = ____ ◯ ____

17. ⭐ **Preparación para la prueba** ¿Qué opción hace que la respuesta sea verdadera?

$$10 - 3 = 2 + \underline{\quad}$$

5	6	7	8
◯	◯	◯	◯

ACTIVIDAD PARA LA CASA · Escriba $10 = 7 - 3$ y
$10 = 7 + 3$ en una hoja de papel. Pida a su niño que
explique qué enunciado es verdadero.

PRÁCTICA ADICIONAL:
Cuaderno de práctica de los
estándares, págs. P105 y P106

Nombre _____

Operaciones básicas hasta el 20

ESTÁNDARES COMUNES CC.1.OA.6
Add and subtract within 20.

Pregunta esencial ¿Cómo te ayudan las estrategias de suma y resta a hallar totales y diferencias?

Escucha y dibuja

¿Cuánto es 2 + 8?
Usa ⬤. Haz un dibujo que muestre una estrategia que puedas usar para resolver.

2 + 8 = _____

PARA EL MAESTRO • Pida a los niños que hagan un modelo de una estrategia para resolver la operación de suma usando fichas de dos colores. Luego pídales que hagan un dibujo que muestre la estrategia que usaron.

Charla matemática
¿Qué otra estrategia podrías usar para resolver la operación de suma?
MÉTODOS MATEMÁTICOS

Sam lee un cuento que tiene 10 páginas. Ha leído 4 páginas. ¿Cuántas páginas le quedan por leer?

PIENSA
Puedo resolver $10 - 4$ usando una operación de suma relacionada.

¿Cuánto es $10 - 4$?

$$4 + \boxed{6} = 10$$

Por lo tanto, $10 - 4 = \underline{6}$.

Comparte y muestra

Suma o resta.

1. $2 + 5 = \underline{}$

2. $9 - 6 = \underline{}$

3. $\underline{} = 9 + 3$

4. $15 - 7 = \underline{}$

5. $3 - 1 = \underline{}$

6. $\underline{} = 2 + 6$

7. $2 + \boxed{} = 11$

8. $10 - \boxed{} = 2$

9. $8 = 8 + \boxed{}$

10. $12 - 9 = \underline{}$

11. $12 - 4 = \underline{}$

12. $\underline{} = 4 + 9$

13. $\boxed{} + 10 = 11$

14. $\boxed{} - 1 = 6$

15. $9 = \boxed{} + 3$

16. $16 - 7 = \underline{}$

☑17. $11 - 8 = \underline{}$

☑18. $\underline{} = 8 + 7$

Por tu cuenta

Suma o resta.

19.
$$\begin{array}{r} 6 \\ + 0 \\ \hline \end{array}$$

20.
$$\begin{array}{r} 17 \\ - 8 \\ \hline \end{array}$$

21.
$$\begin{array}{r} 7 \\ + 4 \\ \hline \end{array}$$

22.
$$\begin{array}{r} 9 \\ - 0 \\ \hline \end{array}$$

23.
$$\begin{array}{r} 17 \\ - 9 \\ \hline \end{array}$$

24.
$$\begin{array}{r} 4 \\ + 6 \\ \hline \end{array}$$

25.
$$\begin{array}{r} 7 \\ + \square \\ \hline 10 \end{array}$$

26.
$$\begin{array}{r} 8 \\ - \square \\ \hline 3 \end{array}$$

27.
$$\begin{array}{r} 8 \\ + \square \\ \hline 11 \end{array}$$

28.
$$\begin{array}{r} 8 \\ - \square \\ \hline 2 \end{array}$$

29.
$$\begin{array}{r} 10 \\ - \square \\ \hline 6 \end{array}$$

30.
$$\begin{array}{r} 9 \\ + \square \\ \hline 17 \end{array}$$

31.
$$\begin{array}{r} 6 \\ + 7 \\ \hline \end{array}$$

32.
$$\begin{array}{r} 4 \\ - \square \\ \hline 0 \end{array}$$

33.
$$\begin{array}{r} 5 \\ + \square \\ \hline 11 \end{array}$$

34.
$$\begin{array}{r} 13 \\ - 6 \\ \hline \end{array}$$

35.
$$\begin{array}{r} 17 \\ - 9 \\ \hline \end{array}$$

36.
$$\begin{array}{r} 8 \\ + \square \\ \hline 16 \end{array}$$

37.
$$\begin{array}{r} 10 \\ + 5 \\ \hline \end{array}$$

38.
$$\begin{array}{r} 13 \\ - 3 \\ \hline \end{array}$$

39.
$$\begin{array}{r} 10 \\ + \square \\ \hline 13 \end{array}$$

40.
$$\begin{array}{r} 20 \\ - 10 \\ \hline \end{array}$$

41.
$$\begin{array}{r} 10 \\ - \square \\ \hline 9 \end{array}$$

42.
$$\begin{array}{r} 9 \\ + \square \\ \hline 19 \end{array}$$

43. **H.O.T.** Usa las pistas para escribir la operación de suma. El total es 14. Un sumando tiene 2 más que el otro.

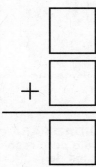

RESOLUCIÓN DE PROBLEMAS EN EL MUNDO

Escribe

Resuelve. Escribe o dibuja la explicación.

44. Hay 14 conejos en el campo. Luego 7 conejos se van saltando. ¿Cuántos conejos quedan en el campo?

_____ conejos

45. Hay 11 perros en el parque. Dos perros son grises. El resto son marrones. ¿Cuántos perros son marrones?

_____ perros marrones

46. H.O.T. Completa los espacios en blanco. Resuelve. Escribe un enunciado numérico.

Hay _____ catarinas en una hoja.

Luego llegan _____ catarinas más. ¿Cuántas catarinas hay ahora?

_____ mariquitas

47. ⭐ **Preparación para la prueba** ¿Cuánto es 12 − 4?

14 ⭘   13 ⭘   11 ⭘   8 ⭘

ACTIVIDAD PARA LA CASA • Pida a su niño que haga un dibujo para resolver 7 + 4. Luego pídale que diga una operación de resta relacionada.

PRÁCTICA ADICIONAL: Cuaderno de práctica de los estándares, págs. P107 y P108

Repaso y prueba del Capítulo 5

Vocabulario

Escribe una **operación relacionada** de cada enunciado numérico. (pág. 190)

1. $8 + 5 = 13$

   __ ◯ __ ◯ __

2. $17 - 8 = 9$

   __ ◯ __ ◯ __

Conceptos y destrezas

Resta. Luego suma para comprobar tu resultado. (CC.1.OA.6)

3. $14 - 6 = \boxed{}$

   $\boxed{} + 6 = \boxed{}$

4. $11 - 5 = \boxed{}$

   $\boxed{} + 5 = \boxed{}$

5. $20 - 10 = \boxed{}$

   $\boxed{} + 10 = \boxed{}$

6. $13 - 9 = \boxed{}$

   $\boxed{} + 9 = \boxed{}$

Suma y resta.
Encierra en un círculo las operaciones relacionadas. (CC.1.OA.6)

7. $5 + 9 =$ ___
   $14 - 5 =$ ___

8. $7 + 5 =$ ___
   $7 - 5 =$ ___

9. $6 + 4 =$ ___
   $10 - 4 =$ ___

10. ¿Cuál es una operación de suma relacionada con

$15 - 9 = 6$? (CC.1.OA.6)

$15 - 6 = 9$　　$9 + 9 = 18$　　$6 + 9 = 15$　　$6 + 8 = 14$

○　　　　　　○　　　　　　○　　　　　　○

---

11. ¿Cuál **no** es una operación relacionada? (CC.1.OA.6)

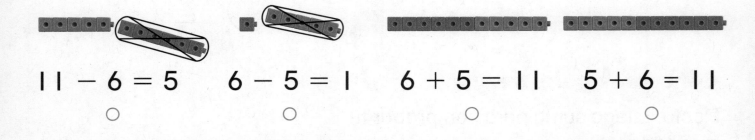

$11 - 6 = 5$　　$6 - 5 = 1$　　$6 + 5 = 11$　　$5 + 6 = 11$

○　　　　　　○　　　　　　○　　　　　　○

---

12. ¿Qué enunciado de suma te sirve para comprobar la resta? (CC.1.OA.6)

$17 - 9 = \boxed{}$

$4 + 9 = 13$　　$6 + 8 = 14$

○　　　　　　○

$5 + 9 = 14$　　$8 + 9 = 17$

○　　　　　　○

---

13. Pat recoge 18 flores. Nueve son amarillas. El resto son rosadas. ¿Cuántas flores son rosadas? (CC.1.OA.1)

9	___

18

6　　　7　　　8　　　9

○　　　○　　　○　　　○

14. ¿Qué número falta? (CC.1.OA.8)

$$16 = 8 + \square$$
$$\square = 16 - 8$$

9   8   7   6
○   ○   ○   ○

---

15. ¿Qué número falta? (CC.1.OA.8)

$$4 + \underline{\quad} = 10$$

$$10 - 4 = \underline{\quad}$$

4   6   7   10
○   ○   ○   ○

---

16. María hace 8 goles. El equipo obtiene 15 goles. ¿Qué enunciado numérico muestra la cantidad de goles que marca el resto del equipo? (CC.1.OA.1)

○ $15 - 9 = 6$ ○ $15 - 8 = 7$

○ $8 + 6 = 14$ ○ $9 + 8 = 17$

---

17. ¿Qué opción muestra una manera de formar 15? (CC.1.OA.6)

$4 + 5 + 3$ $6 + 8$ $2 + 7 + 6$ $16 - 9$
○   ○   ○   ○

---

18. ¿Con qué número es verdadero el enunciado? (CC.1.OA.7)

$$8 + 2 = \underline{\quad}$$

8   10   15   16
○   ○   ○   ○

Tarea de rendimiento (CC.1.OA.1, CC.1.OA.6)

Hay 15 niños almorzando.

_____ niños compran su almuerzo.

_____ niños no compran su almuerzo.

- Elige y escribe números para completar el problema.
- Haz un dibujo de la explicación.
- Luego escribe las operaciones relacionadas con tu problema.

Muestra cómo resolver el problema.
Usa números, dibujos o palabras.

Muestra tu trabajo.

_____ 9 niños compran su almuerzo

_____ niños no compran su almuerzo

___ + ___ = ___   ___ − ___ = ___

___ + ___ = ___   ___ − ___ = ___

ÁREA DE ATENCIÓN

Por el vecindario

por John Hudson

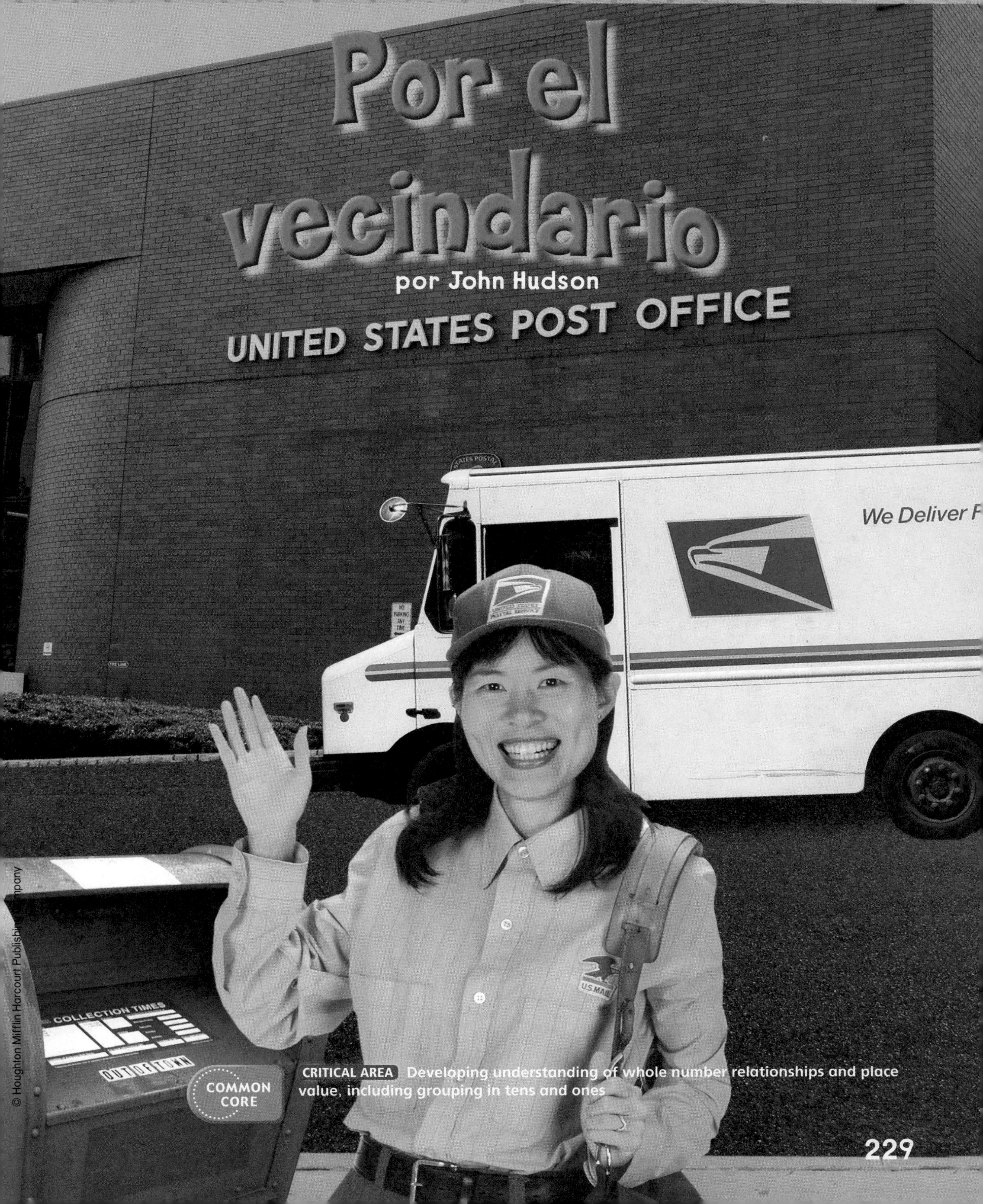
UNITED STATES POST OFFICE
We Deliver
COLLECTION TIMES
OUT OF TOWN
U.S. MAIL

COMMON CORE

CRITICAL AREA Developing understanding of whole number relationships and place value, including grouping in tens and ones

La cartera les trae cartas
al Sr. y la Sra. Jones.
¿Cuántas cartas lleva?

____ ◯ ____ ◯ ____

© Houghton Mifflin Harcourt Publishing Company

Estudios Sociales

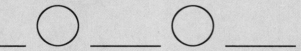

¿Cómo nos sirven los carteros?

La cartera trae paquetes a la estación de bomberos. Luego trae más paquetes. ¿Cuántos paquetes lleva?

____ ◯ ____ ◯ ____

¿Cómo nos sirven los bomberos?

Es la hora del almuerzo.
La cartera come en el parque.
¿Cuántos niños y niñas juegan?

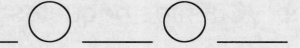
_____ ◯ _____ ◯ _____

Estudios Sociales

¿Cómo nos ayudan nuestros padres?

La cartera trae 12 paquetes a la estación de policía. —Esta persona se ha mudado —dice el policía—. Debe usted llevarse estos paquetes de vuelta.

¿Cuántos paquetes se lleva la cartera?

_____ _____ ◯ _____ _____ ◯ _____

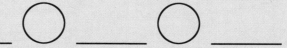

¿Cómo nos sirven los oficiales de policía?

La cartera se detiene en la Municipalidad.
Lleva 8 cartas para la alcaldesa.
Lleva 4 cartas para el secretario municipal.
¿Cuántas cartas lleva?

_____ ◯ _____ ◯ _____

¿Cómo nos sirven los
empleados municipales?

Escribe sobre el cuento

Un día, el Sr. y la Sra. Jones recibieron el mismo número de cartas cada uno. Recibieron 12 cartas en total. Dibuja los dos grupos de cartas.

Repaso del vocabulario

sumar	diferencia
dobles	restar
total	

Sr. Jones

Sra. Jones

Cartas para el Sr. Jones

Cartas para la Sra. Jones

Escribe el enunciado numérico. _____ ◯ _____ ◯ _____

Escribe ▸ Describe tu enunciado numérico. Usa una palabra de vocabulario.

_____

_____

_____

_____

¿Cuántas cartas?

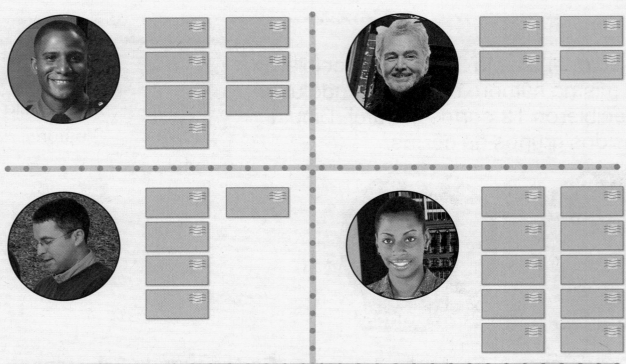

1. ¿Cuántas cartas tienen y en total?

_____ ◯ _____ ◯ _____

2. ¿Cuántas cartas más tiene que ?

_____ ◯ _____ ◯ _____

3. Encierra en un círculo a las dos personas que tienen
   11 cartas en total.

 Haz un problema de suma sobre un cartero
que les lleva cartas a un compañero y a ti.
Escribe el enunciado numérico.

Contar y hacer modelos de números

Aprendo más con

Jorge el Curioso

A Dany y a May les gustan las manzanas. Compran 15 manzanas en total. Si Dany compra 10 manzanas, ¿cuántas manzanas compra May?

Muestra lo que sabes

Explora números del 6 al 9

Cuenta cuántas hay. Encierra en un círculo el número.

1.    6

   7

2.    8

   9

Cuenta en grupos de hasta 20

Encierra en un círculo grupos de 10.
Escribe cuántos hay.

3.

_____

4.

_____

Forma grupos de 10

Usa ⬤ . Haz un dibujo que muestre un
grupo de 10 de dos maneras.

5.

6.

Nota a la familia: Esta página es para verificar que su niño
comprenda las destrezas importantes que se necesitan para
tener éxito en el Capítulo 6.

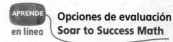

APRENDE
en línea

Opciones de evaluación
Soar to Success Math

Desarrollo del vocabulario

Visualízalo

Haz dibujos en la caja para mostrar el número.

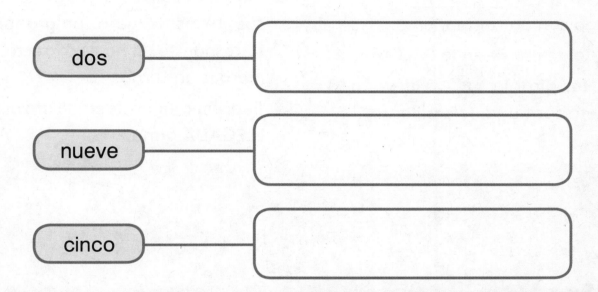

dos

nueve

cinco

Comprende el vocabulario

Escribe una palabra de repaso para nombrar cada número.

1.  _____

2.  _____

3.  _____

APRENDE
en línea
• Libro electrónico del estudiante
• Glosario multimedia

Juego Muestra los números

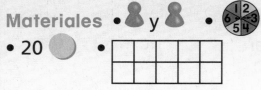

Materiales 🎲 y 🎲 • 🎡
• 20 🔵 • 🔲

Juega con un compañero.

1. Coloca tu 🎲 en la SALIDA.
2. Haz girar la 🎡. Mueve tu 🎲 esa cantidad de casillas.

3. Lee el número y muéstralo con 🔵 en el cuadro de diez.
4. Pide a tu compañero que cuente las 🔵 para comprobar tu respuesta. Si no es correcta, pierdes un turno.
5. El primer jugador en alcanzar la LLEGADA gana.

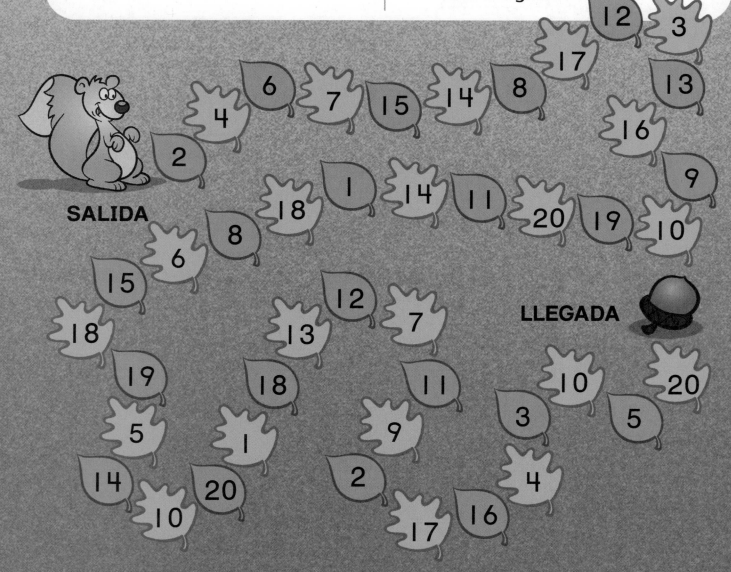

SALIDA

LLEGADA

Contar de unidad en unidad hasta 120

Pregunta esencial ¿Por qué es más fácil contar hasta 120 si sigues un patrón de conteo?

ESTÁNDARES COMUNES **CC.1.NBT.1**
Extend the counting sequence.

Escucha y dibuja EN EL MUNDO

Escribe los números que faltan.

21	22	23	24	25	26	27	28	29	30
31	32	33	34	35	36	37	38	39	40
41	42	43	44	45	46	47	48	49	50
51	52	53	54	55	56	57	58	59	60
61	62	63	64	65	66	67	68	69	70
71	72	73	74	75	76	77	78	79	80
81	82	83	84	85	86	87	88	89	90
91	92	93	94	95	96	97	98	99	100

Charla matemática

Explica cómo sabes qué números faltan.

MÉTODOS MATEMÁTICOS

PARA EL MAESTRO • Lea el siguiente problema. Debbie vio esta página en un libro de acertijos. Faltan dos filas de números. Aplica lo que sabes sobre conteo para escribir los números que faltan.

Cuenta hacia adelante.
Escribe los números.

1	2	3	4	5	6	7	8	9	10
11	12	13	14	15	16	17	18	19	20
21	22	23	24	25	26	27	28	29	30
31	32	33	34	35	36	37	38	39	40
41	42	43	44	45	46	47	48	49	50
51	52	53	54	55	56	57	58	59	60
61	62	63	64	65	66	67	68	69	70
71	72	73	74	75	76	77	78	79	80
81	82	83	84	85	86	87	88	89	90
91	92	93	94	95	96	97	98	99	100
101	102	103	104	105	106	107	108	109	110
111	112	113	114	115	116	117	118	119	120

10, __11__, _____, _____, _____

100, __101__, _____, _____, _____

110, __111__, _____, _____, _____

Comparte y muestra

Usa una tabla de conteo. Cuenta hacia
adelante y escribe los números.

Busca el patrón
que te sirva
para escribir los
números.

1. 114, _____, _____, _____, _____, _____, _____

2. 51, _____, _____, _____, _____, _____, _____

3. 94, _____, _____, _____, _____, _____, _____

4. 78, _____, _____, _____, _____, _____, _____

5. 35, _____, _____, _____, _____, _____, _____

6. 104, _____, _____, _____, _____, _____, _____

Por tu cuenta

Usa una tabla de conteo. Cuenta hacia adelante
y escribe los números.

7. 19, _____, _____, _____, _____, _____, _____, _____

8. 98, _____, _____, _____, _____, _____, _____, _____

9. 60, _____, _____, _____, _____, _____, _____, _____

10. 27, _____, _____, _____, _____, _____, _____, _____

11. 107, _____, _____, _____, _____, _____, _____, _____

12. 43, _____, _____, _____, _____, _____, _____, _____

13. 68, _____, _____, _____, _____, _____, _____, _____

H.O.T. Usa una tabla de conteo para escribir los
números que faltan.

14. _____, _____, _____, _____, _____, 120

15. _____, _____, _____, _____, _____, 34

RESOLUCIÓN DE PROBLEMAS EN EL MUNDO

Escribe

Usa una tabla de conteo. Dibuja y escribe números para resolver.

16. En la bolsa hay 99 monedas de 1¢. Dibuja más monedas de 1¢ para que haya 105 monedas de 1¢ en total. Escribe los números a medida que cuentas.

99

17. **H.O.T.** En la bolsa hay 56 monedas de 1¢. ¿Cuántas monedas de 1¢ más debes sumar para que la bolsa tenga 64 monedas de 1¢?

56

_____ monedas de 1¢

18. ⭐ **Preparación para la prueba** Cuenta hacia adelante. ¿Qué número falta?   107, 108, 109, _____, 111

100   101   110   120
○   ○   ○   ○

ACTIVIDAD PARA LA CASA · Dé un paseo con su niño. Cuenten en voz alta a medida que dan 120 pasos.

PRÁCTICA ADICIONAL
Cuaderno de práctica de los estándares, págs. P113 y P114

Contar de decena en decena hasta 120

Pregunta esencial ¿Cómo cambian los números a medida que cuentas de decena en decena hasta 120?

ESTÁNDARES COMUNES **CC.1.NBT.1**
Extend the counting sequence.

Escucha y dibuja

Comienza en el 10. Cuenta hacia adelante de decena en decena. Colorea cada número a medida que lo dices.

1	2	3	4	5	6	7	8	9	10
11	12	13	14	15	16	17	18	19	20
21	22	23	24	25	26	27	28	29	30
31	32	33	34	35	36	37	38	39	40
41	42	43	44	45	46	47	48	49	50
51	52	53	54	55	56	57	58	59	60
61	62	63	64	65	66	67	68	69	70
71	72	73	74	75	76	77	78	79	80
81	82	83	84	85	86	87	88	89	90
91	92	93	94	95	96	97	98	99	100

CONEXIÓN CON EL HOGAR · Su niño usó una tabla con los números hasta el 100 para contar de decena en decena. Usar una tabla con los números hasta el 100 o tablas de conteo similares sirve a los niños para comprender una secuencia de conteo cuando comienzan desde números diferentes del 1.

Charla matemática
¿Qué números coloreaste en la tabla con los números hasta el 100? **Explica.**
MÉTODOS MATEMÁTICOS

Comienza en el 3. Cuenta de decena en decena.

1	2	3	4	5	6	7	8	9	10
11	12	13	14	15	16	17	18	19	20
21	22	23	24	25	26	27	28	29	30
31	32	33	34	35	36	37	38	39	40
41	42	43	44	45	46	47	48	49	50
51	52	53	54	55	56	57	58	59	60
61	62	63	64	65	66	67	68	69	70
71	72	73	74	75	76	77	78	79	80
81	82	83	84	85	86	87	88	89	90
91	92	93	94	95	96	97	98	99	100
101	102	103	104	105	106	107	108	109	110
111	112	113	114	115	116	117	118	119	120

PIENSA
Cuando cuentas de decena en decena, cada número tiene 10 más.

3, 13, 23, 33, ____, ____, ____, ____, ____, ____, ____, ____

Comparte y muestra

Usa una tabla de conteo para contar de decena en decena y escribe los números.

1. Comienza en el 17.

   17, ____, ____, ____, ____, ____, ____, ____, ____

2. Comienza en el 1.

   1, ____, ____, ____, ____, ____, ____, ____, ____

3. Comienza en el 39.

   39, ____, ____, ____, ____, ____, ____, ____, ____

Nombre _____

Por tu cuenta

Usa una tabla de conteo. Cuenta de decena
en decena y escribe los números.

4. 40, ____, ____, ____, ____, ____, ____, ____, ____

5. 15, ____, ____, ____, ____, ____, ____, ____, ____

6. 28, ____, ____, ____, ____, ____, ____, ____, ____

7. 6, ____, ____, ____, ____, ____, ____, ____, ____

8. 14, ____, ____, ____, ____, ____, ____, ____, ____

9. 32, ____, ____, ____, ____, ____, ____, ____, ____

 Resuelve.

10. Me nombras cuando comienzas en el 43 y cuentas de decena en decena. Estoy después del 73. Estoy antes del 93. ¿Qué número soy?

____

11. Me nombras cuando comienzas en el 21 y cuentas de decena en decena. Estoy después del 91. Estoy antes del 111. ¿Qué número soy?

____

RESOLUCIÓN DE PROBLEMAS EN EL MUNDO

Escribe

H.O.T. Aplica lo que sabes sobre las tablas de conteo para escribir los números que faltan.

12.

6	
16	

	28	29

13.

	54	55
	64	

72		

14.

	15

32	

15.

97	98	

16. ⭐ **Preparación para la prueba** Cuenta de decena en decena. ¿Qué números faltan?

3, 13, 23, ____, ____, 53

24, 25   33, 34   33, 43   63, 73
  ○   ○   ○   ○

ACTIVIDAD PARA LA CASA · Escriba estos números: 2, 12, 22, 32, 42. Pida a su niño que le diga los 5 números siguientes.

© Houghton Mifflin Harcourt Publishing Company

PRÁCTICA ADICIONAL: Cuaderno de práctica de los estándares, págs. P115 y P116

Nombre _____

Comprender una decena y unidades

Pregunta esencial ¿Cómo se escribe un número como una decena y unidades de diferentes maneras?

ESTÁNDARES COMUNES **CC.1.NBT.2b**
Understand place value.

Escucha y dibuja EN EL MUNDO

Haz un modelo del problema usando 🔲.
Dibuja los 🔲 para mostrar tu trabajo.

PARA EL MAESTRO • Lea el problema. Tim tiene 10 monedas de 1¢. Recibe 2 monedas de 1¢ más. ¿Cuántas monedas de 1¢ tiene Tim ahora?

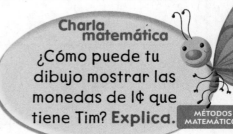

Charla matemática
¿Cómo puede tu dibujo mostrar las monedas de 1¢ que tiene Tim? **Explica.**

MÉTODOS MATEMÁTICOS

Capítulo 6

13 es un número de dos **dígitos**.
El **1** en el **1**3 significa 1 **decena**.
El **3** en el 1**3** significa 3 **unidades**.

PIENSA
10 unidades y 3
unidades es igual que 1
decena, 3 unidades.

__1__ decena __3__ unidades

$$\underline{10} + \underline{3}$$

$$13$$

Comparte y muestra

Usa el modelo. Escribe el número
de tres maneras.

1.

____ decena ____ unidades

____ + ____

____

2.

____ decena ____ unidades

____ + ____

____

Por tu cuenta

Usa el modelo. Escribe el número
de tres maneras.

3.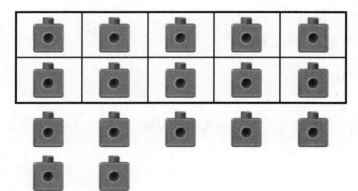

_____ decena _____ unidades

_____ + _____

_____

4.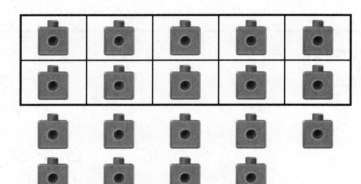

_____ decena _____ unidades

_____ + _____

_____

5. **H.O.T.** Haz un dibujo que muestre el número.
Escribe los números que faltan.

_____ decena _____ unidades

_____ + _____

RESOLUCIÓN DE PROBLEMAS EN EL MUNDO

Escribe

H.O.T. Dibuja cubos para mostrar el número. Escribe el número de diferentes maneras.

6. David tiene 1 decena y 3 unidades. Abby tiene 6 unidades. Juntan sus decenas y unidades. ¿Qué número formaron?

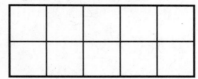

_____ decena _____ unidades

_____ + _____

_____

7. Karen tiene 7 unidades. Jimmy tiene 9 unidades. Juntan sus unidades. ¿Qué número formaron?

_____ decena _____ unidades

_____ + _____

_____

8. ⭐ **Preparación para la prueba** ¿Qué opción muestra el mismo número?

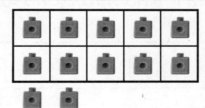

○ 1 decena 12 unidades

○ 1 decena 2 unidades

○ 1 decena 7 unidades

○ 1 decena

ACTIVIDAD PARA LA CASA · Muestre a su niño un grupo de 10 monedas de 1¢ y un grupo de 8 monedas de 1¢. Pida a su niño que le diga cuántas decenas y unidades hay y que diga el número. Repita la actividad con otros números del 11 al 19.

PRÁCTICA ADICIONAL: Cuaderno de práctica de los estándares, págs. P117 y P118

Nombre _____

Formar una decena y unidades

Pregunta esencial ¿Cómo se muestra un número como una decena y unidades?

ESTÁNDARES COMUNES CC.1.NBT.2b
Understand place value.

Escucha y dibuja EN EL MUNDO

Haz un modelo del problema usando ▣.
Dibuja ▣ para mostrar tu trabajo.

Haz un dibujo que muestre el grupo de diez de otra manera.

PARA EL MAESTRO • Lea el problema. Connie tiene 10 cubos. ¿Cómo puede colocarlos para mostrar 1 decena?

Charla matemática
¿En qué se parecen los dibujos? ¿En qué se diferencian los dibujos? **Explica.**

MÉTODOS MATEMÁTICOS

Puedes agrupar 10  para formar 1 decena.

> Haz un dibujo rápido que muestre 1 decena.

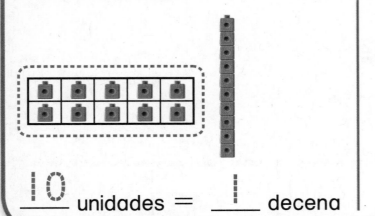

_10_ unidades = _1_ decena

1 decena

Comparte y muestra Math Board

Usa . Forma grupos de una decena y unidades.
Haz un dibujo de tu trabajo. Escribe cuántos hay.

1.

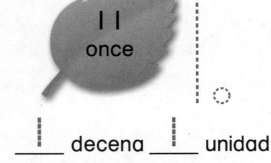

11
once

____ decena ____ unidad

2.

12
doce

____ decena ____ unidades

✓ 3.

13
trece

____ decena ____ unidades

✓ 4.

14
catorce

____ decena ____ unidades

Nombre _____

Por tu cuenta

Usa . Forma grupos de una decena y unidades.
Haz un dibujo de tu trabajo. Escribe cuántos hay.

5.

15
quince

_____ decena _____ unidades

6.

16
dieciséis

_____ decena _____ unidades

7.

17
diecisiete

_____ decena _____ unidades

8.

18
dieciocho

_____ decena _____ unidades

9.

19
diecinueve

_____ decena _____ unidades

RESOLUCIÓN DE PROBLEMAS EN EL MUNDO

Escribe

H.O.T. Resuelve.

10. Emily quiere escribir una decena
y unidades para mostrar 20.
¿Qué escribe Emily?

20
veinte

_____ decena _____ unidades

---

11. Gina piensa en un número que
tiene 7 unidades y 1 decena.
¿Qué número es?

_____

---

12. Ben hizo un dibujo para
mostrar un número.
¿Qué número es?

_____

---

13. ⭐ **Preparación para la prueba** ¿Cuántas decenas
y unidades forman este número?

12
doce

○ 1 decena 1 unidad   ○ 1 decena 12 unidades

○ 1 decena 2 unidades   ○ 2 decenas 1 unidad

ACTIVIDAD PARA LA CASA · Dé a su niño números del 11 al 19. Pida a su
niño que trabaje con monedas de 1¢ para mostrar un grupo de diez y un grupo
de unidades para cada número.

PRÁCTICA ADICIONAL:
Cuaderno de práctica de los
estándares, págs. P119 y P120

Nombre _____

Decenas

Pregunta esencial ¿Cómo se pueden hacer modelos y nombrar grupos de diez?

ESTÁNDARES COMUNES CC.1.NBT.2a, CC.1.NBT.2c
Understand place value.

Escucha y dibuja EN EL MUNDO

Usa 📷 para resolver el acertijo.
Escribe y haz un dibujo para mostrar tu trabajo.

PARA EL MAESTRO • Lea los siguientes acertijos. Estoy pensando en un número que es igual a 1 decena y 4 unidades. ¿Cuál es mi número? Estoy pensando en un número que es igual a 1 decena y 0 unidades. ¿Cuál es mi número?

Charla matemática
Explica qué hiciste para resolver el primer acertijo.
MÉTODOS MATEMÁTICOS

Capítulo 6

Puedes agrupar unidades para formar decenas.

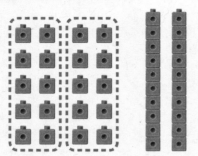

Haz un dibujo rápido para mostrar las decenas.

20 unidades = __2__ decenas

__0__ unidades

____  __2__ decenas = __20__

veinte

Comparte y muestra Math Board

Usa ◼. Forma grupos de diez.
Escribe las decenas y las unidades.

Dibuja las decenas. Cuenta de decena en decena.

✓ 1.

30 unidades = ____ decenas

____ unidades

____ decenas = ____

treinta

✓ 2.

40 unidades = ____ decenas

____ unidades

____ decenas = ____

cuarenta

Nombre _____

Por tu cuenta

Usa . Forma grupos de diez.
Escribe las decenas y las unidades.

Dibuja las decenas.
Cuenta de decena
en decena.

3. 50 unidades

____ decenas ____ unidades   ____ decenas = ____
                                                    cincuenta

4. 60 unidades

____ decenas ____ unidades   ____ decenas = ____
                                                    sesenta

5. 70 unidades

____ decenas ____ unidades   ____ decenas = ____
                                                    setenta

6. 80 unidades

____ decenas ____ unidades   ____ decenas = ____
                                                    ochenta

7. 90 unidades

____ decenas ____ unidades   ____ decenas = ____
                                                    noventa

ACTIVIDAD PARA LA CASA · Pida a su niño que cuente
objetos pequeños en grupos de diez, que diga cuántas
decenas hay en total y luego que diga el nombre del número.

PRÁCTICA ADICIONAL:
Cuaderno de práctica de los
estándares, págs. P121 y P122

Revisión de la mitad del capítulo

Conceptos y destrezas

Usa una tabla de conteo.
Cuenta hacia adelante. Escribe
los números. (CC.1.NBT.1)

1. 63, 64, _____, _____, _____

2. 108, 109, _____, _____, _____

Usa una tabla de conteo.
Cuenta de decena en decena.
Escribe los números. (CC.1.NBT.1)

3. 42, 52, _____, _____, _____

4. 79, 89, _____, _____, _____

---

5. Usa el modelo. Escribe el número
de tres maneras. (CC.1.NBT.2b)

_____ decena _____ unidades

_____ + _____

_____

Usa 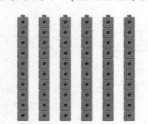. Forma grupos de una decena y unidades.
Dibuja tu trabajo. Escribe cuántos hay. (CC.1.NBT.2b)

6.

15
quince

_____ decena _____ unidades

---

7. ⭐ **Preparación para la prueba** ¿Qué número muestra
el modelo? (CC.1.NBT.2a, CC.1.NBT.2c)

| 70 | 60 | 50 | 6 |
| ○ | ○ | ○ | ○ |

Nombre _____

Decenas y unidades hasta el 50

Pregunta esencial ¿Cómo se agrupan los cubos para mostrar un número como decenas y unidades?

ESTÁNDARES COMUNES **CC.1.NBT.2**
Understand place value.

Escucha y dibuja

Haz un modelo del número usando ◼.
Dibuja ◼ para mostrar tu trabajo.

Decenas	Unidades

Charla matemática
¿Cómo descubriste cuántas decenas y unidades hay en el 23? **Explica.**
MÉTODOS MATEMÁTICOS

PARA EL MAESTRO • Pida a los niños que usen 23 cubos y los muestren como decenas y unidades.

Representa y dibuja

El 2 en el 24 significa 2 decenas.

Decenas	Unidades

__2__ decenas __4__ unidades

= __24__

El 2 en el 42 significa 2 unidades.

Decenas	Unidades

__4__ decenas __2__ unidades

= __42__

Comparte y muestra

Muestra las decenas y las unidades usando tu pizarra y . Escribe los números.

1. _____ decenas _____ unidades

= _____

2. _____ decenas _____ unidades

= _____

✓ 3. _____ decenas _____ unidades

= _____

✓ 4. _____ decena _____ unidades

= _____

Por tu cuenta

Escribe los números.

5.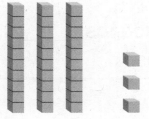

_____ decenas _____ unidades

= _____

6.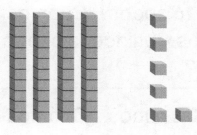

_____ decenas _____ unidades

= _____

7.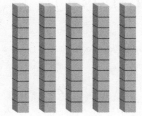

_____ decenas _____ unidades

= _____

8.

_____ decenas _____ unidades

= _____

9. **H.O.T.** Mary dibujó decenas y unidades para mostrar 32. Cometió un error. Haz un dibujo rápido que muestre correctamente 32. Escribe los números.

Decenas	Unidades
‖	○ ○ ○

Decenas	Unidades

_____ decenas _____ unidades

= _____

RESOLUCIÓN DE PROBLEMAS EN EL MUNDO

Escribe ▶

Resuelve. Escribe los números.

10. Tengo 46 cubos. ¿Cuántas decenas y unidades puedo formar?

_____ decenas _____ unidades

11. Tengo 32 cubos. ¿Cuántas decenas y unidades puedo formar?

_____ decenas _____ unidades

12. Tengo 28 cubos. ¿Cuántas decenas y unidades puedo formar?

_____ decenas _____ unidades

13. **H.O.T.** Soy un número menor a 50. Tengo 8 unidades y varias decenas. ¿Qué números podría ser?

_____

14. ⭐ **Preparación para la prueba** ¿Qué número muestra el modelo?

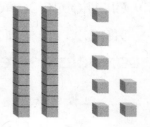

9   27   50   72
○   ○   ○   ○

© Houghton Mifflin Harcourt Publishing Company

ACTIVIDAD PARA LA CASA· Escriba un número de dos dígitos del 20 al 50, como 26. Pida a su niño que le diga qué dígito es la decena y qué dígito es la unidad. Repita con diferentes números.

PRÁCTICA ADICIONAL:
Cuaderno de práctica de los estándares, págs. P123 y P124

Nombre ____________________________________

MANOS A LA OBRA
Lección 6.7

Decenas y unidades hasta el 100

Pregunta esencial ¿Cómo mostramos los números hasta el 100 como decenas y unidades?

ESTÁNDARES COMUNES **CC.1.NBT.2**
Understand place value.

Escucha y dibuja

Haz un modelo del número usando .
Haz un dibujo rápido para mostrar tu trabajo.

25
50
52

PARA EL MAESTRO • Pida a los niños que muestren cuántas decenas y unidades hay en 25, 50 y 52 usando bloques de base diez.

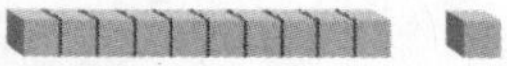

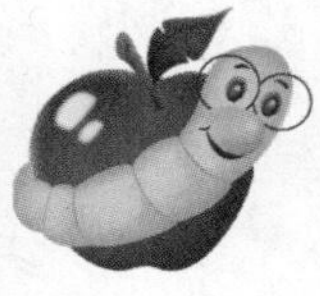

Charla matemática
¿Cómo descubriste cuántas decenas y unidades hay en el 52? **Explica.**

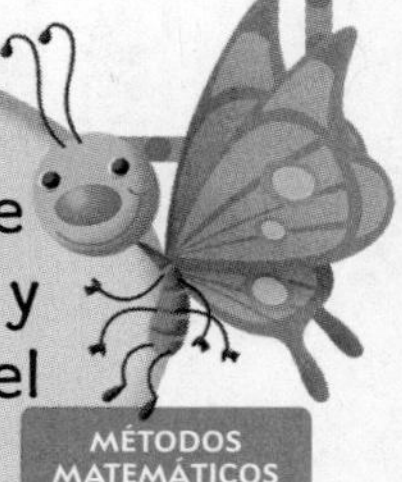

MÉTODOS MATEMÁTICOS

El número que está después del 99 es el 100.
10 decenas es igual a 1 **centena**.

Haz un dibujo rápido para mostrar 99 y 100.

___9___ decenas   ___9___ unidades

= __99__

___10___ decenas   ___0___ unidades

= __100__

Comparte y muestra

Muestra las decenas y unidades usando tu
pizarra y . Escribe los números.

1.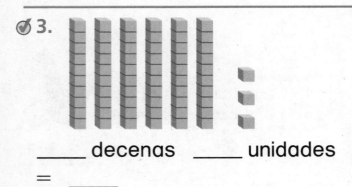

_____ decenas   _____ unidades

= _____

2.

_____ decenas   _____ unidades

= _____

☑ 3.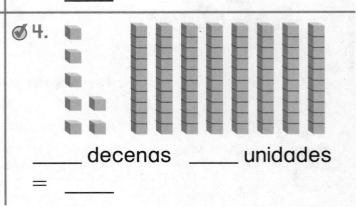

_____ decenas   _____ unidades

= _____

☑ 4.

_____ decenas   _____ unidades

= _____

Nombre _____

Por tu cuenta

Escribe los números.

5.

_____ decenas   _____ unidades

= _____

6.

_____ decenas   _____ unidades

= _____

7.

_____ decenas   _____ unidades

= _____

8.

_____ decenas   _____ unidades

= _____

9.

_____ decenas   _____ unidades

= _____

---

10. **H.O.T.** ¿Qué número es igual a 7 decenas y 20 unidades?

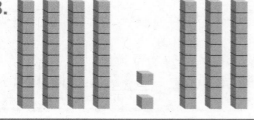

_____

11. **H.O.T.** ¿Qué número es igual a 5 decenas y 13 unidades?

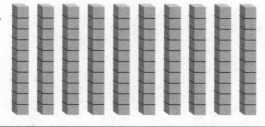

_____

RESOLUCIÓN DE PROBLEMAS EN EL MUNDO

Escribe

Haz un dibujo rápido para mostrar el número.
Escribe cuántas decenas y unidades hay.

12. Edna tiene 82 estampillas.

_____ decenas   _____ unidades

13. Amy tiene 79 monedas de 1¢.

_____ decenas   _____ unidades

14.  Moe tiene un grupo de
70 plumas rojas y 30 plumas
marrones.

_____ decenas   _____ unidades

15. ⭐ **Preparación para la prueba**   ¿Qué número muestra el modelo?

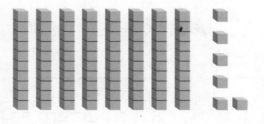

| 14 | 68 | 86 | 95 |
| ○ | ○ | ○ | ○ |

ACTIVIDAD PARA LA CASA • Dé a su niño números del 50 al 100. Pida a
su niño que haga un dibujo que muestre las decenas y las unidades en cada
número y luego que escriba el número.

PRÁCTICA ADICIONAL:
Cuaderno de práctica de los estándares,
págs. P125 y P126

Resolución de problemas • Mostrar números de diferentes maneras

ESTÁNDARES COMUNES CC.1.NBT.2a, CC.1.NBT.3
Understand place value.

Pregunta esencial ¿Por qué es más fácil mostrar un número de diferentes maneras si hacemos un modelo?

Gary y Jill quieren 23 adhesivos cada uno para un proyecto. Hay 3 hojas de 10 adhesivos y 30 adhesivos sueltos en la mesa. ¿Cómo podrían Gary y Jill tener 23 adhesivos cada uno?

Soluciona el problema EN EL MUNDO

¿Qué debo hallar?

_____

____dos____ maneras de formar un número

¿Qué información debo usar?

El número es ___23___.

Muestra cómo resolver el problema.

Gary		Jill	
Decenas	**Unidades**	**Decenas**	**Unidades**
	23		23

(=====)

CONEXIÓN CON EL HOGAR • Mostrar el número con bloques de base diez le permite a su niño explorar diferentes maneras de combinar decenas y unidades.

Haz otro problema

Muestra el número de dos maneras usando
▭▭▭▭▭▭ ▪. Dibuja ambas maneras.

• ¿Qué debo hallar?
• ¿Qué información debo usar?

I. 46

Decenas	Unidades

____ ◯ ____

Decenas	Unidades

____ ◯ ____

2. 71

Decenas	Unidades

____ ◯ ____

Decenas	Unidades

____ ◯ ____

3. 65

Decenas	Unidades

____ ◯ ____

Decenas	Unidades

____ ◯ ____

Charla matemática

Observa el Ejercicio 3. **Explica** por qué ambas maneras muestran 65.

MÉTODOS MATEMÁTICOS

Comparte y muestra

Muestra el número de dos maneras usando
▮▮▮▮▮▮▮▮▮ ▮. Dibuja ambas maneras.

Escribe

☑ 4. **59**

Decenas	Unidades

_____ ◯ _____

Decenas	Unidades

_____ _____

☑ 5. **34**

Decenas	Unidades

_____ ◯ _____

Decenas	Unidades

_____ _____

6. **H.O.T.** Muestra 31 de tres maneras.

Decenas	Unidades

Decenas	Unidades

Decenas	Unidades

_____ ◯ _____ ◯ _____

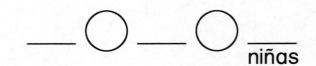
Por tu cuenta

Escribe un enunciado numérico para resolver.
Haz un dibujo de la explicación.

7. Felix invita 15 amigos a
su fiesta. Entre ellos hay
varias niñas. Y hay 8 niños.
¿Cuántas niñas hay?

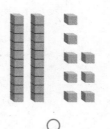 ___ ◯ ___ ◯ ___
niñas

 Resuelve. Escribe los números.

8. Soy un número menor que 35.
Tengo 3 decenas y algunas
unidades. ¿Qué número
podría ser?

_____

9. ⭐ **Preparación para la prueba** ¿Cuál es otra
manera de mostrar el mismo número?

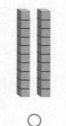 ◯   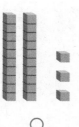 ◯   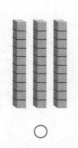 ◯   ◯

ACTIVIDAD PARA LA CASA · Pida a su niño que haga dibujos rápidos que
muestren el número 56 de dos maneras.

PRÁCTICA ADICIONAL:
Cuaderno de práctica de los estándares,
págs. P127 y P128

Nombre _____

Hacer un modelo, leer y escribir números del 100 al 110

ESTÁNDARES COMUNES **CC.1.NBT.1**
Extend the counting sequence.

Pregunta esencial ¿Cómo hacemos un modelo, leemos y escribimos números del 100 al 110?

Escucha y dibuja EN EL MUNDO

Usa .

Encierra en un círculo un número para responder la pregunta.

1	2	3	4	5	6	7	8	9	10
11	12	13	14	15	16	17	18	19	20
21	22	23	24	25	26	27	28	29	30
31	32	33	34	35	36	37	38	39	40
41	42	43	44	45	46	47	48	49	50
51	52	53	54	55	56	57	58	59	60
61	62	63	64	65	66	67	68	69	70
71	72	73	74	75	76	77	78	79	80
81	82	83	84	85	86	87	88	89	90
91	92	93	94	95	96	97	98	99	100

PARA EL MAESTRO • Pida a los niños que ubiquen cada número en la tabla con los números hasta el 100. ¿Qué número es igual a 30 unidades? ¿Qué número es igual a 10 decenas? ¿Qué número es igual a 8 decenas, 7 unidades? ¿Qué número tiene 1 unidad más que 52? ¿Qué número tiene 1 decena más que 65?

Charla matemática
Explica por qué el 100 está a la derecha del 99 en la tabla con los números hasta el 100. **Explica** por qué el 100 está debajo del 90.

MÉTODOS MATEMÁTICOS

© Houghton Mifflin Harcourt Publishing Company

10 20 30 40 50 60 70 80 90 100 101

10 decenas y 1 más = __101__

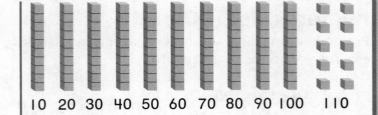

10 20 30 40 50 60 70 80 90 100 110

10 decenas y 10 más = __110__

Comparte y muestra

Haz un modelo del número usando ▯▯▯▯▯▯▯▯▯▯ ▪.

Escribe el número.

RECUERDA
10 decenas = 100

1. 10 decenas y 1 más

_____

2. 10 decenas y 2 más

_____

3. 10 decenas y 3 más

_____

4. 10 decenas y 4 más

_____

5. 10 decenas y 5 más

_____

6. 10 decenas y 6 más

_____

Por tu cuenta

Haz un modelo del número usando .
Escribe el número.

7. 10 decenas y
7 más

_____

8. 10 decenas y
8 más

_____

9. 10 decenas y
9 más

_____

10. 10 decenas y 10 más

_____

11.  H.O.T. 11 decenas

_____

Escribe el número.

12.

_____

13.

_____

14.

_____

15.

_____

H.O.T. Resuelve para hallar el número de manzanas.

 PIENSA

 = 1 manzana

= 10 manzanas

16.

Hay _____ manzanas.

17.

Hay _____ manzanas.

18.

Hay _____ manzanas.

19. ⭐ **Preparación para la prueba** ¿Qué número muestra el modelo?

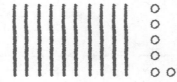

100   105   106   110

○   ○   ○   ○

ACTIVIDAD PARA LA CASA • Dé a su niño un grupo de 100 a 110 monedas de 1¢. Pídale que forme tantos grupos de diez como le sea posible, luego pídale que le diga el número total de monedas de 1¢.

PRÁCTICA ADICIONAL: Cuaderno de práctica de los estándares, págs. P129 y P130

Hacer un modelo, leer y escribir números del 110 al 120

Pregunta esencial ¿Cómo hacemos un modelo, leemos y escribimos números del 110 al 120?

Escucha y dibuja EN EL MUNDO

¿Cuántas conchas marinas hay?

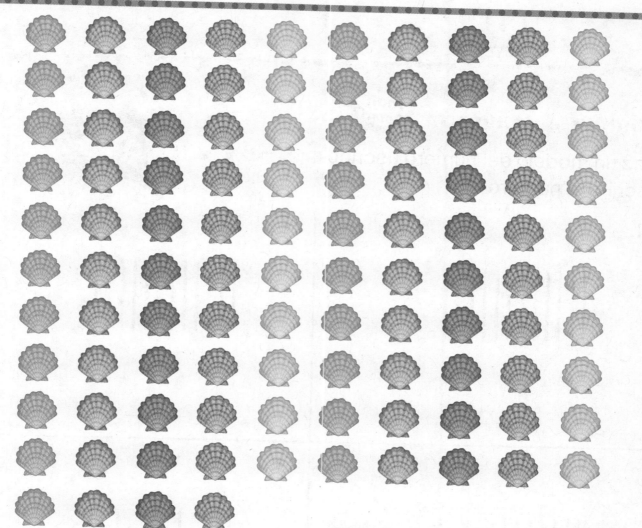

Hay _____ conchas marinas.

Charla matemática
¿Cómo decidiste cuántas conchas marinas hay? Explica.

MÉTODOS MATEMÁTICOS

PARA EL MAESTRO • Heidi tiene esta colección de conchas marinas. ¿Cuántas conchas marinas tiene Heidi?

© Houghton Mifflin Harcourt Publishing Company

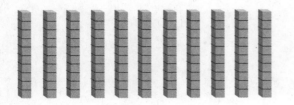 11 decenas es 110.

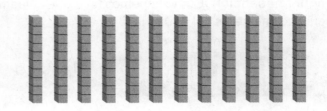 12 decenas es 120.

110

120

Comparte y muestra

Haz un modelo del número usando .
Escribe el número.

1.

111

2.

_____

☑ 3.

_____

☑ 4.

_____

Por tu cuenta

Haz un modelo del número usando  .
Escribe el número.

5.

_____

6.

_____

7.

_____

8.

_____

9.

_____

10.

_____

 Escribe el número.

11.

_____

12.

_____

13.

_____

RESOLUCIÓN DE PROBLEMAS EN EL MUNDO

Escribe

H.O.T. Elige una manera de resolver.
Dibuja o escribe la explicación.

14. Joe colecciona monedas de 1¢.
Puede formar 11 grupos de 10
monedas de 1¢. ¿Cuántas
monedas de 1¢ tiene Joe?

_____ monedas de 1¢

15. Cindy colecciona botones. Puede
formar 11 grupos de 10 botones
y un grupo más de 7 botones.
¿Cuántos botones tiene
Cindy?

_____ botones

16. Luis colecciona canicas. Puede
formar 11 grupos de 10 canicas
y le sobran 2 canicas. ¿Cuántas
canicas tiene Luis?

_____ canicas

17. ⭐ **Preparación para la prueba** ¿Qué número muestra el modelo?

100	101	110	120
○	○	○	○

© Houghton Mifflin Harcourt Publishing Company

ACTIVIDAD PARA LA CASA • Dé a su niño grupos de 100 a 120 monedas de 1¢. Pídale que forme tantos grupos de diez como le sea posible, luego pídale que le diga el número total de monedas de 1¢.

PRÁCTICA ADICIONAL:
Cuaderno de práctica de los estándares,
págs. P131 y P132

Repaso y prueba del Capítulo 6

Vocabulario

Encierra en un círculo las **unidades** de cada número.
Traza una línea debajo de las **decenas** de cada número. (pág. 250)

1. **48**

2. **84**

Conceptos y destrezas

Usa la tabla de conteo.
Escribe los números. (CC.1.NBT.1)

1	2	3	4	5	6	7	8	9	10
11	12	13	14	15	16	17	18	19	20
21	22	23	24	25	26	27	28	29	30
31	32	33	34	35	36	37	38	39	40
41	42	43	44	45	46	47	48	49	50
51	52	53	54	55	56	57	58	59	60
61	62	63	64	65	66	67	68	69	70
71	72	73	74	75	76	77	78	79	80
81	82	83	84	85	86	87	88	89	90
91	92	93	94	95	96	97	98	99	100
101	102	103	104	105	106	107	108	109	110
111	112	113	114	115	116	117	118	119	120

3. Cuenta hacia adelante.

111, 112, _____, _____, _____

4. Cuenta de decena en decena.

65, 75, _____, _____, _____

Escribe los números. (CC.1.NBT.2)

5.

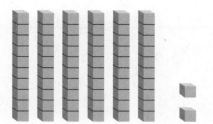

___ decenas ___ unidades = ____

6.

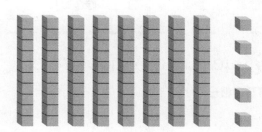

___ decenas ___ unidades = ___

7. ¿Qué opción muestra el mismo número? (CC.1.NBT.2b)

12
doce

○ 3 decenas

○ 1 decena 3 unidades

○ 1 decena 2 unidades

○ 3 unidades

8. ¿Qué opción muestra el mismo número? (CC.1.NBT.2b)

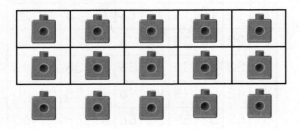

○ 5 decenas 5 unidades

○ 5 decenas 1 unidad

○ 1 decena 5 unidades

○ 1 decena 1 unidad

9. ¿Qué opción muestra el mismo número? (CC.1.NBT.2b)

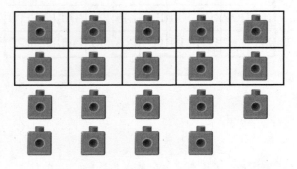

○ 10 + 10

○ 10 + 9

○ 10 + 5

○ 10 + 4

10. ¿Qué número muestra el modelo? (CC.1.NBT.2a, CC.1.NBT.2c)

○ 3

○ 4

○ 30

○ 40

Nombre _____

11. ¿Qué opción indica cuántas decenas y unidades hay? (CC.1.NBT.2)

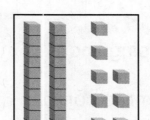

○ 2 decenas 8 unidades   ○ 2 decenas 9 unidades

○ 3 decenas 8 unidades   ○ 8 decenas 2 unidades

12. ¿Qué número es igual a 5 decenas, 6 unidades? (CC.1.NBT.2)

   11   55   56   65

   ○   ○   ○   ○

13. ¿Cuál es otra manera de formar el mismo número? (CC.1.NBT.2a, CC.1.NBT.3)

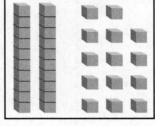

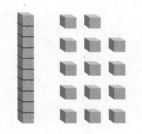   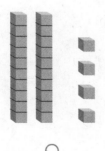   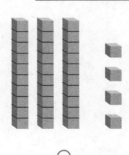   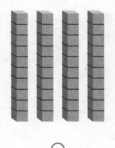

   ○   ○   ○   ○

14. ¿Qué número muestra el modelo? (CC.1.NBT.1)

   99   109   110   119

   ○   ○   ○   ○

Tarea de rendimiento (CC.1.NBT.1, CC.1.NBT.2)

Elige un número del 10 al 99.
Escribe tu número en el pingüino.

- Dibuja o escribe tu número como decenas y unidades.
- Comienza en tu número. Cuenta hacia adelante. Escribe los 5 números siguientes.
- Comienza en tu número. Cuenta de decena en decena. Escribe los 2 números siguientes.

Muestra tu trabajo usando números, dibujos y palabras.

Comparar números

Aprendo más con

Jorge el Curioso

¿**Cuántos colores ves en la cometa? Di el número que tiene uno más.**

Muestra lo que sabes

Representa más

Dibuja líneas para emparejar.
Encierra en un círculo el conjunto que tiene uno más.

1.

2.

Más, menos

3. Encierra en un círculo la hilera que tiene más.

4. Encierra en un círculo la hilera que tiene menos.

Dibuja grupos iguales

5. Dibuja una pelota para cada guante.

Nota a la familia: Esta página es para verificar que su niño comprenda las destrezas importantes que se necesitan para tener éxito en el Capítulo 7.

APRENDE en línea — Opciones de evaluació
Soar to Success Math

Desarrollo del vocabulario

Palabras de repaso

menos

más

igual

Visualízalo

Haz dibujos en las casillas que muestren un número **más, menos** o **igual.**

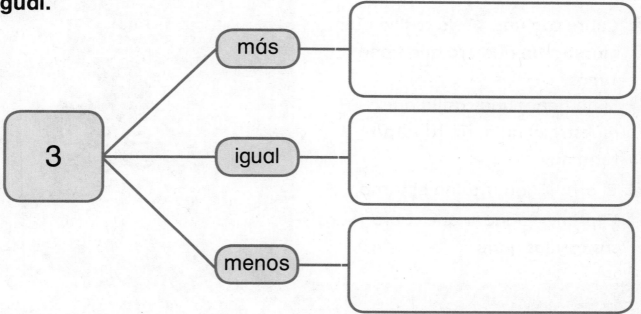

3 → más

3 → igual

3 → menos

Comprende el vocabulario

Completa las oraciones con las palabras de repaso.

1. Veo 2 gatos blancos y 4 gatos amarillos. Veo _____ gatos amarillos que gatos blancos.

2. Dave tiene 9 uvas. Ann tiene 6 uvas. Ann tiene _____ uvas que Dave.

3. Hay 5 patos y 5 cisnes en el estanque. Hay un número _____ de patos y de cisnes.

APRENDE
en línea
• Libro electrónico del estudiante
• Glosario multimedia

Juego Bingo para un día lluvioso

Materiales • • 9 ● • 9 ●

Juega con un compañero.

① Lanza el 🎲.

② Cubre con una ● la casilla que muestra un número que tiene 1 más.

③ Si no tienes una casilla que muestre el número, tu turno termina.

④ El otro jugador toma el turno.

⑤ El primer jugador que cubra todas sus casillas gana.

Jugador 1		
4	5	2
3	6	4
2	5	7

Jugador 2		
6	2	3
4	7	6
5	3	7

Nombre _____

Álgebra • Mayor que

Pregunta esencial ¿Cómo se comparan dos números para hallar cuál es el mayor?

ESTÁNDARES COMUNES CC.1.NBT.3
Understand place value.

Escucha y dibuja

Usa ▭▭▭▭▭ ▪ para resolver.
Haz dibujos rápidos que muestren tu trabajo.

Decenas	Unidades

Charla matemática
¿Cómo supiste qué número era mayor? **Explica.**

MÉTODOS MATEMÁTICOS

PARA EL MAESTRO • Lea el problema. ¿Qué número es mayor: 65 o 56? Pida a los niños que usen bloques de base diez y hagan dibujos rápidos para resolver.

Para comparar 25 y 17, primero compara las decenas.

2 decenas es más que 1 decena.

Si las decenas son iguales, compara las unidades.

7 unidades es más que 5 unidades.

_25_ es mayor que _17_.

_25_ > _17_

_17_ es mayor que _15_.

_17_ > _15_

Comparte y muestra

Math Board

Usa tu pizarra y los ▭▭▭▭▭ ▬ para mostrar cada número.

Encierra en un círculo el número mayor.	¿Lo supiste por las decenas o por las unidades?	Escribe los números.
1. 62 (65)	decenas (unidades)	_65_ es mayor que _62_. _65_ > _62_
✓2. 84 48	decenas unidades	_____ es mayor que _____. ____ > ____
✓3. 72 70	decenas unidades	_____ es mayor que _____. ____ > ____

Nombre _____

Por tu cuenta

Usa ▭▭▭▭ ▭ si lo necesitas.

Encierra en un círculo el número mayor.	¿Lo supiste por las decenas o por las unidades?	Escribe los números.
4. 32 27	decenas unidades	_____ es mayor que _____. _____ > _____
5. 57 75	decenas unidades	_____ es mayor que _____. _____ > _____
6. 94 98	decenas unidades	_____ es mayor que _____. _____ > _____
7. 91 19	decenas unidades	_____ es mayor que _____. _____ > _____
8. 68 62	decenas unidades	_____ es mayor que _____. _____ > _____
9. 88 38	decenas unidades	_____ es mayor que _____. _____ > _____

RESOLUCIÓN DE PROBLEMAS EN EL MUNDO

Escribe

10. Colorea los globos que muestren un número mayor que 56.

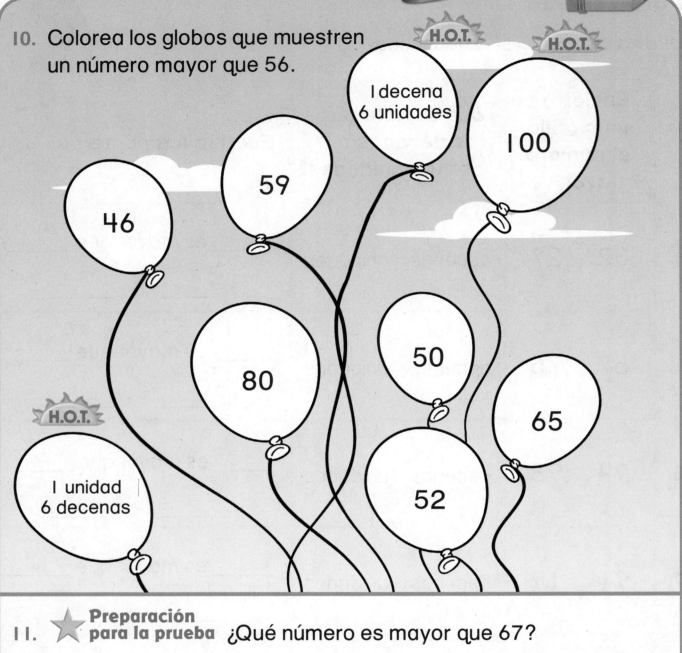

H.O.T.

H.O.T.

1 decena 6 unidades

100

59

46

80

1 unidad 6 decenas

H.O.T.

50

65

52

11. ⭐ **Preparación para la prueba** ¿Qué número es mayor que 67?

19	60	66	76
○	○	○	○

ACTIVIDAD PARA LA CASA • Escriba 38, 63, 68 y 83 en trozos de papel.
Muestre a su niño dos números y pregúntele qué número es mayor.
Repita la actividad con diferentes pares de números.

PRÁCTICA ADICIONAL:
Cuaderno de práctica de los estándares,
págs. P137 y P138

Álgebra • Menor que

Pregunta esencial ¿Cómo se comparan dos números para hallar cuál es el menor?

ESTÁNDARES COMUNES CC.1.NBT.3
Understand place value.

Escucha y dibuja

Usa ▭▭▭ ▪ para resolver. Haz dibujos rápidos que muestren tu trabajo.

Decenas	Unidades

PARA EL MAESTRO • Lea el problema. ¿Qué número es menor: 22 o 28? Pida a los niños que usen bloques de base diez para resolver.

Charla matemática
¿Cómo muestra tu dibujo qué número es menor? Explica.

MÉTODOS MATEMÁTICOS

Compara números para hallar cuál es el menor.

¿Cómo sabes qué número es menor?

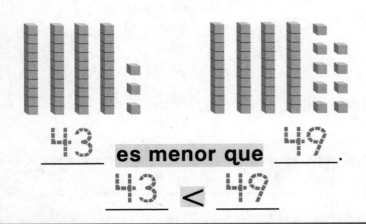

__43__ **es menor que** __49__.

__43__ < __49__

Comparte y muestra   Math Board

Usa tu pizarra y los  para mostrar cada número.

	Encierra en un círculo el número menor.	¿Lo supiste por las decenas o por las unidades?	Escribe los números.
1.	39 (36)	decenas (unidades)	__36__ es menor que __39__. __36__ < __39__
2.	80 94	decenas unidades	____ es menor que ____. ____ < ____
3.	57 54	decenas unidades	____ es menor que ____. ____ < ____

294 doscientos noventa y cuatro

Por tu cuenta

Usa  ▬ si lo necesitas.

	Encierra en un círculo el número mayor.	¿Lo supiste por las decenas o por las unidades?	Escribe los números.
4.	47 48	decenas unidades	_____ es menor que _____. _____ < _____
5.	82 28	decenas unidades	_____ es menor que _____. _____ < _____
6.	96 90	decenas unidades	_____ es menor que _____. _____ < _____
7.	23 32	decenas unidades	_____ es menor que _____. _____ < _____
8.	65 55	decenas unidades	_____ es menor que _____. _____ < _____
9.	79 80	decenas unidades	_____ es menor que _____. _____ < _____

RESOLUCIÓN DE PROBLEMAS EN EL MUNDO

Escribe

Escribe un número para resolver.

10. Nan forma el número 46. Marty forma un número que es menor que 46. ¿Qué número podría formar Marty?

_____

11. Jack forma el número 92. Kit forma un número que tiene menos unidades que 92. ¿Qué número podría formar Kit?

_____

12. Bill forma el número 85. Ann forma un número con menos decenas que 85. ¿Qué número podría formar Ann?

_____

13. **H.O.T.** Joe forma el número que tiene menos decenas que 31 y menos unidades que 13. ¿Qué número podría formar Joe?

_____

14. ⭐ **Preparación para la prueba** ¿Qué número es menor que 72?

49   73   80   99

○   ○   ○   ○

ACTIVIDAD PARA LA CASA • Escriba 47, 54, 57 y 74 en trozos de papel. Muestre a su niño dos números y pregúntele qué número es menor. Repita la actividad con diferentes pares de números.

PRÁCTICA ADICIONAL:
Cuaderno de práctica de los estándares, págs. P139 y P140

Nombre _____

Álgebra • Comparar usando signos

Pregunta esencial ¿Cómo se usan los símbolos para comparar entre números?

ESTÁNDARES COMUNES **CC.1.NBT.3**
Understand place value.

Escucha y dibuja

Usa ▭▭▭ ▪. Haz dibujos rápidos que muestren tu trabajo. Escribe los números para comparar.

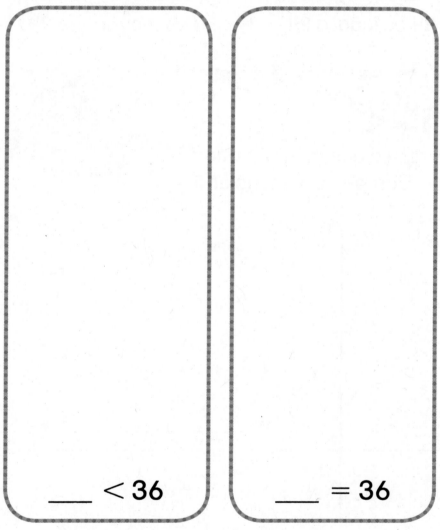

_____ < 36

_____ = 36

_____ > 36

 PARA EL MAESTRO • Pida a los niños que usen bloques de base diez para mostrar un número menor que 36, un número igual a 36 y un número mayor que 36.

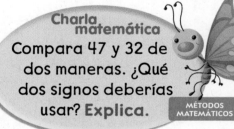
Charla matemática
Compara 47 y 32 de dos maneras. ¿Qué dos signos deberías usar? **Explica.**
MÉTODOS MATEMÁTICOS

Capítulo 7

doscientos noventa y siete **297**

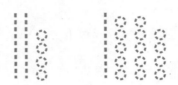 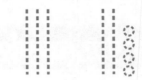

21 $<$ 24

21 es menor que 24.

24 $=$ 24

24 es igual a 24.

30 $>$ 24

30 es mayor que 24.

Comparte y muestra

Usa . Haz un dibujo que muestre cada número. Escribe $<$, $>$ o $=$. Completa el enunciado.

1.

28 $\bigcirc$ 35

28 _____ 35.

2.

16 $\bigcirc$ 16

16 _____ 16.

✓ 3.

46 $\bigcirc$ 31

46 _____ 31.

✓ 4.

51 $\bigcirc$ 52

51 _____ 52.

Nombre _____

Por tu cuenta

Escribe <, > o =.
Haz un dibujo rápido si lo necesitas.

5.
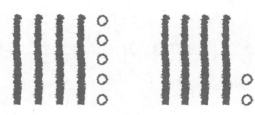

$$45 \;\;\boxed{>}\;\; 42$$

6.
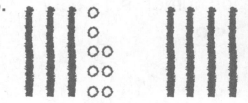

$$38 \;\bigcirc\; 50$$

7. $37 \;\bigcirc\; 43$

8. $47 \;\bigcirc\; 47$

9. $64 \;\bigcirc\; 59$

10. $56 \;\bigcirc\; 56$

11. $62 \;\bigcirc\; 72$

12. $70 \;\bigcirc\; 65$

13. $79 \;\bigcirc\; 84$

14. $90 \;\bigcirc\; 93$

15. $93 \;\bigcirc\; 90$

 Escribe los números para resolver.

16. $96 = \underline{\hphantom{00}}$

17. $53 > \underline{\hphantom{00}}$

18. $83 < \underline{\hphantom{00}}$

19. $40 < \underline{\hphantom{00}}$

20. $71 > \underline{\hphantom{00}}$

21. $29 = \underline{\hphantom{00}}$

ACTIVIDAD PARA LA CASA · Pida a su niño que muestre cómo se escribe <, > e = para comparar dos números. Pídale que explique cada comparación con palabras.

PRÁCTICA ADICIONAL:
Cuaderno de práctica de los estándares, págs. P141 y P142

Revisión de la mitad del capítulo

Conceptos y destrezas

Encierra en un círculo el número que es mayor.
Escribe los números. (CC.1.NBT.3)

1. **38**   **83**

_____ es mayor que _____.

_____ > _____

Encierra en un círculo el número que es menor.
Escribe los números. (CC.1.NBT.3)

2. **61**   **29**

_____ es menor que _____.

_____ < _____

Dibuja cada número. Escribe <, > o =. (CC.1.NBT.3)

3.   4.

19 ◯ 52   44 ◯ 43

 Preparación para la prueba

5. ¿Qué opción es verdadera? (CC.1.NBT.3)

21 > 28   21 = 28   21 < 28   28 < 21

◯   ◯

Nombre _____

Resolución de problemas •
Comparar los números

Pregunta esencial ¿Por qué es más fácil comparar números haciendo un modelo?

ESTÁNDARES COMUNES **CC.1.NBT.3**
Understand place value.

Cassidy tiene estas tarjetas con números. Regala las tarjetas con números menores que 49 y mayores que 53. ¿Qué tarjetas con números tiene Cassidy ahora?

Soluciona el problema

¿Qué debo hallar?

Las ~~tarjetas con~~ ~~números~~ que tiene Cassidy ahora.

¿Qué información debo usar?

Tarjetas con números < 49

y > 53

Muestra cómo resolver el problema.

~~47~~ ~~48~~ 51 52 ~~54~~

Cassidy tiene las tarjetas con los números $51, 52$.

CONEXIÓN CON EL HOGAR • Su niño hizo un modelo del problema. Los números tachados son menores que 49 y mayores que 53. Los números restantes son la solución del problema.

Haz otro problema

Haz un modelo para resolver.

> • ¿Qué debo hallar?
> • ¿Qué información debo usar?

1. Tony tiene estas tarjetas con números. Regala las tarjetas con números menores que 16 y mayores que 19. ¿Qué tarjetas con números tiene Tony ahora?

| 15 | 17 | 18 | 20 | 22 |

Tony tiene las tarjetas con los números _____.

---

2. Carol tiene estas tarjetas con números. Se queda con las tarjetas con números mayores que 98 y menores que 95. Encierra en un círculo las tarjetas con los números que le quedan a Carol.

| 90 | 91 | 96 | 97 | 99 |

Carol se queda con las tarjetas con los números _____.

> **Charla matemática.**
> **Explica** cómo hallaste las tarjetas con números que Tony tiene ahora.
>
> MÉTODOS MATEMÁTICOS

Comparte y muestra

Haz un modelo para resolver.

✓ 3. Felipe tiene estas tarjetas con números.
Regala las tarjetas con números menores
que 60 y mayores que 65. ¿Qué tarjetas con
números tiene Felipe ahora?

| 58 | 61 | 63 | 64 | 68 |

Felipe tiene las tarjetas con los números _____.

---

4. **H.O.T.** Molly subraya las tarjetas con números mayores
que 76 y encierra en un círculo las tarjetas con números
menores que 84. ¿Qué tarjetas con números son tanto
mayores que 76 como menores que 84?

| 72 | 75 | 78 | 82 | 85 |

Las tarjetas con los números _____ son tanto
mayores que 76 como menores que 84.

Por tu cuenta

Elige una manera de resolver.
Dibuja o escribe la explicación.

Escribe

5. Hay unas vacas en el campo. Llegan 6 vacas más. Entonces hay 13 vacas. ¿Cuántas vacas había antes en el campo?

_____ vacas

6. Jada tiene 8 bellotas. Abby tiene 10 bellotas. ¿Cuántas bellotas menos que Abby tiene Jada?

_____ bellotas menos

7. H.O.T. Ed tiene 6 canicas. ¿Cuántas canicas puede colocar en un vaso rojo y cuántas puede colocar en un vaso azul?

___ + ___ = 6

8. ⭐ **Preparación para la prueba** Gavin tacha los números que son menores que 25 y mayores que 29. ¿Qué números quedan?

| 21 | 23 | 26 | 28 | 30 |

21 y 23   23 y 26   26 y 28   28 y 30
○   ○   ○   ○

ACTIVIDAD PARA LA CASA · Pida a su niño que diga un número que sea mayor que 59 y otro número que sea menor que 59.

PRÁCTICA ADICIONAL:
Cuaderno de práctica de los estándares, págs. P143 y P144

Nombre _____

10 menos, 10 más

Pregunta esencial ¿Cómo se identifican los números que tienen 10 menos o 10 más que otro número?

ESTÁNDARES COMUNES **CC.1.NBT.5**

Use place value understanding and properties of operations to add and subtract.

Escucha y dibuja EN EL MUNDO

Usa ▭▭▭▭▭ ▪ para resolver. Haz dibujos rápidos que muestren tu trabajo.

10 MARCADORES

Pat

_____

Tony

_____

Jan

_____

PARA EL MAESTRO • Lea el siguiente problema. Tony tiene 2 cajas de marcadores y 2 marcadores más. Pat tiene 10 marcadores menos que Tony. Jan tiene 10 marcadores más que Tony. ¿Cuántos marcadores tiene cada niño?

Charla matemática
¿Qué número tiene una decena menos que 12? Explica.

MÉTODOS MATEMÁTICOS

Representa y dibuja

Piensa

23

33

43

____ es 10 menos que 33.

____ es 10 más que 33.

Comparte y muestra   Math Board

Haz un cálculo mental. Escribe los números
que tienen 10 menos y 10 más que el otro.

1. [ ]   70   [ ]

2. [ ]   41   [ ]

3. [ ]   58   [ ]

4. [ ]   66   [ ]

5. [ ]   24   [ ]

6. [ ]   86   [ ]

7. [ ]   37   [ ]

8. [ ]   15   [ ]

Por tu cuenta

Haz un cálculo mental.
Completa la tabla.

	10 menos		10 más
9.	____	39	____
10.	____	75	____
11.	____	64	____
12.	____	90	____
13.	____	83	____
14.	11	____	____
15.	____	____	26

16. **H.O.T.** Resuelve.
Tengo 89 rocas. Quiero reunir
10 más. ¿Cuántas rocas tendré?

____ rocas

RESOLUCIÓN DE PROBLEMAS EN EL MUNDO

Escribe

Elige una manera de resolver. Escribe o haz un dibujo que muestre tu trabajo.

17. En una planta hay 4 catarinas menos que en un árbol. En el árbol hay 7 catarinas. ¿Cuántas catarinas hay en la planta?

_____ catarinas

18. Amy tiene 7 cintas. Charlotte tiene 9 cintas. ¿Cuántas cintas más que Amy tiene Charlotte?

_____ cintas más

19. H.O.T. Margo tiene 28 estampillas. Chet tiene 10 estampillas más que Margo. Luis tiene 10 estampillas más que Chet. ¿Cuántas estampillas tiene Luis?

_____ estampillas

20. ⭐ **Preparación para la prueba**

¿Qué número tiene 10 menos que 76?

66	67	75	86
○	○	○	○

ACTIVIDAD PARA LA CASA • Escriba un número de 2 dígitos, como 25, 40 u 81. Pida a su niño que identifique los números que tienen 10 menos y 10 más que ese número. Repita la actividad con otros números.

PRÁCTICA ADICIONAL:
Cuaderno de práctica de los estándares, págs. P145 y P146

Repaso y prueba del Capítulo 7

Vocabulario

Encierra en un círculo el número que
es mayor que 47. (pág. 290)
Subraya el número que **es menor que** 47. (pág. 294)

I.　　　92　　　　29

Conceptos y destrezas

Escribe <, > o =. (CC.1.NBT.3)

2.

80 ◯ 81

3.

19 ◯ 11

4.

26 ◯ 62

5.

35 ◯ 35

6.

89 ◯ 99

7.

78 ◯ 73

8.

63 ◯ 60

9.

42 ◯ 42

10.

15 ◯ 51

11.

57 ◯ 59

12.

10 ◯ 13

13.

38 ◯ 37

14.

22 ◯ 22

15.

75 ◯ 72

16.

96 ◯ 96

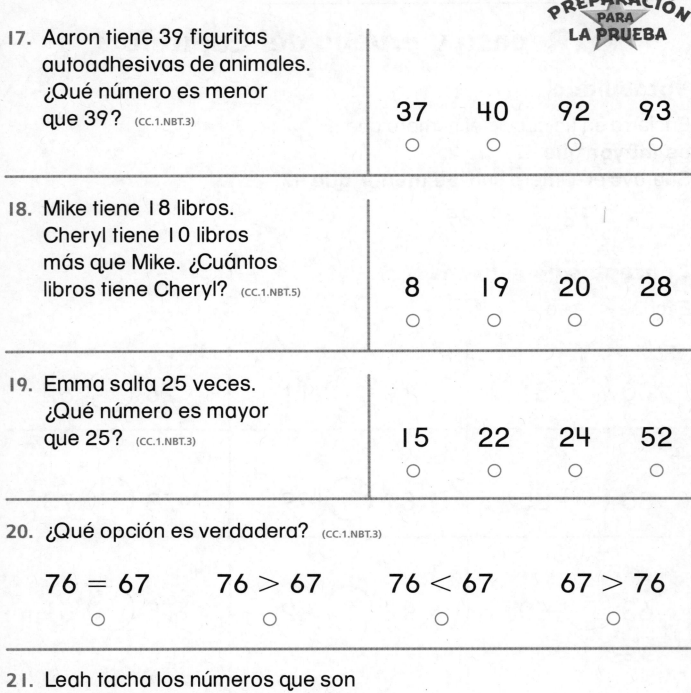

17. Aaron tiene 39 figuritas autoadhesivas de animales. ¿Qué número es menor que 39? (CC.1.NBT.3)

37   40   92   93
○   ○   ○   ○

18. Mike tiene 18 libros. Cheryl tiene 10 libros más que Mike. ¿Cuántos libros tiene Cheryl? (CC.1.NBT.5)

8   19   20   28
○   ○   ○   ○

19. Emma salta 25 veces. ¿Qué número es mayor que 25? (CC.1.NBT.3)

15   22   24   52
○   ○   ○   ○

20. ¿Qué opción es verdadera? (CC.1.NBT.3)

$76 = 67$ $76 > 67$ $76 < 67$ $67 > 76$
○   ○   ○   ○

21. Leah tacha los números que son menores que 33 y mayores que 36. ¿Qué números quedan? (CC.1.NBT.3)

31   32   34   35   37

31 y 32   32 y 34   34 y 35   35 y 37
○   ○   ○   ○

PREPARACIÓN
PARA
LA PRUEBA

22. James encierra en un círculo los números que son menores que 87 y mayores que 91. ¿Qué números encerró? (CC.1.NBT.3)

| 86 | 88 | 89 | 90 | 92 |

86 y 88   86 y 92   88 y 90   89 y 92
   ○   ○   ○   ○

23. ¿Qué número es mayor que 17? (CC.1.NBT.3)

12   14   16   18
○   ○   ○   ○

24. ¿Cuál es igual que el enunciado? (CC.1.NBT.3)

67 es menor que 73.

67 = 73   67 > 73   67 < 73   67 + 73
   ○   ○   ○   ○

25. ¿Qué número es menor que 72? (CC.1.NBT.5)

82   73   71   62
○   ○   ○   ○

26. ¿Qué opción es verdadera? (CC.1.NBT.3)

98 > 88   88 > 98   98 < 88   88 = 98
   ○   ○   ○   ○

Tarea de rendimiento (CC.1.NBT.3)

Jack tiene unas canicas. Tiene diez canicas rojas más que canicas azules. Tiene menos canicas amarillas que canicas azules.

¿Cuántas canicas de cada color podría tener Jack?

Muestra tu trabajo con números, dibujos o palabras.

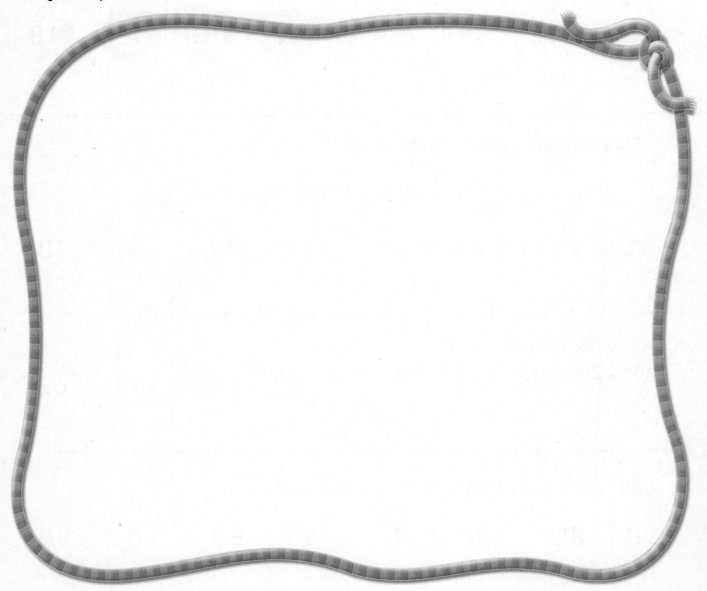

Capítulo 8

Suma y resta de dos dígitos

Aprendo más con

Jorge el Curioso

Hay 4 cajas de naranjas en una mesa. Cada caja tiene 10 naranjas. ¿Cuántas naranjas hay?

Muestra lo que sabes

Suma y resta

Suma con  y . Escribe la suma.
Separa  para restar.
Escribe la diferencia.

1.

$$4 + 1 = \underline{\quad\quad}$$

$$5 - 1 = \underline{\quad\quad}$$

Cuenta en grupos hasta 20

Encierra en un círculo grupos de 10. Escribe cuántos hay.

2.   3.

_____   _____

Cuenta en una tabla con los números hasta el 100

Señala y cuenta. Colorea el último
número que cuentes.

4. Comienza en el 1 y cuenta hasta el 20.

5. Comienza en el 30 y cuenta hasta el 56.

6. Comienza en el 77 y cuenta hasta el 93.

1	2	3	4	5	6	7	8	9	10
11	12	13	14	15	16	17	18	19	20
21	22	23	24	25	26	27	28	29	30
31	32	33	34	35	36	37	38	39	40
41	42	43	44	45	46	47	48	49	50
51	52	53	54	55	56	57	58	59	60
61	62	63	64	65	66	67	68	69	70
71	72	73	74	75	76	77	78	79	80
81	82	83	84	85	86	87	88	89	90
91	92	93	94	95	96	97	98	99	100

Nota a la familia: Esta página es para verificar que su niño
comprenda las destrezas importantes que se necesitan para
tener éxito en el Capítulo 8.

APRENDE
en línea

Opciones de evaluación
Soar to Success Math

© Houghton Mifflin Harcourt Publishing Company

Desarrollo del vocabulario

Visualízalo

Clasifica las palabras de repaso de la casilla.

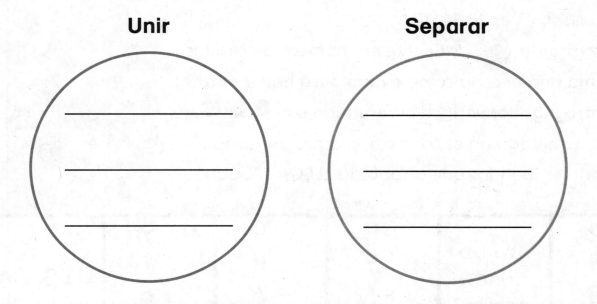

Unir

_____

_____

_____

Separar

_____

_____

_____

Comprende el vocabulario

Completa cada oración con una palabra de repaso.

1. 8 es la _____ de 17 − 9.

2. 17 es el _____ de 8 + 9.

3. Al _____ 4 y 8, hallas el total.

4. Al _____ 4 de 8, hallas la diferencia.

APRENDE en línea • Libro electrónico del estudiante • Glosario multimedia

Juego Vecindario de sumas

Materiales

   • 9 🔲 • 9 🔲 • 9 🔲

Juega con un compañero.

① Coloca tu ♟ en la SALIDA.

② Haz girar la 🕐. Muévete ese número de casillas.

③ Forma una decena como ayuda para hallar el total.

④ El otro jugador verifica el resultado con 🔲🔲🔲.

⑤ Si tu resultado no es correcto, pierdes un turno.

⑥ El primer jugador que alcance la LLEGADA, gana.

2 4 +8	Avanza una casilla.	4 9 +6	4 4 +6	9 1 +6	LLEGADA
4 6 +3	5 3 +7	9 7 +1	Retrocede una casilla.	3 7 +7	5 8 +5
					6 6 +4
	SALIDA	2 4 +8	Avanza una casilla.	6 1 +9	8 8 +2

Nombre _____

Sumar y restar hasta el 20

Pregunta esencial ¿Qué estrategias usamos para sumar y restar?

ESTÁNDARES COMUNES **CC.1.OA.6**
Add and subtract within 20.

Escucha y dibuja EN EL MUNDO

¿Cuánto es 5 + 4?
Usa una estrategia para resolver la operación de suma. Haz un dibujo que muestre tu trabajo.

5 + 4 = ___

PARA EL MAESTRO • Pida a los niños que elijan y representen una estrategia para resolver la operación de suma. Luego pídales que hagan un dibujo que muestre su trabajo.

Charla matemática
¿Qué estrategia usaste para hallar el resultado? **Explica.**
MÉTODOS MATEMÁTICOS

Piensa en una estrategia que te sirva para
sumar o restar.

¿Cuánto es 14 − 6?

Puedo usar
operaciones
relacionadas.

$\underline{6} \oplus \underline{8} = 14$

Por lo tanto, $14 - 6 = \underline{8}$.

Comparte y muestra

Suma o resta.

1. $5 + 3 = \underline{\quad}$	2. $10 - 5 = \underline{\quad}$	3. $3 + 6 = \underline{\quad}$
4. $12 - 5 = \underline{\quad}$	5. $15 - 9 = \underline{\quad}$	6. $5 + 7 = \underline{\quad}$
7. $8 + 7 = \underline{\quad}$	8. $9 - 7 = \underline{\quad}$	9. $5 + 5 = \underline{\quad}$
10. $12 - 7 = \underline{\quad}$	11. $18 - 9 = \underline{\quad}$	12. $9 + 4 = \underline{\quad}$
13. $2 + 7 = \underline{\quad}$	14. $5 - 1 = \underline{\quad}$	15. $9 + 1 = \underline{\quad}$
16. $7 - 6 = \underline{\quad}$	⊘17. $13 - 4 = \underline{\quad}$	⊘18. $2 + 6 = \underline{\quad}$

Por tu cuenta

Suma o resta.

19. $\begin{array}{r} 14 \\ -\ 5 \\ \hline \end{array}$	20. $\begin{array}{r} 2 \\ +10 \\ \hline \end{array}$	21. $\begin{array}{r} 3 \\ +3 \\ \hline \end{array}$	22. $\begin{array}{r} 14 \\ -\ 8 \\ \hline \end{array}$	23. $\begin{array}{r} 8 \\ +9 \\ \hline \end{array}$	24. $\begin{array}{r} 6 \\ -3 \\ \hline \end{array}$
25. $\begin{array}{r} 6 \\ -5 \\ \hline \end{array}$	26. $\begin{array}{r} 2 \\ +8 \\ \hline \end{array}$	27. $\begin{array}{r} 0 \\ +5 \\ \hline \end{array}$	28. $\begin{array}{r} 10 \\ -\ 2 \\ \hline \end{array}$	29. $\begin{array}{r} 9 \\ +9 \\ \hline \end{array}$	30. $\begin{array}{r} 5 \\ -4 \\ \hline \end{array}$
31. $\begin{array}{r} 8 \\ -8 \\ \hline \end{array}$	32. $\begin{array}{r} 10 \\ +\ 1 \\ \hline \end{array}$	33. $\begin{array}{r} 4 \\ +7 \\ \hline \end{array}$	34. $\begin{array}{r} 9 \\ -3 \\ \hline \end{array}$	35. $\begin{array}{r} 1 \\ +8 \\ \hline \end{array}$	36. $\begin{array}{r} 17 \\ -\ 9 \\ \hline \end{array}$
37. $\begin{array}{r} 13 \\ -\ 7 \\ \hline \end{array}$	38. $\begin{array}{r} 6 \\ +5 \\ \hline \end{array}$	39. $\begin{array}{r} 10 \\ +\ 2 \\ \hline \end{array}$	40. $\begin{array}{r} 14 \\ -\ 9 \\ \hline \end{array}$	41. $\begin{array}{r} 10 \\ +10 \\ \hline \end{array}$	42. $\begin{array}{r} 11 \\ -\ 3 \\ \hline \end{array}$

43. **H.O.T.** Jamal está pensando en una operación
de suma. El total es 15. Uno de los sumandos es 8.
¿En qué operación estará pensando Jamal?

___ ◯ ___ ◯ ___

RESOLUCIÓN DE PROBLEMAS EN EL MUNDO

Escribe

Resuelve. Escribe o dibuja la explicación.

44. Hay 9 hormigas sobre una roca. Luego llegan otras hormigas más a la roca. Ahora hay 18 hormigas sobre la roca. ¿Cuántas hormigas más llegaron a la roca?

_____ hormigas más

45. Tom ve 8 catarinas en un arbusto. Callie ve 14 catarinas en un arbusto. ¿Cuántas catarinas más que Tom ve Callie?

_____ catarinas más

46. **H.O.T.** Completa los espacios en blanco. Escribe un enunciado numérico para resolverlo.

Lin ve _____ abejas. Unas abejas se van volando. Ahora quedan

___ ◯ ___ ◯ ___

_____ abejas. ¿Cuántas abejas se fueron volando?

_____ abejas

47. ⭐ **Preparación para la prueba**

¿Cuál es el total?

$6 + 8 =$ _____

| 6 | 8 | 10 | 14 |
| ○ | ○ | ○ | ○ |

ACTIVIDAD PARA LA CASA · Pida a su niño que diga qué estrategia usaría para resolver 4 + 8.

PRÁCTICA ADICIONAL: Cuaderno de práctica de los estándares, págs. P151 y P152

Nombre _____

Sumar decenas

Pregunta esencial ¿Cómo se suman las decenas?

ESTÁNDARES COMUNES **CC.1.NBT.4**
Use place value understanding and properties of operations to add and subtract.

Escucha y dibuja EN EL MUNDO

Elige una manera de mostrar el problema.
Haz un dibujo rápido que muestre tu trabajo.

PARA EL MAESTRO • Lea los siguientes problemas. Barb tiene 20 monedas de 1¢. Ed tiene 30 monedas de 1¢. ¿Cuántas monedas de 1¢ tienen en total? Kyle tiene 40 monedas de 1¢. Kim tiene 50 monedas de 1¢. ¿Cuántas monedas de 1¢ tienen en total?

Charla matemática
Explica por qué cuando sumas 20 + 30 no hay unidades en el resultado.

MÉTODOS MATEMÁTICOS

¿Cómo puedes hallar 30 + 40?

$$30 \quad + \quad 40 \quad = \quad \underline{70}$$

_____ decenas

Comparte y muestra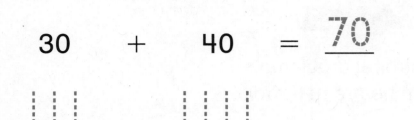

Usa ▭▭▭▭ ▪. Haz un dibujo que muestre las decenas.
Escribe el total. Escribe cuántas decenas hay.

1. $20 + 40 = $ _____

2. $30 + 30 = $ _____

_____ decenas

_____ decenas

3. $40 + 50 = $ _____

4. $50 + 30 = $ _____

_____ decenas

_____ decenas

© Houghton Mifflin Harcourt Publishing Company

Por tu cuenta

Haz un dibujo que muestre las decenas. Escribe el total.
Escribe cuántas decenas hay.

5. $40 + 40 =$ ____

_____ decenas

6. $70 + 20 =$ ____

_____ decenas

7. $10 + 80 =$ ____

_____ decenas

8. $60 + 30 =$ ____

_____ decenas

9. **H.O.T.** Dibuja dos grupos de decenas que puedas sumar para obtener un total de 50. Escribe el enunciado numérico.

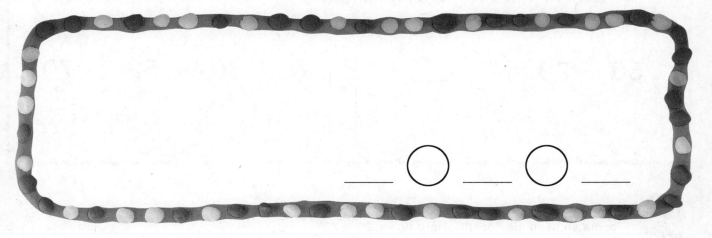

____ ◯ ____ ◯ ____

RESOLUCIÓN DE PROBLEMAS

Escribe

10. **H.O.T.** Completa la red.
Escribe los sumandos que faltan
para obtener un total de 90.

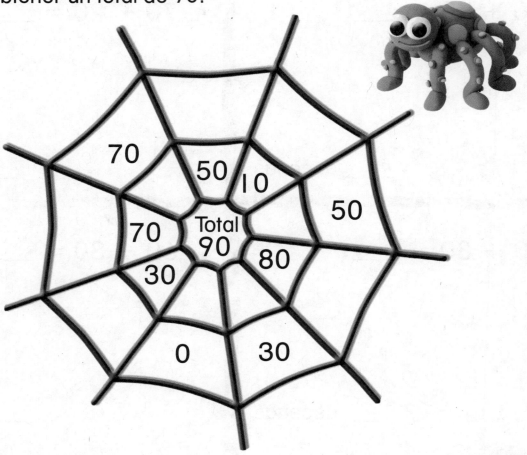

70   50   10

70   Total   50
90

30   80

0   30

11. ⭐ **Preparación para la prueba** ¿Cuál es el total?

$50 + 20 =$ _____

	7	30	52	70
	○	○	○	○

ACTIVIDAD PARA LA CASA • Pida a su niño que explique
cómo se usan las decenas para hallar 20 + 70.

PRÁCTICA ADICIONAL:
Cuaderno de práctica de los estándares, págs. P153 y P154

Nombre _____

Restar decenas

Pregunta esencial ¿Cómo se restan las decenas?

ESTÁNDARES COMUNES **CC.1.NBT.6**
Use place value understanding and properties of operations to add and subtract.

Escucha y dibuja EN EL MUNDO

Elige una manera de mostrar el problema.
Haz un dibujo rápido que muestre tu trabajo.

PARA EL MAESTRO • Lea los siguientes problemas. Tara tiene 30 caracoles. 20 caracoles son grandes. Los otros son pequeños. ¿Cuántos caracoles pequeños tiene? Sammy tenía 50 caracoles. Le regaló 30 caracoles a su amiga. ¿Cuántos caracoles le quedan a Sammy?

Charla matemática
Explica cómo tu dibujo muestra el primer problema.

MÉTODOS MATEMÁTICOS

Capítulo 8

¿Cómo puedes hallar 80 — 30?

$$80 - 30 = \underline{50}$$

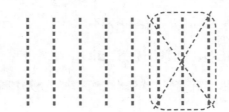

_____ decenas

Comparte y muestra

Usa ▭▭▭ ▪. Haz un dibujo que muestre las decenas.
Escribe la diferencia. Escribe cuántas decenas hay.

1. $60 - 20 =$ _____

_____ decenas

2. $70 - 30 =$ _____

_____ decenas

3. $80 - 20 =$ _____

_____ decenas

4. $90 - 40 =$ _____

_____ decenas

Por tu cuenta

Haz un dibujo que muestre las decenas. Escribe la diferencia. Escribe cuántas decenas hay.

5. $80 - 40 =$ _____

6. $90 - 70 =$ _____

_____ decenas

_____ decenas

7. $70 - 50 =$ _____

8. $30 - 30 =$ _____

_____ decenas

_____ decenas

 Resuelve.

9. Jeff tiene 40 monedas de 1 ¢.
Le da unas monedas a Jill. Le quedan
10 monedas. ¿Cuántas monedas le
dio Jeff a Jill?

_____ monedas de 1 ¢

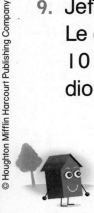

ACTIVIDAD PARA LA CASA · Pida a su niño
que explique cómo se usan las decenas
para hallar $90 - 70$.

PRÁCTICA ADICIONAL:
Cuaderno de práctica de los estándares, págs. P155 y P156

© Houghton Mifflin Harcourt Publishing Company

Revisión de la mitad del capítulo

Conceptos y destrezas

Suma o resta. (CC.1.OA.6)

1. $\begin{array}{r} 4 \\ +8 \\ \hline \end{array}$	2. $\begin{array}{r} 15 \\ -7 \\ \hline \end{array}$	3. $\begin{array}{r} 9 \\ -6 \\ \hline \end{array}$	4. $\begin{array}{r} 3 \\ +1 \\ \hline \end{array}$	5. $\begin{array}{r} 10 \\ +6 \\ \hline \end{array}$	6. $\begin{array}{r} 11 \\ -2 \\ \hline \end{array}$

Usa . Haz un dibujo que muestre las decenas.
Escribe el total. Escribe cuántas decenas hay. (CC.1.NBT.4)

7. $30 + 50 =$ ____

8. $40 + 20 =$ ____

____ decenas

____ decenas

Usa . Haz un dibujo que muestre las decenas.
Escribe la diferencia. Escribe cuántas decenas hay. (CC.1.NBT.6)

9. $90 - 20 =$ ____

10. $60 - 40 =$ ____

____ decenas

____ decenas

⭐ Preparación para la prueba

11. ¿Cuál es la diferencia? (CC.1.NBT.6)

$70 - 20 =$ ____

90	68	50	45
○	○	○	○

Nombre _____

Sumar en la tabla con los números hasta el 100

ESTÁNDARES COMUNES CC.1.NBT.4
Use place value understanding and properties of operations to add and subtract.

Pregunta esencial ¿Cómo se usa la tabla con los números hasta el 100 para contar hacia adelante por unidades o decenas?

Escucha y dibuja EN EL MUNDO

Resuelve los problemas en la tabla con los números hasta el 100.

1	2	3	4	5	6	7	8	9	10
11	12	13	14	15	16	17	18	19	20
21	22	23	24	25	26	27	28	29	30
31	32	33	34	35	36	37	38	39	40
41	42	43	44	45	46	47	48	49	50
51	52	53	54	55	56	57	58	59	60
61	62	63	64	65	66	67	68	69	70
71	72	73	74	75	76	77	78	79	80
81	82	83	84	85	86	87	88	89	90
91	92	93	94	95	96	97	98	99	100

PARA EL MAESTRO • Lea los siguientes problemas. Alice recoge 12 flores. Luego recoge 4 flores más. ¿Cuántas flores recoge Alice? Elsa cosecha 10 fresas. Luego cosecha 20 fresas más. ¿Cuántas fresas cosecha Elsa?

Charla matemática
Describe cómo se usa una tabla con los números hasta el 100 para hallar cada total.

MÉTODOS MATEMÁTICOS

Representa y dibuja

Cuenta hacia adelante en una tabla con los números hasta el 100 para hallar el total.

Comienza en el **24**. Cuenta hacia adelante cuatro unidades. **25, 26, 27, 28**

$24 + 4 = \underline{28}$

1	2	3	4	5	6	7	8	9	10
11	12	13	14	15	16	17	18	19	20
21	22	23	24	25	26	27	28	29	30
31	32	33	34	35	36	37	38	39	40
41	42	43	44	45	46	47	48	49	50
51	52	53	54	55	56	57	58	59	60
61	62	63	64	65	66	67	68	69	70
71	72	73	74	75	76	77	78	79	80
81	82	83	84	85	86	87	88	89	90
91	92	93	94	95	96	97	98	99	100

Comienza en el **31**. Cuenta hacia adelante cuatro decenas. **41, 51, 61, 71**

$31 + 40 = \underline{71}$

Comparte y muestra

Suma en la tabla con los números hasta el 100.
Cuenta hacia delante por unidades o decenas.

1. $42 + 7 = \underline{\hphantom{00}}$

2. $57 + 30 = \underline{\hphantom{00}}$

3. $91 + 5 = \underline{\hphantom{00}}$

4. $18 + 50 = \underline{\hphantom{00}}$

Por tu cuenta

¿Cómo se usa la tabla con los números hasta el 100 para hallar cada total?

1	2	3	4	5	6	7	8	9	10
11	12	13	14	15	16	17	18	19	20
21	22	23	24	25	26	27	28	29	30
31	32	33	34	35	36	37	38	39	40
41	42	43	44	45	46	47	48	49	50
51	52	53	54	55	56	57	58	59	60
61	62	63	64	65	66	67	68	69	70
71	72	73	74	75	76	77	78	79	80
81	82	83	84	85	86	87	88	89	90
91	92	93	94	95	96	97	98	99	100

$32 + 5 =$ _____

$48 + 30 =$ _____

Usa la tabla con los números hasta el 100 para sumar.
Cuenta hacia delante por unidades o decenas.

5. $13 + 70 =$ _____

6. $22 + 6 =$ _____

7. $71 + 3 =$ _____

8. $49 + 50 =$ _____

9. $53 + 4 =$ _____

10. $25 + 40 =$ _____

11. $2 + 84 =$ _____

12. $60 + 12 =$ _____

13. **H.O.T.** $31 + 20 + 40 =$ _____

RESOLUCIÓN DE PROBLEMAS EN EL MUNDO

Escribe

Elige una manera de resolver. Escribe o haz un dibujo que muestre tu trabajo.

14. Caen 48 hojas de un árbol. Luego caen 20 más. ¿Cuántas hojas cayeron?

____ hojas

15. **H.O.T.** Jeff está en un estanque. Ve 14 tortugas en un tronco, 2 tortugas en la orilla y 3 tortugas en el agua. ¿Cuántas tortugas ve Jeff?

____ tortugas

16. **H.O.T.** Rae guardó 20 libros. Después guardó 20 libros más y luego 11 más. ¿Cuántos libros guardó Rae?

____ libros

17. ⭐ **Preparación para la prueba** ¿Cuál es el total?

$53 + 30 =$ ___

83	80	56	23
○	○	○	○

ACTIVIDAD PARA LA CASA • Escriba 36 + 40 en un papel. Pida a su hijo que explique cómo se usa la tabla con los números hasta el 100 para contar hacia delante por decenas y hallar el total.

PRÁCTICA ADICIONAL: Cuaderno de práctica de los estándares, págs. P157 y P158

Nombre _____

Hacer modelos para sumar

Pregunta esencia ¿Cómo te ayudan los modelos a sumarles unidades o decenas a los números de dos dígitos?

ESTÁNDARES COMUNES **CC.1.NBT.4**
Use place value understanding and properties of operations to add and subtract.

Escucha y dibuja EN EL MUNDO

Haz un dibujo rápido que muestre cómo hallar el total.

$$14 + 5 = \underline{\qquad}$$

PARA EL MAESTRO • Lea el siguiente problema. Mientras iba de paseo, Amir contó 14 carros. Luego contó 5 carros más. ¿Cuántos carros contó Amir en total?

Charla matemática
Explica cómo hallaste el total.

MÉTODOS MATEMÁTICOS

Capítulo 8

Agrega unidades al número de dos dígitos.

$$32 \quad + \quad 4 \quad = \quad \underline{36}$$

Agrega decenas al número de dos dígitos.

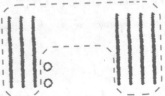

$$32 \quad + \quad 40 \quad = \quad \underline{72}$$

Comparte y muestra

Math Board

Usa ▭▭▭. Haz un dibujo que muestre cómo sumar las unidades. Escribe el total.

1. $27 + 2 = \underline{\qquad}$

✓ 2. $41 + 5 = \underline{\qquad}$

Usa ▭▭▭. Haz un dibujo que muestre cómo sumar las decenas. Escribe el total.

3. $13 + 50 = \underline{\qquad}$

✓ 4. $28 + 30 = \underline{\qquad}$

Nombre _____

Por tu cuenta

Usa  y tu pizarra. Suma las unidades o las decenas. Escribe el total.

5. $65 + 3 =$ ____	6. $81 + 8 =$ ____
7. $54 + 20 =$ ____	8. $32 + 10 =$ ____
9. $95 + 2 =$ ____	10. $25 + 60 =$ ____
11. $2 + 54 =$ ____	12. $70 + 29 =$ ____
13. $40 + 58 =$ ____	14. $7 + 70 =$ ____

H.O.T. Forma un total de 45. Haz un dibujo rápido. Escribe un enunciado numérico.

15. Suma unidades a un número de dos dígitos.

____ $+$ ____ $= 45$

16. Suma decenas a un número de dos dígitos.

____ $+$ ____ $= 45$

RESOLUCIÓN DE PROBLEMAS EN EL MUNDO

Escribe

Elige una manera de resolver. Escribe o haz un dibujo que muestre tu trabajo.

17. Hay 7 robles y 32 pinos en el parque. ¿Cuántos árboles hay en el parque en total?

_____ árboles

18. Rita cosecha 63 fresas. Luego cosecha 30 más. ¿Cuántas fresas cosecha Rita?

_____ fresas

19. H.O.T. Kenny plantó dos hileras de maíz. Sembró 10 semillas en cada hilera. Le sobran 18 semillas. ¿Cuántas semillas de maíz tenía Kenny en total?

_____ semillas

20. ⭐ **Preparación para la prueba**

¿Cuál es el total?

$37 + 20 =$ _____

59	57	50	39
○	○	○	○

ACTIVIDAD PARA LA CASA • Dé a su niño los problemas de suma 25 + 3 y 25 + 30. Pida a su niño que explique cómo resolver cada problema.

PRÁCTICA ADICIONAL:
Cuaderno de práctica de los estándares, págs. P159 y P160

Nombre _____

Formar decenas para sumar

Pregunta esencial ¿Por qué es más fácil sumar números de dos dígitos y números de un dígito formando decenas?

ESTÁNDARES COMUNES **CC.1.NBT.4**
Use place value understanding and properties of operations to add and subtract.

Escucha y dibuja EN EL MUNDO

Usa ▭▭▭▭ ▪. Haz un dibujo que muestre cómo hallar el total.

21 + 6 = ___

PARA EL MAESTRO • Lea el siguiente problema. Sally tiene 21 figuritas en su cuaderno de figuritas. Le regalan 6 figuritas más. ¿Cuántas figuritas tiene Sally en total?

Charla matemática
Explica cómo muestra tu modelo el total de 21 + 6.

MÉTODOS MATEMÁTICOS

Forma una decena para hallar 37 + 8.

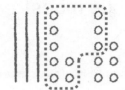

¿Qué puedo sumarle a 7 para formar 10?

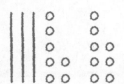

37 + 8	37 + 3 + 5	40 + 5

$$\underline{40} + \underline{5} = \underline{45}$$

Por lo tanto, $37 + 8 = \underline{45}$.

Comparte y muestra

Usa ▭▭▭▭▭ ▪. Haz un dibujo que muestre cómo se forma una decena. Halla el total.

1. $49 + 3 = ?$

___ + ___ = ___

Por lo tanto, $49 + 3 = \underline{\quad}$.

Nombre _____

Por tu cuenta

Usa ▬▬▬▬. Haz un dibujo que muestre cómo se forma una decena. Halla el total.

2. $39 + 7 =$ ___

3. $72 + 9 =$ ___

4. $58 + 5 =$ ___

H.O.T. Resuelve. Escribe los números.

5. $46 + 7$

$46 + \boxed{} + 3$

$\boxed{} + 3$

Por lo tanto, $46 + 7 =$ ___

6. $53 + 8$

$53 + \boxed{} + 1$

$\boxed{} + 1$

Por lo tanto, $53 + 8 =$ ___

RESOLUCIÓN DE PROBLEMAS EN EL MUNDO

Escribe

Elige una manera de resolver.
Escribe o haz un dibujo que
muestre tu trabajo.

7. Koby coloca 24 margaritas
y 8 tulipanes en un florero.
¿Cuántas flores hay en el
florero?

_____ flores

8. **H.O.T.** Escribe el sumando que falta.

$$46 + \boxed{} = 52$$

9. **H.O.T.** Hay 27 patitos en el
agua. 20 de ellos salen
del agua. ¿Cuántos patitos
quedan en el agua?

_____ patitos

10. ⭐ **Preparación para la prueba**
¿Cuánto es 35 + 6?

95 ○   41 ○   40 ○   11 ○

© Houghton Mifflin Harcourt Publishing Company

ACTIVIDAD PARA LA CASA • Pida a su niño que
explique cómo hallar el total de 25 + 9.

PRÁCTICA ADICIONAL:
Cuaderno de práctica de los estándares, págs. P161 y P162

Nombre _____

Sumar usando el valor posicional

Pregunta esencial ¿Cómo se representan las decenas y las unidades para que sea más fácil sumar números de dos dígitos?

ESTÁNDARES COMUNES CC.1.NBT.4
Use place value understanding and properties of operations to add and subtract.

Escucha y dibuja EN EL MUNDO

Representa el problema con ▭▭▭▭▭ ▪.
Haz un dibujo rápido que muestre tu trabajo.

Decenas	Unidades

Charla matemática
¿Cuántas decenas hay?
¿Cuántas unidades hay?
¿Cuál es el total?
Explica.

MÉTODOS MATEMÁTICOS

PARA EL MAESTRO • Lea el siguiente problema. Cameron tiene 30 monedas de 1¢ brillantes y 25 monedas de 1¢ opacas. ¿Cuántas monedas de 1¢ tiene Cameron?

¿Cómo se usan las decenas y las unidades para sumar?

$$\begin{array}{r} 35 \\ +38 \\ \hline \end{array}$$

Decenas	Unidades

3 decenas + 5 unidades

3 decenas + 8 unidades

___6___ decenas + __13__ unidades

$$\underline{60} + \underline{13} = \underline{73}$$

$$\begin{array}{r} 35 \\ +38 \\ \hline 73 \end{array}$$

Comparte y muestra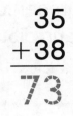

Haz un dibujo rápido.
Suma usando las decenas y las unidades.

1.

$$\begin{array}{r} 81 \\ +14 \\ \hline \end{array}$$

Decenas	Unidades

8 decenas + 1 unidad

1 decena + 4 unidades

___ decenas + ___ unidades

$$\underline{} + \underline{} = \underline{}$$

$$\begin{array}{r} 81 \\ +14 \\ \hline \end{array}$$

Por tu cuenta

Haz un dibujo rápido. Suma usando las decenas y las unidades.

2.

43
+37

Decenas	Unidades

4 decenas + 3 unidades
3 decenas + 7 unidades
_____

___ decenas + ___ unidades

___ + ___ = ___

43
+37

3.

62
+23

Decenas	Unidades

6 decenas + 2 unidades
2 decenas + 3 unidades
_____

___ decenas + ___ unidades

___ + ___ = ___

62
+23

4.

27
+34

Decenas	Unidades

2 decenas + 7 unidades
3 decenas + 4 unidades
_____

___ decenas + ___ unidades

___ + ___ = ___

27
+34

 **Resuelve.**

5. 28 + 17

28 + ___ + 15

___ + 15 = ___

Por lo tanto, 28 + 17 = ___.

6. 59 + 13

59 + ___ + 12

___ + 12 = ___

Por lo tanto, 59 + 13 = ___.

RESOLUCIÓN DE PROBLEMAS EN EL MUNDO

Escribe

7. Haz un dibujo rápido para resolver. Kim tiene 24 canicas. Ale tiene 47 canicas. ¿Cuántas canicas tienen en total?

Decenas	Unidades

_____ canicas en total

8. **H.O.T.** Elige dos sumandos del 11 al 49. Dibújalos. Súmalos en cualquier orden para resolver.

Sumando

Sumando

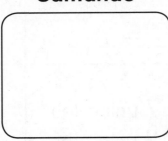

___ + ___ = ___

___ + ___ = ___

9. ⭐ **Preparación para la prueba**

¿Cuántas decenas y unidades hay en el total?

$$54$$
$$+32$$

○ 2 decenas y 2 unidades

○ 2 decenas y 6 unidades

○ 8 decenas y 2 unidades

○ 8 decenas y 6 unidades

ACTIVIDAD PARA LA CASA • Escriba los números 42 y 17. Pida a su niño que explique cómo hallar el total sumando las decenas y las unidades.

PRÁCTICA ADICIONAL:
Cuaderno de práctica de los estándares, págs. P163 y P164

Nombre _____

Resolución de problemas
• Problemas de suma

Pregunta esencial ¿Por qué es más fácil explicar cómo resolver un problema de suma si haces un dibujo?

ESTÁNDARES COMUNES **CC.1.NBT.4**
Use place value understanding and properties of operations to add and subtract.

A Kelly le regalaron 6 carritos nuevos.
Ya tenía 18 carritos.
¿Cuántos carritos tiene ahora?

🔑 Soluciona el problema

¿Qué debes hallar?

Cuántos ___carritos___
tiene Kelly ahora.

¿Qué información debes usar?

Kelly tiene __18__ carritos.

Le regalan __6__ carritos más.

Muestra cómo resolver el problema.

_____

- - - - - - - - - - - - - - - - -

_____

CONEXIÓN CON EL HOGAR • Ser capaz de mostrar y explicar cómo resolver un problema le permite a su niño desarrollar su comprensión de la suma.

Haz otro problema

Dibuja y escribe para resolver.
Explica tu razonamiento.

- ¿Qué debo hallar?
- ¿Qué información debo usar?

1. Aisha cosecha 60 arándanos para hacer un pastel. Luego cosecha 12 más para comer. ¿Cuántos arándanos cosecha Aisha?

_____ arándanos

_____

_ _ _ _ _ _ _ _ _ _ _ _ _ _ _ _ _ _

_____

2. Yuri reúne 21 latas para la campaña de recolección de alimentos de la escuela. Leo reúne 36 latas. ¿Cuántas latas reúnen Yuri y Leo?

_____ latas

_____

_ _ _ _ _ _ _ _ _ _ _ _ _ _ _ _ _ _

_____

Charla matemática

Explica la estrategia de suma que usaste para resolver el Ejercicio I.

MÉTODOS MATEMÁTICOS

Comparte y muestra

Dibuja y escribe para resolver. Explica tu razonamiento.

3. Tyra ve 48 gansos en el campo. Luego ve 17 gansos más en el cielo. ¿Cuántos gansos ve Tyra?

_____ gansos

_____

_____

_____

4. Jade pinta 35 círculos y 45 triángulos en la clase de arte. ¿Cuántas figuras pinta Jade?

_____ figuras

_____

_____

5. **H.O.T.** Se necesitan 23 saltos para cruzar el patio. ¿Cuántos saltos se necesitan para cruzar el patio ida y vuelta?

_____ saltos

_____

_____

_____

Por tu cuenta

Elige una manera de resolver. Dibuja o escribe la explicación.

Escribe

6. Lisa hace una pulsera con 4 cuentas cuadradas y 8 cuentas redondas. Después hace otra pulsera igual. ¿Cuántas cuentas usó Lisa?

_____ cuentas

7. Julian vende 3 talonarios de boletos para la feria de la escuela. Cada talonario tiene 20 boletos. ¿Cuántos boletos vende Julian?

_____ boletos

8. **H.O.T.** Tengo varias rosas rojas y rosadas. Tengo 14 rosas rojas. Tengo 8 rosas rosadas más que rosas rojas. ¿Cuántas rosas tengo?

_____ rosas

9. ⭐ **Preparación para la prueba** Tengo 34 caracoles pequeños y 14 caracoles grandes. ¿Cuántos caracoles tengo?

34	38	44	48
○	○	○	○

ACTIVIDAD PARA LA CASA • Pida a su niño que resuelva 16 + 7, 30 + 68 y 53 + 24. Pídale que explique cómo resolvió cada problema.

PRÁCTICA ADICIONAL: Cuaderno de práctica de los estándares, págs. P165 y P166

Nombre _____

Practicar suma y resta

Pregunta esencial ¿De qué maneras podemos sumar y restar?

ESTÁNDARES COMUNES **CC.1.NBT.4, CC.1.NBT.6**
Use place value understanding and properties of operations to add and subtract.

Escucha y dibuja EN EL MUNDO

Haz un dibujo que muestre el problema.
Luego resuelve.

_____ ◯ _____ ◯ _____

PARA EL MAESTRO • Lea el siguiente problema. La clase reúne bolsas de papel para un proyecto de arte. Rony trae 7 bolsas de papel más que Ben. Ben trae 35 bolsas. ¿Cuántas bolsas trae Rony?

Charla matemática
¿Cómo resolviste el problema? **Explica.**

MÉTODOS MATEMÁTICOS

¿Cuántas maneras de sumar y restar
has aprendido?

$5 + 9 =$ ___

PIENSA
9 + 5 es lo mismo
que 10 + __?__ .

$50 - 30 =$ ___

PIENSA
5 decenas − 3
decenas.

$51 + 21 =$ ___

PIENSA
5 decenas + 2 decenas.
1 unidad + 1 unidad.

Comparte y muestra

Suma o resta.

1. $30 + 60 =$ ___	2. $73 + 5 =$ ___	3. $10 - 4 =$ ___
4. $29 + 4 =$ ___	5. $9 + 9 =$ ___	6. $5 + 6 =$ ___
7. $25 + 54 =$ ___	8. $15 - 8 =$ ___	9. $40 + 10 =$ ___
10. $40 - 10 =$ ___	11. $14 - 7 =$ ___	12. $90 - 70 =$ ___
13. $86 + 12 =$ ___	14. $1 + 9 =$ ___	15. $6 + 7 =$ ___
16. $9 - 2 =$ ___	⏱17. $8 + 31 =$ ___	⏱18. $50 + 11 =$ ___

Nombre _____

Por tu cuenta

Suma o resta.

19. $\begin{array}{r} 12 \\ -\ 3 \\ \hline \end{array}$	20. $\begin{array}{r} 10 \\ +10 \\ \hline \end{array}$	21. $\begin{array}{r} 7 \\ +42 \\ \hline \end{array}$	22. $\begin{array}{r} 41 \\ +36 \\ \hline \end{array}$
23. $\begin{array}{r} 8 \\ +10 \\ \hline \end{array}$	24. $\begin{array}{r} 16 \\ +\ 7 \\ \hline \end{array}$	25. $\begin{array}{r} 6 \\ -6 \\ \hline \end{array}$	26. $\begin{array}{r} 3 \\ +8 \\ \hline \end{array}$
27. $\begin{array}{r} 64 \\ +\ 3 \\ \hline \end{array}$	28. $\begin{array}{r} 60 \\ -30 \\ \hline \end{array}$	29. $\begin{array}{r} 2 \\ +7 \\ \hline \end{array}$	30. $\begin{array}{r} 5 \\ -1 \\ \hline \end{array}$
31. $\begin{array}{r} 13 \\ -\ 5 \\ \hline \end{array}$	32. $\begin{array}{r} 52 \\ +40 \\ \hline \end{array}$	33. $\begin{array}{r} 3 \\ +2 \\ \hline \end{array}$	34. $\begin{array}{r} 30 \\ +50 \\ \hline \end{array}$
35. $\begin{array}{r} 8 \\ +4 \\ \hline \end{array}$	36. $\begin{array}{r} 18 \\ -\ 8 \\ \hline \end{array}$	37. $\begin{array}{r} 20 \\ +13 \\ \hline \end{array}$	38. $\begin{array}{r} 70 \\ -50 \\ \hline \end{array}$
39. $\begin{array}{r} 29 \\ +\ 2 \\ \hline \end{array}$	40. $\begin{array}{r} 34 \\ +24 \\ \hline \end{array}$	41. $\begin{array}{r} 20 \\ +70 \\ \hline \end{array}$	42. $\begin{array}{r} 11 \\ -\ 7 \\ \hline \end{array}$

RESOLUCIÓN DE PROBLEMAS EN EL MUNDO

Escribe

Resuelve. Escribe o dibuja la explicación.

43. Jane dibujó unas estrellas. Luego dibujó 9 estrellas más. Ahora hay 19 estrellas. ¿Cuántas estrellas dibujó Jane primero?

_____ estrellas

44. Adel dibujó 10 estrellas más que Charlie. Charlie dibujó 24 estrellas. ¿Cuántas estrellas dibujó Adel?

_____ estrellas

45. H.O.T. Escribe tres maneras de obtener un total de suma de 49.

$$\underline{\quad} \bigcirc \underline{\quad} = 49$$

$$\underline{\quad} \bigcirc \underline{\quad} = 49$$

$$\underline{\quad} \bigcirc \underline{\quad} = 49$$

46. ★ **Preparación para la prueba** ¿Cuál es el total? $40 + 38 = \underline{\quad}$

38   ◯

48   ◯

70   ◯

78   ◯

ACTIVIDAD PARA LA CASA · Pida a su niño que explique cómo resolvió el Ejercicio 43.

PRÁCTICA ADICIONAL: Cuaderno de práctica de los estándares, págs. P167 y P168

Repaso y prueba del Capítulo 8

Vocabulario

Escribe cuántas **decenas** hay en el
total o la diferencia. (pág. 322)

1. 70 − 40 = 30

_____ decenas

2. 20 + 30 = 50

_____ decenas

Conceptos y destrezas

Suma usando la tabla con
los números hasta el 100.
Cuenta hacia delante por
unidades o decenas. (CC.1.NBT.4)

1	2	3	4	5	6	7	8	9	10
11	12	13	14	15	16	17	18	19	20
21	22	23	24	25	26	27	28	29	30
31	32	33	34	35	36	37	38	39	40
41	42	43	44	45	46	47	48	49	50
51	52	53	54	55	56	57	58	59	60
61	62	63	64	65	66	67	68	69	70
71	72	73	74	75	76	77	78	79	80
81	82	83	84	85	86	87	88	89	90
91	92	93	94	95	96	97	98	99	100

3. 22 + 6 = _____

4. 41 + 40 = _____

5. 2 + 31 = _____

6. 80 + 15 = _____

7. ¿Cuál es la diferencia?
(CC.1.NBT.6)

$50 - 40 =$ _____

9   10   54   90
○   ○   ○   ○

---

8. ¿Cuál es el total? (CC.1.NBT.4)

$18 + 50 =$ _____

58   60   68   88
○   ○   ○   ○

---

9. ¿Qué suma muestra la manera de formar una decena para hallar $26 + 7$? (CC.1.NBT.4)

$20 + 10$ $30 + 3$ $30 + 13$ $40 + 3$
○   ○   ○   ○

---

10. Pam tiene 20 crayones. Le regalan una caja nueva de 64 crayones. ¿Cuántos crayones tiene Pam ahora? (CC.1.NBT.4)

24   30   66   84
○   ○   ○   ○

Nombre ______________________

PREPARACIÓN PARA LA PRUEBA

11. ¿Cuál es el total?
(CC.1.NBT.4)

$10 + 70 = ____$

○ 8 ○ 17 ○ 71 ○ 80

12. ¿Cuál es el total?
(CC.1.NBT.4)

$65 + 9 = ____$

○ 47 ○ 70 ○ 74 ○ 95

13. ¿Cuál es el total?
(CC.1.NBT.4)

$$\begin{array}{r} 54 \\ +\ 32 \\ \hline \end{array}$$

○ 22 ○ 26 ○ 82 ○ 86

14. ¿Cuál es el total?
(CC.1.NBT.4)

$43 + 5 = ____$

○ 45 ○ 48 ○ 75 ○ 93

15. ¿Cuál es el total?
(CC.1.NBT.4)

$$\begin{array}{r} 18 \\ +\ 41 \\ \hline \end{array}$$

○ 51 ○ 58 ○ 59 ○ 69

Jamie está horneando galletas. Hornea
24 galletas con chispas de chocolate
y 18 galletas de avena. ¿Cuántas
galletas hornea Jamie?

Muestra tu trabajo con números, dibujos o palabras.

Todo tipo de

tiempo

por Margie Sigman

COMMON CORE

CRITICAL AREA Developing understanding of linear measurement and measuring lengths as iterating length units

En tiempo lluvioso,

jugamos nosotros.

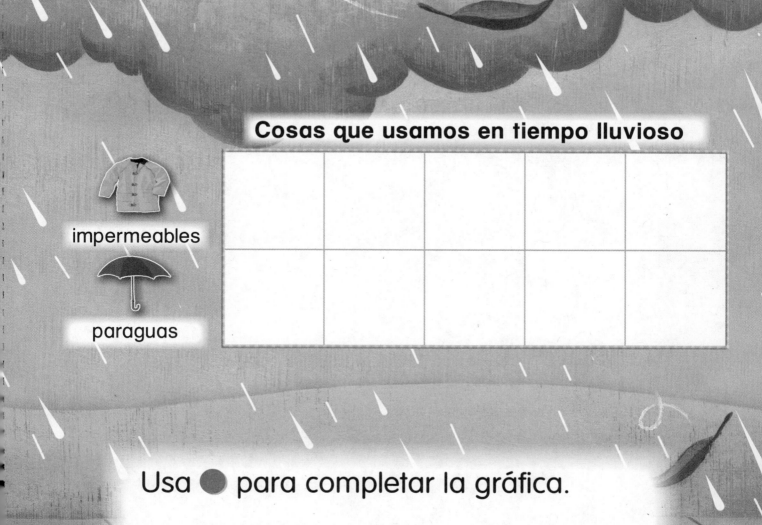

Cosas que usamos en tiempo lluvioso

impermeables

paraguas

Usa ● para completar la gráfica.

¿Cuántos impermeables ves? _____

¿Cuántos paraguas ves? _____

CIENCIAS

Describe el tiempo lluvioso.

En tiempo soleado,

jugamos lado a lado.

Cosas que usamos en tiempo soleado

gorras

gafas de sol

Usa ● para completar la gráfica.

¿Cuántas gafas de sol ves? ___

¿Cuántas gorras ves? ___

CIENCIAS

Describe el tiempo soleado.

No importa en cuál tiempo,

con todos me divierto.

CIENCIAS

362 Describe el tiempo que se muestra aquí.

Escribe sobre el cuento

Pon . Representa gorras o gafas de sol en cada categoría de la gráfica.

Cosas que usamos en tiempo soleado

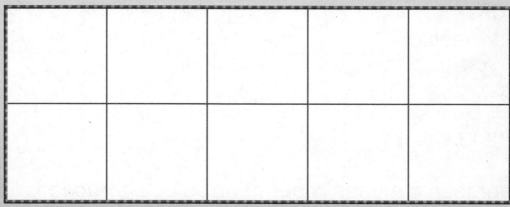

gorras

gafas de sol

Escribe ▸ Escribe un enunciado que diga cuántas gorras hay.
Escribe un enunciado que diga cuántas gafas de sol hay.

_____

_____

_____

_____

_____

_____

_____

_____

¿Más o menos?

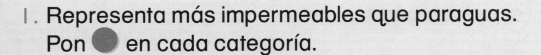

1. Representa más impermeables que paraguas.
   Pon ⬤ en cada categoría.

Cosas que usamos en tiempo lluvioso

impermeables

paraguas

2. Representa menos impermeables que paraguas.
   Pon ⬤ en cada categoría.

Cosas que usamos en tiempo lluvioso

impermeables

paraguas

 Escribe un problema sobre los impermeables y los paraguas. Di cómo clasificar cada objeto en la categoría correcta.

Medida

Aprendo más con

Jorge el Curioso

¿Qué objetos de la ilustración son más bajos que el arco?

Muestra lo que sabes

Más grande y más pequeño

Encierra en un círculo el objeto más grande.

Encierra en un círculo el objeto más pequeño.

1.

2.

Compara la longitud

Encierra en un círculo el objeto más largo.
Traza una línea debajo del objeto más corto.

3.

4.

Números del 1 al 10

Escribe cada número en orden hasta el 10.

5.

| 1 | ☐ | ☐ | ☐ | ☐ | ☐ | ☐ | ☐ | ☐ | 10 |

Nota a la familia: Esta página es para verificar que su niño comprenda las destrezas importantes que se necesitan para tener éxito en el Capítulo 9.

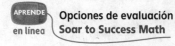

APRENDE en línea

Opciones de evaluación
Soar to Success Math

Desarrollo del vocabulario

Palabras de repaso

nueve	diez
once	doce
largo	más largo
corto	más corto

Visualízalo

Clasifica las palabras de repaso de la caja.

longitud

largo

_____

_____

_____

clasifica

números

nueve

_____

_____

_____

Comprende el vocabulario

Completa los enunciados con la palabra correcta.

1. Un crayón es _____ que un marcador.

2. Un cepillo de dientes es _____ que un clip.

Escribe el nombre bajo el número.

3.　　9　　　　　10　　　　　11　　　　　12

_____　　_____　　_____　　_____

APRENDE en línea
• Libro electrónico del estudiante
• Glosario multimedia

Juego ¡A medir!

Materiales

- 12 ⬤ ⬤
- 2 ▭
- 2 ✎
- 2 ▬
- 2 ✏
- 2 ✂
- 2 ✒

Juega con un compañero.

1. Coloca los 🎎 en la SALIDA.

2. Haz girar la 🕐. Mueve tu 🎎 esa cantidad de casillas. Luego, toma ese objeto.

3. Tu compañero lanza, mueve y toma ese objeto.

4. Compara la longitud de los dos objetos.

5. El jugador con el objeto más largo pone una ⬤ en la casilla. Si ambos objetos tienen el mismo largo, ambos jugadores ponen una ⬤ en el tablero.

6. Continúa jugando hasta que uno alcance la LLEGADA. El jugador con más ⬤ gana.

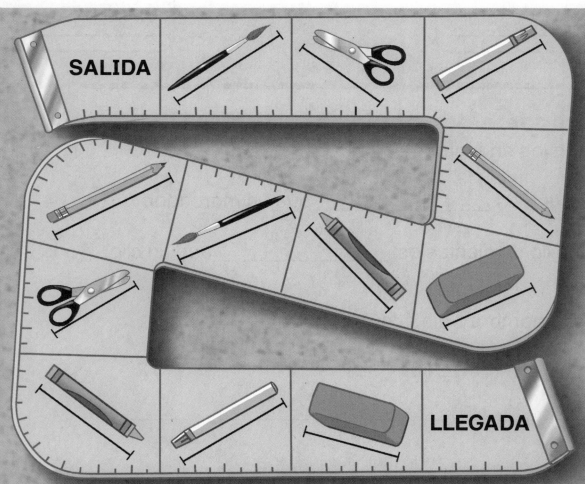

SALIDA

LLEGADA

Nombre _____

Ordenar longitudes

Pregunta esencial ¿Cómo ordenas objetos según la longitud?

ESTÁNDARES COMUNES **CC.1.MD.1**
Measure lengths indirectly and by iterating length units.

Escucha y dibuja EN EL MUNDO

Usa objetos para mostrar el problema.
Haz un dibujo que muestre tu trabajo.

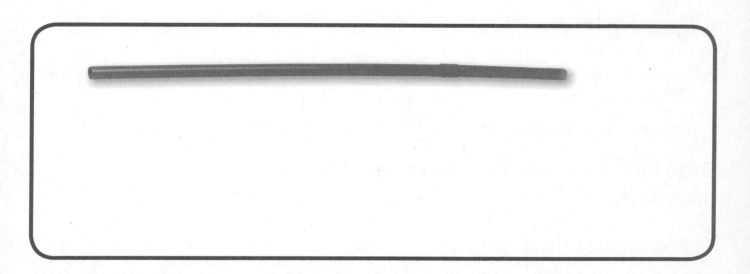

 PARA EL MAESTRO • Lea el problema. Pida a los niños que usen objetos del salón de clases para hacer una representación. Rosa tiene algo que es más largo que la pajilla. Tiene otro objeto que es más corto que la llave. ¿Qué objetos podría tener?

Charla matemática
Compara la pajilla y la llave. ¿Cuál es más larga? ¿Cuál es más corta? **Explica.**

MÉTODOS MATEMÁTICOS

Capítulo 9

© Houghton Mifflin Harcourt Publishing Company

Ordena los tres pedazos de estambre del **más corto** al **más largo**. Dibuja el pedazo de estambre que falta.

el más corto	
el más largo	

Comparte y muestra

Math Board

Traza tres líneas en orden de la **más corta** a la **más larga.**

1. la más corta	
2.	
3. la más larga	

Traza tres líneas en orden de la **más larga** a la **más corta.**

4. la más larga	
5.	
6. la más corta	

Por tu cuenta

Dibuja tres crayones en orden del **más corto** al **más largo**.

7. **el más corto**	
8.	
9. **el más largo**	

Dibuja tres crayones en orden del **más largo** al **más corto**.

10. **el más largo**	
11.	
12. **el más corto**	

13. **H.O.T.** Completa cada enunciado.

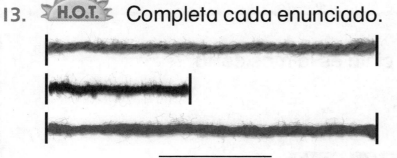

El estambre _____ es el más corto.

El estambre _____ y el estambre _____ tienen la misma longitud.

RESOLUCIÓN DE PROBLEMAS EN EL MUNDO

Escribe

Resuelve.

14. Dibuja cuatro objetos en orden del más corto al más largo.

Objetos

15. H.O.T. La cuerda es más corta que la cinta. La cadena es más corta que la cinta. Encierra en un círculo el objeto más largo.

cuerda

cinta

cadena

16. ⭐ **Preparación para la prueba** ¿Qué cinta es la más corta?

○
○
○
○

 ACTIVIDAD PARA LA CASA • Muestre a su niño tres objetos de diferente largo, como tres lápices o cucharas. Pídale que ordene los objetos del más corto al más largo.

PRÁCTICA ADICIONAL:
Cuaderno de práctica de los estándares, págs. P173 y P174

© Houghton Mifflin Harcourt Publishing Company

Nombre _____

Medida indirecta

Pregunta esencial ¿Cómo puedes comparar las longitudes de tres objetos para ponerlos en orden?

ESTÁNDARES COMUNES CC.1.MD.1
Measure lengths indirectly and by iterating length units.

Escucha EN EL MUNDO

Pista 1: Una cuerda amarilla es más corta que una cuerda azul.

Pista 2: La cuerda azul es más corta que una cuerda roja.

Pista 3: La cuerda amarilla es más corta que la cuerda roja.

amarilla |

azul |

roja |

Charla matemática

Explica cómo te sirvieron las pistas para dibujar las cuerdas en el orden correcto.

MÉTODOS MATEMÁTICOS

PARA EL MAESTRO • Lea las pistas. Pida a los niños que dibujen cada pista en la pizarra. Luego pida a los niños que dibujen las cuerdas en orden de la más corta a la más larga.

Sigue las pistas. Escribe **más corto** o
más largo para completar el enunciado.
Luego haz un dibujo para verificar tu respuesta.

Pista 1: El lápiz verde es más largo que el lápiz anaranjado.

Pista 2: El lápiz anaranjado es más largo que el lápiz marrón.

Por lo tanto, el lápiz verde es <u>más largo</u> que el marrón.

marrón

anaranjado

verde

Comparte y muestra

Sigue las pistas. Escribe **más corto** o **más largo** para completar el enunciado. Luego haz un dibujo que pruebe tu respuesta.

1. Pista 1: La línea roja es más corta que la línea azul.
   Pista 2: La línea azul es más corta que la línea morada.

   Entonces, la línea roja es _____ que la línea morada.

   roja

   azul

   morada

Por tu cuenta

Sigue las pistas. Escribe **más corto** o **más largo** para completar el enunciado. Luego haz un dibujo para verificar tu respuesta.

2. Pista 1: La línea verde es más corta que la línea rosada.
   Pista 2: La línea rosada es más corta que la línea azul.

   Por lo tanto, la línea verde es _____ que la línea azul.

verde	
rosada	
azul	

3. Pista 1: La línea anaranjada es más larga que la línea amarilla.
   Pista 2: La línea amarilla es más larga que la línea roja.

   Por lo tanto, la línea anaranjada es _____ que la roja.

roja	
amarilla	
anaranjada	

4. **H.O.T.** La cinta es más larga que el estambre. El estambre es más largo que la cuerda. El estambre y el lápiz tienen la misma longitud. Dibuja la longitud de los objetos al lado de su rótulo.

cinta
estambre
lápiz
cuerda

5. ⭐ **Preparación para la prueba** Una línea verde es más corta que una línea anaranjada. La línea anaranjada es más corta que una línea azul. ¿Qué opción es correcta?

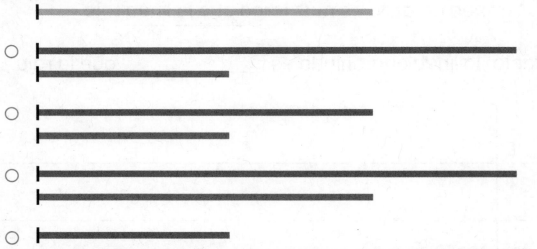

ACTIVIDAD PARA LA CASA · Muestre a su niño la longitud de un objeto. Luego muestre a su niño un objeto que sea más largo y un objeto que sea más corto que el primer objeto.

376 trescientos setenta y seis

PRÁCTICA ADICIONAL:
Cuaderno de práctica de los estándares, págs. P175 y P176

Nombre _____

Usar unidades no convencionales para medir longitudes

Pregunta esencial ¿Cómo mides longitudes usando unidades no convencionales?

ESTÁNDARES COMUNES **CC.1.MD.2**
Measure lengths indirectly and by iterating length units.

Escucha y dibuja EN EL MUNDO

Haz un dibujo que muestre el problema.

PARA EL MAESTRO • Lea el problema. Jimmy observa que su barquito mide aproximadamente 6 fichas cuadradas de colores de largo. Dibuja el barquito de Jimmy. Dibuja las fichas cuadradas de colores para mostrar cómo mediste.

Charla matemática
¿Cómo puedes dibujar un bote para que tenga la longitud correcta? **Explica.**

MÉTODOS MATEMÁTICOS

Representa y dibuja

Puedes usar 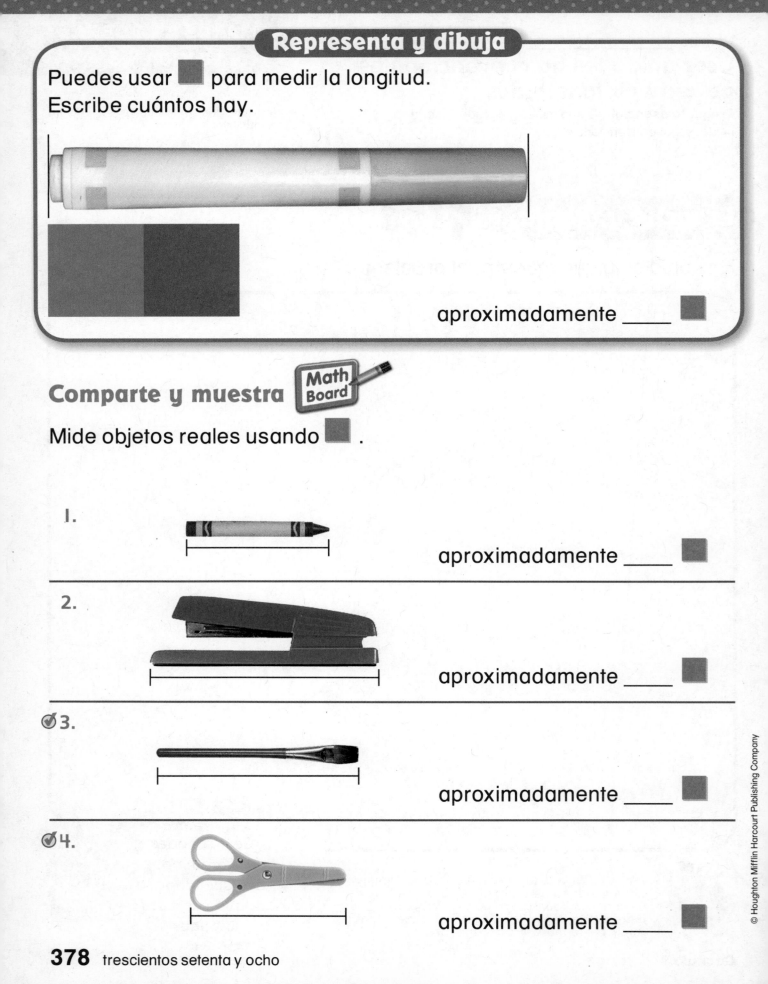 para medir la longitud.
Escribe cuántos hay.

aproximadamente _____ ◼

Comparte y muestra

Mide objetos reales usando ◼ .

1.

aproximadamente _____ ◼

2.

aproximadamente _____ ◼

☑3.

aproximadamente _____ ◼

☑4.

aproximadamente _____ ◼

© Houghton Mifflin Harcourt Publishing Company

Nombre _____

Por tu cuenta

Mide con objetos reales. Usa 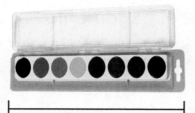 para medir.

5.

aproximadamente _____ ◼

6.

aproximadamente _____ ◼

7.

aproximadamente _____ ◼

8.

aproximadamente _____ ◼

9. H.O.T. El estambre verde mide aproximadamente 2 ◼ de largo. Aproximadamente, ¿cuánto mide el estambre azul?

aproximadamente _____ ◼

RESOLUCIÓN DE PROBLEMAS EN EL MUNDO

Escribe

Resuelve.

10. Mark mide el pegamento en barra con . Aproximadamente, ¿cuánto mide el pegamento en barra? Encierra en un círculo la respuesta que sea más razonable.

aproximadamente 1 ◼   aproximadamente 4 ◼

aproximadamente 10 ◼

---

11. **H.O.T.** Bo tiene 4 cintas. Encierra en un círculo la cinta que mide menos que 3 ◼ de largo pero más que 1 ◼ de largo.

---

12. ⭐ **Preparación para la prueba** Usa ◼. Ray mide la llave con ◼. Aproximadamente, ¿cuánto mide la llave?

○ aproximadamente 1 ◼ de largo
○ aproximadamente 2 ◼ de largo
○ aproximadamente 3 ◼ de largo
○ aproximadamente 4 ◼ de largo

© Houghton Mifflin Harcourt Publishing Company

ACTIVIDAD PARA LA CASA · Dé a su niño clips y otros objetos pequeños que tengan la misma longitud. Pida a su niño que estime la longitud de objetos de la casa y luego los mida para comprobar.

PRÁCTICA ADICIONAL: Cuaderno de práctica de los estándares, págs. P177 y P178

Nombre _____

Hacer un instrumento de medida no convencional

Pregunta esencial ¿Cómo usamos un instrumento de medida para medir longitudes?

ESTÁNDARES COMUNES CC.1.MD.2
Measure lengths indirectly and by iterating length units.

Escucha y dibuja EN EL MUNDO

Encierra en un círculo el nombre del niño que midió correctamente.

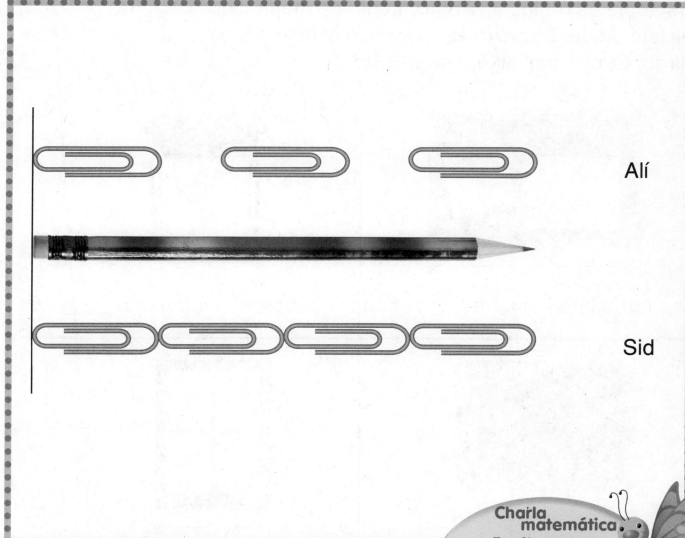

Alí

Sid

 PARA EL MAESTRO • Lea el problema. Sid y Alí miden el mismo lápiz. Sid dice que mide aproximadamente 4 clips de largo. Alí dice que mide aproximadamente 3 clips de largo. Encierra en un círculo el nombre del niño que midió correctamente.

Charla matemática
Explica cómo sabes quién midió correctamente.

MÉTODOS MATEMÁTICOS

Capítulo 9

Haz tu propio instrumento de medida con un clip como el del estante. Mide la longitud de una puerta. Aproximadamente, ¿cuánto mide la puerta?

aproximadamente _____ ⊂▭

Comparte y muestra

Usa objetos reales y el instrumento de medida que hiciste. Mide. Encierra en un círculo el objeto más largo. Subraya el objeto más corto.

1.

aproximadamente _____ ⊂▭

2.

aproximadamente _____ ⊂▭

☑ 3.

aproximadamente _____ ⊂▭

☑ 4.

aproximadamente _____ ⊂▭

Por tu cuenta

Usa el instrumento de medida que hiciste.
Mide objetos reales.

5.

aproximadamente ____

6.

aproximadamente ____

7.

aproximadamente ____

8.

aproximadamente ____

9. **H.O.T.** Cody midió su lonchera real. Mide aproximadamente 10 de largo. Aproximadamente, ¿cuánto mide un lápiz real de Cody?

la lonchera y el lápiz de Cody

aproximadamente ____

RESOLUCIÓN DE PROBLEMAS EN EL MUNDO

Escribe

Resuelve.

10. **H.O.T.** Lisa intentó medir el lápiz.
Cree que el lápiz mide 5 clips de largo.
Aproximadamente, ¿cuánto mide el lápiz?

aproximadamente _____

11. ⭐ **Preparación para la prueba** Usa 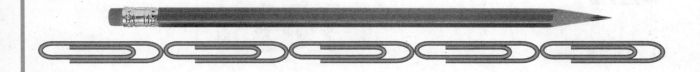. ¿Qué cuerda mide aproximadamente 3 clip de largo?

○

○

○

○

ACTIVIDAD PARA LA CASA • Pida a su niño que mida objetos de la casa usando un clip como instrumento de medida.

PRÁCTICA ADICIONAL:
Cuaderno de práctica de los estándares, págs. P179 y P180

Nombre _____

Resolución de problemas •
Medir y comparar

Pregunta esencial ¿Cómo te sirve una representación al resolver problemas de medición?

ESTÁNDARES COMUNES **CC.1.MD.2**
Measure lengths indirectly and by iterating length units.

La cinta azul mide aproximadamente 4 ⊂⊃ de largo.
La cinta roja mide 1 ⊂⊃ de largo. La cinta verde mide
2 ⊂⊃ más de largo que la cinta roja. Mide y dibuja las
cintas en orden de la **más corta** a la **más larga**.

🔑 Soluciona el problema

¿Qué debo hallar?

el orden de las cintas de la

más corta a la

más larga

¿Qué información debo usar?

Medir las cintas
usando clips.

Muestra cómo resolver el problema.

© Houghton Mifflin Harcourt Publishing Company

Haz otro problema

Zack tiene 3 cintas. La cinta amarilla mide aproximadamente 4 ⬭ de largo. La cinta anaranjada es 3 ⬭ más corta que la cinta amarilla. La cinta azul es 2 ⬭ más larga que la cinta amarilla.

• ¿Qué debo hallar?
• ¿Qué información debo usar?

Mide y dibuja las cintas en orden de la **más larga** a la **más corta**.

1.

aproximadamente _____ ⬭

2.

aproximadamente _____ ⬭

3.

aproximadamente _____ ⬭

Charla matemática
¿Cuántos clips más corta es la cinta anaranjada que la cinta azul? Explica.

MÉTODOS MATEMÁTICOS

Nombre _____

Comparte y muestra

Resuelve. Dibuja o escribe la explicación.

Escribe

✓ 4. Lisa mide su zapato y halla que mide aproximadamente 5 ⊂⊃ de largo. Mide y dibuja un objeto que sea 3 ⊂⊃ más corto que su zapato. Mide y dibuja un objeto que sea 2 ⊂⊃ más largo que su zapato.

5. **H.O.T.** Noah mide un marcador de aproximadamente 4 ⊂⊃ de largo y un lápiz de aproximadamente 6 ⊂⊃ de largo. Dibuja un objeto que sea 1 ⊂⊃ más largo que el marcador y 1 ⊂⊃ más corto que el lápiz.

ACTIVIDAD PARA LA CASA · Pida a su niño que explique cómo resolvió el Ejercicio 4.

PRÁCTICA ADICIONAL:
Cuaderno de práctica de los estándares, págs. P181 y P182

Nombre _____

Conceptos y destrezas

Dibuja tres crayones en orden del **más corto**
al **más largo.** (CC.1.MD.1)

1.	**el más corto**	
	el más largo	

Usa ■ para medir. (CC.1.MD.2)

2.

aproximadamente _____ ■

---

3. ⭐ **Preparación para la prueba** Kiley mide
un paquete con su instrumento
de medida hecho con clips.
Aproximadamente, ¿cuánto mide
el paquete de largo? (CC.1.MD.2)

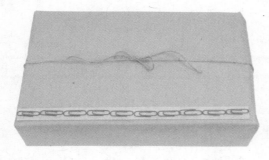

○ aproximadamente 1 ⌷

○ aproximadamente 5 ⌷

○ aproximadamente 10 ⌷

○ aproximadamente 20 ⌷

Nombre _____

La hora en punto

Pregunta esencial ¿Cómo dices qué hora es en un reloj que solo tiene el horario?

ESTÁNDARES COMUNES **CC.1.MD.3**
Tell and write time.

Escucha y dibuja EN EL MUNDO

Comienza en el 1.
Escribe los números que faltan.

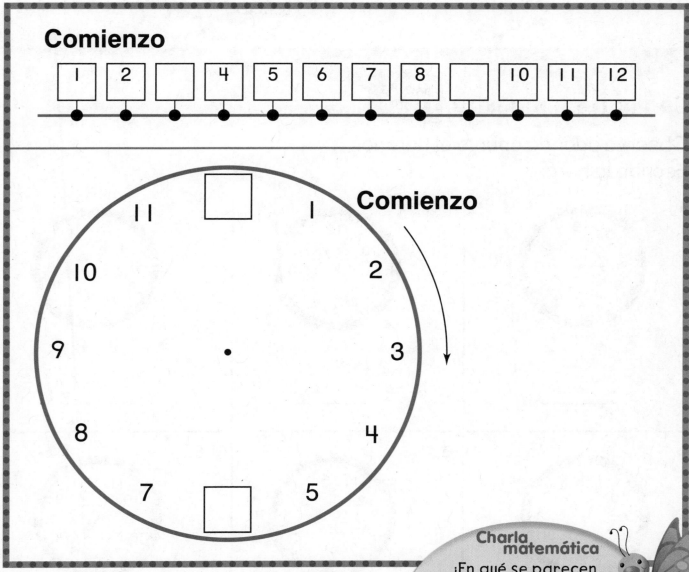

Comienzo

| 1 | 2 | | 4 | 5 | 6 | 7 | 8 | | 10 | 11 | 12 |

Comienzo

CONEXIÓN CON EL HOGAR • A su niño puede resultarle más fácil aprender a decir la hora en una esfera de reloj que solo tiene el horario.

Charla matemática
¿En qué se parecen la esfera del reloj y el orden de los números? **Explica.**

MÉTODOS MATEMÁTICOS

Capítulo 9

¿Qué muestra este reloj?

El **horario** apunta al 3.
Son las 3 en punto.

Di tres en punto.

Escribe 3:00 .

Comparte y muestra

Observa adónde apunta el horario.
Escribe la hora.

1.

_____

2.

_____

3.

_____

4.

_____

☑ 5.

_____

☑ 6.

_____

Por tu cuenta

Observa adónde apunta el horario.
Escribe la hora.

7.

_____

8.

_____

9.

_____

10.

_____

11.

_____

12.

_____

13.

_____

14.

_____

15.

_____

RESOLUCIÓN DE PROBLEMAS EN EL MUNDO

16. ¿Qué hora **no** es la misma? Enciérrala en un círculo.

1:00   1 en punto

---

17. H.O.T. Manny sale de la escuela a las 8 en punto. Escribe y haz un dibujo que muestre las 8 en punto.

_____

---

18. ⭐ **Preparación para la prueba**

Observa el horario. ¿Qué hora es?

○ 12:00

○ 2:00

○ 1 en punto

○ 3 en punto

ACTIVIDAD PARA LA CASA · Pida a su niño que describa qué hizo en esta lección.

PRÁCTICA ADICIONAL:
Cuaderno de práctica de los estándares, págs. P183 y P184

Nombre _____

La media hora

Pregunta esencial ¿Cómo sabes qué media hora es en un reloj que solo tiene el horario?

ESTÁNDARES COMUNES **CC.1.MD.3**
Tell and write time.

Escucha y dibuja

Encierra en un círculo **4:00**, **5:00** o **entre las 4:00 y las 5:00** para describir la hora que se muestra en el reloj.

4:00

entre las 4:00 y 5:00

5:00

4:00

entre las 4:00 y 5:00

5:00

4:00

entre las 4:00 y 5:00

5:00

Charla matemática
Describe la hora que se muestra en el reloj del medio con **antes** y **después**.

MÉTODOS MATEMÁTICOS

PARA EL MAESTRO • Pida a los niños que observen el horario de cada reloj para decidir cuál es la opción que describe correctamente la hora que se muestra.

Representa y dibuja

Cuando pasa una **hora**, el horario se mueve de un número al número siguiente.

El horario está justo entre el 7 y el 8.

Cuando pasa **media hora**, el horario apunta justo entre dos números.

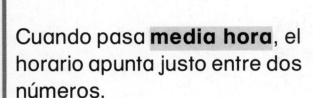

7:00 y media

Comparte y muestra

Observa adónde apunta el horario. Escribe la hora.

1.

_____

- - - - - - - - - - - -

2.

_____

- - - - - - - - - - - -

✓3.

_____

- - - - - - - - - - - -

✓4.

_____

- - - - - - - - - - - -

Por tu cuenta

Observa adónde apunta el horario.
Escribe la hora.

5.

_____

- - - - - - - - - - - -

_____

6.

_____

- - - - - - - - - - - -

_____

7.

_____

- - - - - - - - - - - -

_____

8.

_____

- - - - - - - - - - - -

_____

9.

_____

- - - - - - - - - - - -

_____

10.

_____

- - - - - - - - - - - -

_____

11. Tim juega fútbol a las 9:00 y media. Almuerza a la 1:00 y media. Ve una película a las 2:00 y media.

Observa el reloj. Escribe qué hace Tim a esa hora.

_____

Tim _____.

12. **H.O.T.** Tyra tiene una lección de piano a las 5:00. La lección termina a las 5:00 y media. ¿Cuánto tiempo está Tyra en su lección? Encierra en un círculo tu respuesta.

media hora

una hora

13. ⭐ **Preparación para la prueba**

Observa el horario. ¿Qué hora es?

○ 5:00 y media

○ 5:00

○ 4:00 y media

○ 4:00

ACTIVIDAD PARA LA CASA • Diga una hora, como las 10:00 y media. Pida a su niño que describa adónde apunta el horario a esa hora.

© Houghton Mifflin Harcourt Publishing Company

PRÁCTICA ADICIONAL: Cuaderno de práctica de los estándares, págs. P185 y P186

Nombre _____

Decir la hora en punto y la media hora

Pregunta esencial ¿En qué se diferencian el minutero y el horario al indicar una hora y media hora?

ESTÁNDARES COMUNES **CC.1.MD.3**
Tell and write time.

Escucha y dibuja EN EL MUNDO

Cada reloj tiene un horario y un minutero.
Aplica lo que sabes sobre el horario para
escribir los números que faltan.

Es la 1:00.

El horario apunta al _____.

El minutero apunta al _____.

Es la 1:00 y media.

El horario apunta justo entre el _____
y el _____.

El minutero apunta al _____.

Charla matemática
Observa el reloj de arriba. **Explica** cómo sabes cuál es el minutero.

MÉTODOS MATEMÁTICOS

CONEXIÓN CON EL HOGAR · Aunque los niños pueden leer fácilmente la hora en un reloj digital, aprender a decir la hora en un reloj analógico permite desarrollar conceptos importantes de la hora.

Cada hora tiene 60 **minutos**.

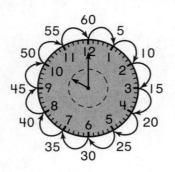

Los relojes muestran las 10:00.

La media hora tiene 30 minutos.

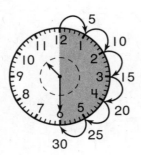

Los relojes muestran las 10:00 y media. El **minutero** se movió del 12 al 6.

10:00 y 30 minutos

Comparte y muestra

Math Board

Escribe la hora.

1.

✓2.

✓3.

Por tu cuenta

Escribe la hora.

4.

5.

6.

7.

8.

9.

 H.O.T. Encierra en un círculo tu respuesta.

10. Sara va al parque cuando el horario y el minutero apuntan al 12. ¿A qué hora va Sara al parque?

1:00   12:00   2:30

11. Mel va al parque a las 3 en punto. Se queda 2 horas. ¿A qué hora regresa Mel del parque?

1 en punto   3 en punto   5 en punto

RESOLUCIÓN DE PROBLEMAS EN EL MUNDO

Escribe

Resuelve.

12. Matt se levanta a las 6 en punto. Linda se despierta 30 minutos más tarde. Dibuja a qué hora se levanta Linda.

13. David sale de la escuela a las 3:30. Encierra en un círculo el reloj que muestra las 3:30.

14. **H.O.T.** El horario apunta justo entre el 2 y el 3. Dibuja el horario y el minutero. Escribe la hora.

15. ⭐ **Preparación para la prueba** ¿Qué hora es?

○ 6:30

○ 7:30

○ 8:00

○ 8:30

© Houghton Mifflin Harcourt Publishing Company

ACTIVIDAD PARA LA CASA • A la media hora de una hora, pida a su niño que le muestre el minutero y el horario de un reloj y que le diga qué hora es.

PRÁCTICA ADICIONAL:
Cuaderno de práctica de los estándares, págs. P187 y P188

Nombre _____

Practicar la hora en punto y la media hora

ESTÁNDARES COMUNES **CC.1.MD.3**
Tell and write time.

Pregunta esencial ¿Cómo sabes si debes dibujar y escribir una hora en punto o la media hora?

Escucha EN EL MUNDO

Encierra en un círculo el reloj que coincida con el problema.

PARA EL MAESTRO • Lea los siguientes problemas. Bárbara va a la tienda a las 8:00. Encierra en un círculo el reloj que muestra las 8:00. Diga a los niños que usen el espacio de arriba para resolver. Luego pida a los niños que resuelvan este problema. Bárbara sale a pasear con Ria a la 1:30. Encierra en un círculo el reloj que muestra la 1:30.

Charla matemática Describe cómo sabes qué reloj muestra la 1:30.

MÉTODOS MATEMÁTICOS

© Houghton Mifflin Harcourt Publishing Company

¿Dónde deberías dibujar el minutero
para que el reloj marque la hora?

9:00

9:30

Comparte y muestra

Escribe la hora usando el horario.
Dibuja el minutero.

1.

2.

3.

4.

☑ 5.

☑ 6.

Por tu cuenta

Mira el horario y escribe la hora.
Dibuja el minutero.

7.

8.

9.

10.

11.

12.

13. Explica ¿Cuál es el error? Zoey intentó
mostrar las 6:00. Explica cómo cambiar el
reloj para que marque las 6:00.

_____

_____

_____

_____

© Houghton Mifflin Harcourt Publishing Company

RESOLUCIÓN DE PROBLEMAS EN EL MUNDO

Escribe ▶

Resuelve.

14. Vince observa el reloj de la pared. Muestra las 4:00. Va al partido de béisbol 30 minutos después. Dibuja a qué hora va Vince al partido de béisbol.

15. Missy miró un juego durante una hora. Escribe cuántos minutos miró Missy el juego.

_____ minutos

16. **H.O.T.** Brandon almuerza a las 12:00. Tiene clases de matemáticas 30 minutos después. Tiene clases de arte 30 minutos después de la clase de matemáticas. Dibuja a qué hora tiene las clases de arte Brandon.

17. ⭐ **Preparación para la prueba** ¿Qué reloj marca las 11:30?

○   ○   ○   ○

© Houghton Mifflin Harcourt Publishing Company

ACTIVIDAD PARA LA CASA • Muestre a su niño la hora en un reloj. Pregúntele qué hora será dentro de 30 minutos.

PRÁCTICA ADICIONAL:
Cuaderno de práctica de los estándares, págs. P189 y P190

Repaso y prueba del Capítulo 9

Vocabulario

Encierra en un círculo el reloj que marca la **media hora**. (pág. 394)
Subraya el reloj que marca una **hora**. (pág. 394)

1.

Conceptos y destrezas

Usa ▪ para medir. (CC.1.MD.2)

2.

aproximadamente _____ ▪

- -

Dibuja tres crayones en orden del **más largo**
al **más corto**. (CC.1.MD.1)

3.

el más largo	
el más corto	

4. Mike mide una caja con .
Aproximadamente, ¿cuánto mide la caja? (CC.1.MD.2)

○ aproximadamente 3    ○ aproximadamente 5

○ aproximadamente 10   ○ aproximadamente 20

5. Karen mide el crayón con ■.
Aproximadamente, ¿cuánto
mide el crayón? (CC.1.MD.2)

Crayón

○ aproximadamente 1 ■   ○ aproximadamente 3 ■

○ aproximadamente 5 ■   ○ aproximadamente 7 ■

6. Una línea roja es más larga que la línea
morada. La línea morada es más larga
que una línea amarilla. ¿Qué opción es la
correcta? (CC.1.MD.1)

○

○

○

○

7. ¿Qué hora es? (CC.1.MD.3)

- ○ 7:00
- ○ 7:00 y media
- ○ 8:00
- ○ 8:00 y media

8. Observa el horario. ¿Qué hora es? (CC.1.MD.3)

- ○ 7:00
- ○ 8:00
- ○ 9 en punto
- ○ 10 en punto

9. La línea roja mide aproximadamente 4 ⬭ de largo. La línea azul es 1 ⬭ más larga que la línea roja. La línea verde es 2 ⬭ más corta que la línea roja. ¿Qué opción es la correcta? (CC.1.MD.2)

○

○

○

○

Tarea de rendimiento (CC.1.MD.1, CC.1.MD.2)

Elige tres objetos para medir.

- Mide la longitud de cada objeto con █ .
- Ordena los objetos del más corto al más largo.

Escribe cada medida.
Muestra cómo ordenaste los objetos
según su longitud usando dibujos,
palabras o números.

Muestra tu trabajo.

10 Representar datos

Aprendo más con

Jorge el Curioso

¿Cuántos días nevará o lloverá esta semana en donde vives? ¿Cómo puedes saberlo?

Nombre _____

Muestra lo que sabes

Haz una gráfica concreta

Clasifica un grupo de ▪ y ▪. Haz una gráfica concreta.

Cuadrados de colores							
▪							
▪							

1. ¿Cuántos ▪ hay? _____

Más, menos

2. Colorea los cuadrados que muestren un conjunto menor.

Dibuja grupos iguales

3. Dibuja un ◯ debajo de cada dibujo para mostrar el mismo número de objetos.

✿	✿	✿		

 Nota a la familia: Esta página es para verificar que su niño comprenda las destrezas importantes que se necesitan para tener éxito en el Capítulo 10.

APRENDE en línea | Opciones de evaluación **Soar to Success Math**

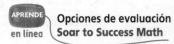

Desarrollo del vocabulario

Palabras de repaso

gráfica

más

menos

mayor cantidad

menor cantidad

Visualízalo

Completa la tabla.

Marca cada hilera con un ✔.

Palabra	La conozco	Me suena familiar	No la conozco
gráfica			
más			
menos			
mayor cantidad			
menor cantidad			

Comprende el vocabulario

Usa las palabras de repaso. Rotula los grupos.

1.

_____   _____

2.

_____

Capítulo 10

APRENDE en línea
• Libro electrónico del estudiante
• Glosario multimedia

cuatrocientos once **411**

Juego

Juego de gráfica

Materiales • 16 ■ • 16 ■ • 16 ■

Juega con un compañero.

1. Haz girar la .

2. Coloca un cubo de ese color en la hilera correcta de tu gráfica.

3. Túrnense. Jueguen hasta que cada compañero haya jugado 5 turnos.

4. El último jugador gira de nuevo la flecha para obtener un color.

5. El jugador que tenga más cubos de ese color gana. Gira de nuevo la flecha si ambos tienen el mismo número de cubos de ese color.

Jugador 1

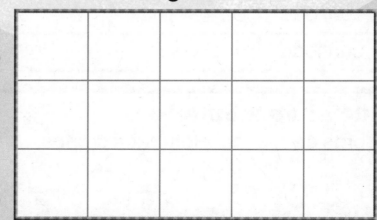

Jugador 2

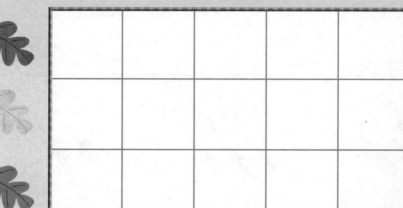

Nombre _____

Leer gráficas con dibujos

Pregunta esencial ¿Qué muestran los dibujos de una gráfica con dibujos?

ESTÁNDARES COMUNES **CC.1.MD.4**
Represent and interpret data.

Escucha y dibuja EN EL MUNDO

Usa 🟦 🟦. Haz un dibujo para mostrar los cubos.
Escribe cuántos 🟦 más hay.

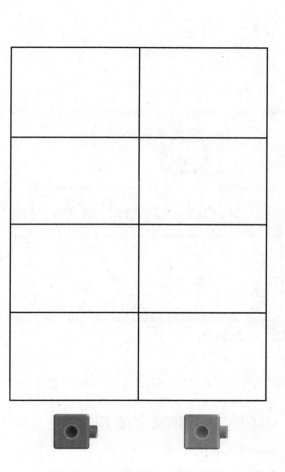

_____ 🟦 más

PARA EL MAESTRO • Lea el siguiente problema. Hay 2 cubos verdes y 4 cubos azules. ¿Cuántos cubos azules más que cubos verdes hay?

Charla matemática
Describe cómo puedes usar tu dibujo para comparar los cubos.
MÉTODOS MATEMÁTICOS

Niños en el patio de juegos						
columpios	☺	☺	☺	☺		
tobogán	☺	☺				

Cada ☺ representa 1 niño.

Una **gráfica con dibujos** tiene dibujos que muestran información.

Hay __4__ niños en los .

Hay ____ niños en el 🛝.

Hay más niños en _____.

Comparte y muestra

Nuestra actividad favorita en la feria							
animales	☺	☺	☺	☺	☺		
juegos	☺	☺	☺	☺	☺	☺	☺

Cada ☺ representa 1 niño.

Usa la gráfica con dibujos para responder las preguntas.

1. ¿Qué actividad eligieron más los niños? Enciérrala en un círculo.

2. ¿Cuántos niños eligieron ?   ____ niños

☑ 3. ¿Cuántos niños eligieron 🎡?   ____ niños

☑ 4. ¿Cuántos niños menos eligieron que 🎡?   ____ niños menos

Por tu cuenta

Bebidas en el almuerzo									
leche	⚲	⚲	⚲	⚲	⚲	⚲	⚲	⚲	
jugo	⚲	⚲	⚲						
agua	⚲	⚲	⚲	⚲	⚲				

Cada ⚲ representa 1 niño.

Usa la gráfica con dibujos para responder las preguntas.

5. ¿Cuántos niños beben ?

_____ niños

6. ¿Cuántos niños beben 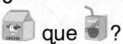 y en total?

_____ niños

7. ¿Qué bebe la mayor cantidad de niños en el almuerzo? Enciérralo en un círculo.

8. ¿Cuántos niños más beben que ?

_____ niños más

9. ¿Cuántos niños menos beben que ?

_____ niños menos

10. ¿Cuántos niños beben , y  en total??

_____ niños

11. 🌞 **H.O.T.** Se unen a la clase 4 niños nuevos.

Beben en el almuerzo. ¿Cuántos niños

más beben  que ahora?

_____ niños más

RESOLUCIÓN DE PROBLEMAS EN EL MUNDO

Escribe

Nuestro animal favorito del zoológico									
🦓 cebras	�	�	�	�	�			
🦁 leones	�	�	�	�	�	�	�	�
🦭 focas	�							

Cada � representa 1 niño.

Escribe un enunciado numérico para resolver el problema.

12. ¿Cuántos niños eligieron 🦓 y 🦭 en total?

___ ◯ ___ ◯ ___

____ niños

13. ¿Cuántos niños más eligieron 🦁 que 🦭?

___ ◯ ___ ◯ ___

____ niños más

14. H.O.T. ¿Cuántos niños más eligieron 🦁 que 🦓 y 🦭 juntos?

___ ◯ ___ ◯ ___

____ niños más

15. ⭐ **Preparación para la prueba** Usa la gráfica de arriba. ¿Cuántos niños eligieron 🦁?

9 niños   8 niños   5 niños   1 niño

◯   ◯   ◯   ◯

ACTIVIDAD PARA LA CASA · Lleve el registro del clima por una semana haciendo un dibujo que muestre si cada día está soleado, nublado o lluvioso. Al final de la semana, pregunte a su niño cuál fue el clima de la mayor parte de la semana.

PRÁCTICA ADICIONAL:
Cuaderno de práctica de los estándares, págs. P195 y P196

Nombre _____

Hacer gráficas con dibujos

Pregunta esencial ¿Cómo haces una gráfica con dibujos para responder una pregunta?

ESTÁNDARES COMUNES **CC.1.MD.4**
Represent and interpret data.

Escucha y dibuja EN EL MUNDO

Usa ⬤ para resolver el problema.
Haz un dibujo para mostrar tu trabajo.

¿Cuál tiene más?

PARA EL MAESTRO • Lea el siguiente problema. Asaf tiene 6 pelotas de béisbol. Tiene 4 bates. ¿Tiene más pelotas de béisbol o más bates? Pida a los niños que dibujen círculos para mostrar las pelotas de béisbol y los bates. Luego pídales que encierren en un círculo el objeto del que haya más.

Charla matemática
Describe qué muestra la gráfica con dibujos.
MÉTODOS MATEMÁTICOS

¿Hay más ovejas negras o blancas en la ilustración? Haz una gráfica con dibujos para descubrirlo.

Ovejas en la pradera

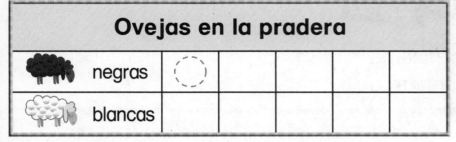 negras	◯					
blancas						

Cada ◯ representa 1 oveja.

Hay más ovejas _____.

Comparte y muestra

¿A los niños les gustan más los gatos o los perros?
Pregunta a 10 amigos qué mascota les gusta más.
Dibuja un círculo para cada respuesta de los niños.

Nuestra mascota favorita

gatos										
perros										

Cada ◯ representa 1 niño.

Usa la gráfica con dibujos para responder cada pregunta.

1. ¿Cuántos niños eligieron ?

   _____ niños

2. ¿Cuántos niños eligieron 🐕?

   _____ niños

3. ¿Qué mascota eligieron más los niños? Enciérrala en un círculo.

Por tu cuenta

¿Qué actividad les gusta más a los niños? Pregunta a
10 amigos. Dibuja 1 círculo para cada respuesta de los niños.

Nuestra actividad favorita										
📖 leer										
🖥 computadora										
⚽ deportes										

Cada ◯ representa 1 niño.

Usa la gráfica con dibujos para responder las preguntas.

4. ¿Cuántos niños eligieron 📖?

_____ niños

5. ¿Cuántos niños eligieron 🖥 y ⚽?

_____ niños

6. ¿Qué actividad eligió la mayor cantidad de niños? Enciérrala en un círculo.

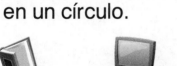

7. ¿Todos tus compañeros hicieron gráficas con dibujos parecidas? Escribe **sí** o **no**.

_____

_____

8. **H.O.T.** Escribe tu propia pregunta sobre la gráfica.

_____

_____

_____

_____

RESOLUCIÓN DE PROBLEMAS EN EL MUNDO

Escribe ▶

Matt hizo esta gráfica con dibujos para mostrar los colores de pintura que a sus amigos les gusta más.

Color de pintura favorito						
🔵 azul	◯	◯	◯	◯	◯	
🔴 roja	◯	◯	◯			
🟢 verde	◯	◯				

Cada ◯ representa 1 niño.

9. ¿Cuántos niños eligieron un color de pintura?

_____ niños

10. ¿Cuántos niños menos eligieron 🟢 que 🔴?

_____ niños menos

11. **H.O.T.** Matt agrega su propia elección a la gráfica. Ahora dos colores tienen el mismo número de círculos. Encierra en un círculo el color que Matt eligió.

🔵   🔴   🟢

azul   roja   verde

12. ⭐ **Preparación para la prueba** Usa la gráfica de arriba.
¿Cuántos niños eligieron 🔴 y 🟢?

2	3	5	8
◯	◯	◯	◯

ACTIVIDAD PARA LA CASA • Pida a su niño que haga una gráfica con dibujos que muestre cuántos vasos de agua bebe cada miembro de la familia por día. Comente cómo saber quién bebe la mayor cantidad de agua.

PRÁCTICA ADICIONAL:
Cuaderno de práctica de los estándares, págs. P197 y P198

Leer gráficas de barras

Pregunta esencial ¿Cómo puedes leer una gráfica de barras para hallar el número que muestra una barra?

ESTÁNDARES COMUNES CC.1.MD.4
Represent and interpret data.

Escucha EN EL MUNDO

Escribe una pregunta sobre la gráfica.
Usa ⬤ como ayuda para resolver el problema.

Tipo de zapatos deportivos que usamos										
👟 cordones	◯	◯	◯	◯	◯	◯	◯	◯	◯	◯
👟 sin cordones	◯	◯	◯	◯	◯	◯				

Cada ◯ representa 1 niño.

_____

_____

_____

_____

_____

_____

_____

PARA EL MAESTRO • Lea el siguiente problema. La clase de Emma hizo esta gráfica con dibujos. ¿Qué pregunta podría responder la clase de Emma usando la gráfica? Escribe la pregunta y la respuesta.

Charla matemática
Describe cómo hizo la clase esta gráfica con dibujos.
MÉTODOS MATEMÁTICOS

En una **gráfica de barras**, cada barra muestra información. Puedes comparar el largo de las barras. ¿Qué título describe esta gráfica?

Señala el extremo de una barra. Observa el número de niños abajo.

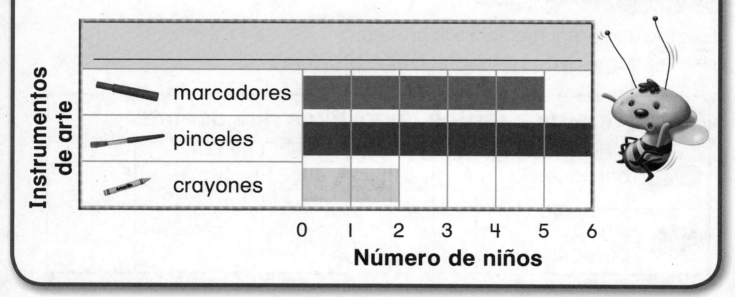

Instrumentos de arte

marcadores

pinceles

crayones

0   1   2   3   4   5   6

Número de niños

Comparte y muestra

Math Board

Usa la gráfica de barras para responder las preguntas.

1. ¿Cuántos niños eligieron
?

_____ niños

2. ¿Cuántos niños eligieron
 ?

_____ niños

3. ¿Cuántos niños más eligieron
 que ?

_____ niños más

✓ 4. ¿Qué instrumento de arte eligió la menor cantidad de niños? Enciérralo en un círculo.

✓ 5. ¿Qué instrumento de arte eligió la mayor cantidad de niños? Enciérralo en un círculo.

Por tu cuenta

Usa la gráfica de barras para responder
las preguntas.

6. ¿Cuántos niños eligieron ?

_____ niños

7. ¿Cuántos niños eligieron
 ?

_____ niños

8. ¿Cuántos niños en total eligieron
 ?

_____ niños

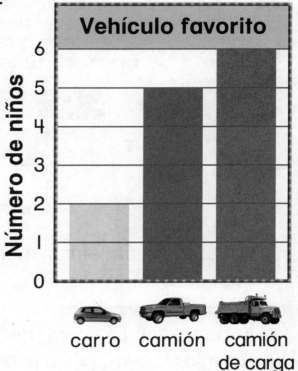

Vehículo favorito

carro   camión   camión
de carga

Tipos de vehículos

9. ¿Cuántos niños más eligieron
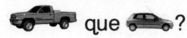 que ?

_____ niños más

10. ¿Qué vehículo eligió la mayor
cantidad de niños? Enciérralo
en un círculo.

11. H.O.T. Ordena los vehículos del menos al más votado.
Escribe 1 para el menos votado y 3 para el más votado.

_____   _____   _____

RESOLUCIÓN DE PROBLEMAS EN EL MUNDO

Escribe

Usa la gráfica de barras para responder las preguntas.

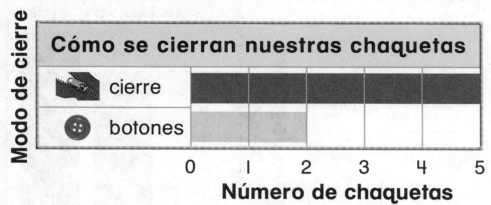

Modo de cierre

Cómo se cierran nuestras chaquetas					
cierre					
botones					

0   1   2   3   4   5

Número de chaquetas

12. ¿Cuántas chaquetas tienen más que ●?

_____ chaquetas más

13. Kim se pone una chaqueta con ●.
Agrega su chaqueta a la gráfica.
¿Cuántas chaquetas tienen ● ahora?

_____ chaquetas

14. **H.O.T.** Ed suma una hilera a la gráfica que muestra
chaquetas con broches. Muestra 2 chaquetas
con broches menos que chaquetas con cierre.
¿Cuántas chaquetas tienen broches?

_____ chaquetas

15. ⭐ **Preparación para la prueba** Usa la gráfica de arriba.
¿Cuántas chaquetas tienen ?

2 chaquetas   5 chaquetas   7 chaquetas   10 chaquetas
○   ○   ○   ○

ACTIVIDAD PARA LA CASA • Pida a su niño que busque
en periódicos y revistas ejemplos de gráficas de barras.
Comente sobre la información que se muestra en la gráfica
de barras que encuentre.

PRÁCTICA ADICIONAL:
Cuaderno de práctica de los estándares, págs. P199 y P200

Hacer gráficas de barras

Pregunta esencial ¿Cómo te ayuda una gráfica de barras a comparar información?

ESTÁNDARES COMUNES **CC.1.MD.4**
Represent and interpret data.

Escucha y dibuja EN EL MUNDO

Usa 📷 para hacer el modelo del problema.
Colorea 1 casilla por cada comida para
completar la gráfica.

Comida vendida en el partido de fútbol								
🍕 pizza								
🌭 *hot dogs*								
🌮 tacos								
0	1	2	3	4	5	6	7

Tipos de comida

Número de cada comida vendida

PARA EL MAESTRO • Lea el siguiente problema. Dany lleva un registro de la comida que vende en el partido de fútbol. Vende toda la comida de la mesa. Haz una gráfica que muestre la comida que vende Dany.

Charla matemática
¿Cómo sabes que contaste cada comida en la gráfica? **Explica.**

MÉTODOS MATEMÁTICOS

¿Hay más  que 🌻 en el jardín?
Haz una gráfica de barras para saberlo.
Colorea 1 casilla por cada flor de la ilustración.

Flores en el jardín								

Tipos de flores

	0	1	2	3	4	5	6	7
🌼 margaritas	▨							
🌻 girasoles								

Número de flores

Hay más _____ en el jardín.

Comparte y muestra

Math Board

¿Más niños escriben con la mano izquierda o con la
mano derecha? Pregunta a 10 amigos qué mano usan.
Haz una gráfica de barras.

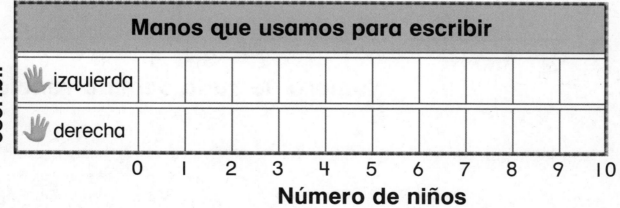

Mano para escribir

Manos que usamos para escribir										
✋ izquierda										
✋ derecha										

| 0 | 1 | 2 | 3 | 4 | 5 | 6 | 7 | 8 | 9 | 10 |

Número de niños

1. ¿Qué mano usan más los niños para escribir? _____

Nombre _____

Por tu cuenta

¿A los niños les gusta más , o ?
Pregunta a 10 amigos qué juguete les gusta más.

2. Haz una gráfica de barras. Escribe el título y
los rótulos de tu gráfica.

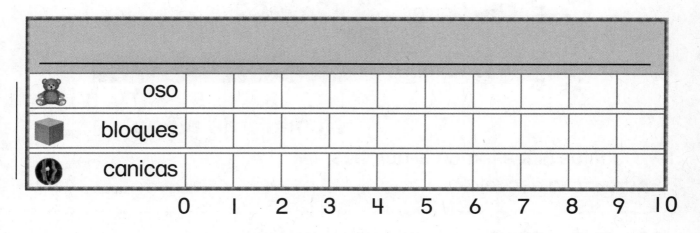

		0	1	2	3	4	5	6	7	8	9	10
	oso											
	bloques											
	canicas											

3. ¿Qué juguete eligieron más los
niños? Enciérralo en un círculo.

4. ¿Cuántos niños eligieron ?

_____ niños

5. **Explica** ¿En qué se parecen las gráficas
con dibujos y las gráficas de barras?

_____
_____
_____
_____
_____

ACTIVIDAD PARA LA CASA · Su niño aprendió a hacer
gráficas con dibujos y gráficas de barras. Pida a su niño
que explique en qué se diferencian las gráficas de barras
y las gráficas con dibujos.

PRÁCTICA ADICIONAL:
Cuaderno de práctica de los estándares,
págs. P201 y P202

✓ Revisión de la mitad del capítulo

Conceptos y destrezas

Usa la gráfica de barras para responder las preguntas. (CC.1.MD.4)

Modos de ir a la escuela

En qué vamos a la escuela	
🚗 Carro	
🚲 Bicicleta	
🚌 Autobús	

0 1 2 3 4 5 6 7 8

Número de niños

1. ¿Cuántos niños toman el autobús
para ir a la escuela?   _____ niños

Usa la gráfica con dibujos para responder las
preguntas. (CC.1.MD.4)

¿Usas gafas?								
sí	○	○	○					
no	○	○	○	○	○	○	○	○

Cada ○ representa 1 niño.

2. ¿Cuántos niños no usan gafas?

_____ niños

3. ¿Cuántos niños usan gafas?

_____ niños

4. ⭐ **Preparación para la prueba** ¿Cuántos niños menos contestaron
sobre usar gafas *sí* en lugar de *no*? (CC.1.MD.4)

3 niños menos   4 niños menos   5 niños menos   8 niños menos

○   ○   ○   ○

Nombre _____

Leer tablas de conteo

Pregunta esencial ¿Cómo llevas conteos en una tabla de conteo?

ESTÁNDARES COMUNES **CC.1.MD.4**
Represent and interpret data.

Escucha y dibuja EN EL MUNDO

Usa ⬤ para resolver el problema.
Haz un dibujo que muestre tu trabajo.
Escribe cuántos hay.

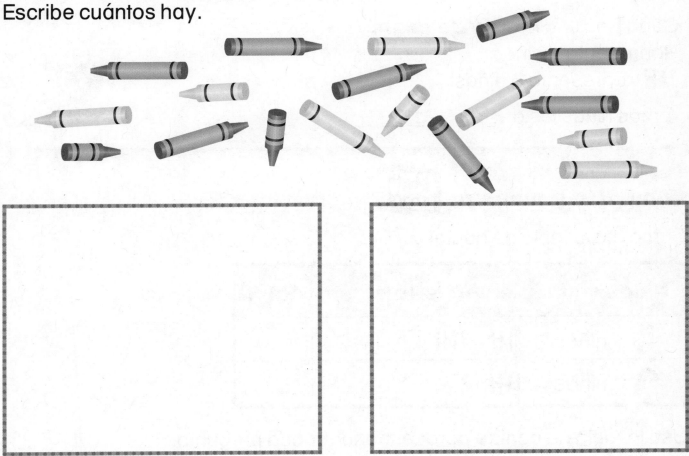

_____   _____

 PARA EL MAESTRO • Lea el siguiente problema. Jane clasifica sus crayones. Haz un dibujo que muestre cómo puede clasificar los crayones en dos grupos.

Charla matemática

Describe cómo clasificaste las fichas.

MÉTODOS MATEMÁTICOS

Representa y dibuja

¿A los niños les gusta más el pollo o la pizza?

Comida que nos gusta		Total
pollo	|||	3
pizza |卌 |||	

Puedes usar una **tabla de conteo** para reunir información.

Cada **|** es una **marca de conteo**.
Representa 1 niño.
卌 representa 5 niños.
A más niños les gusta __la pizza__.

Comparte y muestra

Completa la tabla de conteo.

Niños y niñas en nuestra clase		Total
niños	卌 ||||	
niñas	卌		

Usa la tabla de conteo para responder cada pregunta.

1. ¿Cuántas niñas hay en la clase? _____ niñas

2. ¿Cuántos niños hay en la clase? _____ niños

3. ¿Cuántos niños hay en total en la clase? _____ niños

4. ¿Hay más niños o niñas en la clase? _____

Nombre _____

Por tu cuenta

Completa la tabla de conteo.

Nuestro deporte favorito			Total
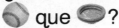 béisbol	|||||	
fútbol	||||| ||	
natación	|||	

Usa la tabla de conteo para responder la pregunta.

5. ¿Cuántos niños eligieron ?   _____ niños

6. ¿Cuántos niños eligieron ?   _____ niños

7. ¿Cuántos niños más eligieron
   🏐 que 🟤?   _____ niños más

8. ¿Qué deporte eligió la mayor
   cantidad de niños? Enciérralo
   en un círculo.

9. **H.O.T.** Escribe tu propia pregunta sobre la tabla de conteo.

_____

_____

_____

10. **H.O.T.** Sam preguntó a otros niños qué
    deporte les gustaba más. Eligieron .
    Ahora la mayor parte de los niños eligieron 🟤.
    ¿A cuantos niños preguntó Sam?   _____ niños

RESOLUCIÓN DE PROBLEMAS EN EL MUNDO

Escribe

Color que nos gusta más		Total
rojo	IIII	
azul	IIII IIII	
verde	IIII	

Recuerda escribir el total.

Completa cada enunciado sobre la tabla de conteo.
Escribe **mayor que**, **menor que** o **igual a**.

11. El número de conteo para 🔵 es _____ el número de conteo para 🔴.

_____

12. El número de conteo para 🔴 es _____ número de conteo para 🟢.

_____

13. El número de conteo para 🟢 es _____ el número de conteo para 🔵.

_____

14. **H.O.T.** El número de conteo para 🔵 es _____ el número de conteo para 🔴 y 🟢 juntos.

15. ⭐ **Preparación para la prueba** ¿Qué marcas de conteo muestran el número 10?

IIII   IIII   IIII IIII   IIII IIII IIII

○   ○   ○   ○

ACTIVIDAD PARA LA CASA • Junto a su niño, haga una tabla de conteo que muestre cuántas veces dice la palabra "comer" durante una comida. Luego pida a su niño que escriba el número.

PRÁCTICA ADICIONAL:
Cuaderno de práctica de los estándares, págs. P203 y P204

Hacer tablas de conteo

Pregunta esencial ¿Por qué una tabla de conteo es una buena manera de mostrar la información que has reunido?

ESTÁNDARES COMUNES **CC.1.MD.4**
Represent and interpret data.

Escucha EN EL MUNDO

Completa la tabla de conteo.

Nuestro juego favorito		Total
juego de cartas	⅏	
rompecabezas	|||	
juego de mesa	⅏ ⅏	

Usa la tabla de conteo para responder las preguntas.
¿Qué juego eligió la mayor cantidad de niños?
Enciérralo en un círculo.

¿Qué juego eligió la menor cantidad de niños?
Enciérralo en un círculo.

PARA EL MAESTRO • Lea el siguiente problema. Ava les pregunta a los niños de su clase cuál de los tres juegos les gusta más. Hace una marca de conteo para mostrar la respuesta de cada niño. ¿Qué juego eligió la mayor cantidad de niños? ¿Qué juego eligió la menor cantidad de niños?

Charla matemática
¿Cómo sabes qué juego es el favorito? Explica.
MÉTODOS MATEMÁTICOS

¿Cómo puedes hacer una tabla de conteo para mostrar los botes que hay en el lago?

Decide si cada bote tiene vela.

Botes en el lago		Total
botes con vela	‖	
botes sin vela		

Comparte y muestra

Math Board

Usa la ilustración para completar la tabla de conteo. Luego responde cada pregunta.

Peces en la pecera		Total
peces cebra		
peces ángel		

1. ¿Cuántos  hay en la pecera?

_____ 🐟

2. ¿Cuántos 🐟 más que 🐠 hay?

_____ 🐟 más

3. ¿Cuántos 🐟 y 🐠 hay en la pecera?

_____ peces

Nombre _____

Por tu cuenta

¿Qué bocadillo de estos les gusta más a los niños?
Pregunta a 10 amigos. Haz una marca de conteo
para cada respuesta de los niños.

Nuestro bocadillo favorito		Total
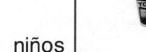 pretzel		
manzana		
yogur		

Usa la tabla de conteo para responder cada pregunta.

4. ¿Cuántos niños eligieron ?

   _____ niños

5. ¿Cuántos niños eligieron
   ?

   _____ niños

6. ¿Qué bocadillo le gusta más a
   la mayor cantidad de niños?
   Enciérralo en un círculo.

7. **H.O.T.** ¿Qué bocadillo sería
   el favorito si 6 niños además
   de los 10 eligieran ?
   Enciérralo en un círculo.

8. **Explica** Escribe tu propia pregunta sobre la
   tabla de conteo.

   _____

   _____

RESOLUCIÓN DE PROBLEMAS EN EL MUNDO

Escribe

Jenna pidió a 10 amigos que eligieran su materia favorita. Luego se lo pidió a 10 niños más.

Nuestra materia de la escuela favorita		Total
Matemáticas	ЖЖ I	
Lectura	II	
Ciencias	II	

9. Predice. ¿Qué materia elegirá probablemente la mayor cantidad de niños? _____

10. Predice. ¿Qué materia elegirán probablemente la menor cantidad de niños? _____

11. **H.O.T.** ¿Cómo puedes comprobar que tu predicción está bien? Inténtalo.

_____

_____

12. ⭐ **Preparación para la prueba** ¿Qué fruta eligió la mayor cantidad de niños?

Fruta que nos gusta		Total
🍎 manzana	IIII	4
🍌 banana	ЖЖ	5
🍇 uvas	II	2

ACTIVIDAD PARA LA CASA · Con su niño, encueste a amigos y familia para averiguar su comida favorita. Dibuje marcas de conteo para registrar los resultados y luego preparar la comida.

PRÁCTICA ADICIONAL:
Cuaderno de práctica de los estándares, págs. P205 y P206

Nombre _____

Resolución de problemas • Representar datos

Pregunta esencial ¿Cómo puedes mostrar información en una gráfica como ayuda para resolver problemas?

ESTÁNDARES COMUNES **CC.1.MD.4**
Represent and interpret data.

Brad ve varios animales en el parque.
¿Cómo puedes saber cuántos animales
ve Brad?

🔑 Soluciona el problema EN EL MUNDO

¿Qué debo hallar?

cuántos _animales_
ve Brad

¿Qué información debo usar?

el número de _conejos_,
aves y _ciervos_
de la ilustración

Muestra cómo resolver el problema.

Animales	Animales que ve Brad							
🐰 conejo								
🐦 ave								
🦌 ciervo								

0 1 2 3 4 5 6 7
Número de animales

____ + ____ + ____ = ____ animales

CONEXIÓN CON EL HOGAR • Su niño aprendió a representar datos de la ilustración en una gráfica de barras. Pida a su niño que explique por qué es más fácil usar los datos de una gráfica de barras que de una ilustración.

Haz otro problema

Haz una gráfica para resolver.

- ¿Qué debo hallar?
- ¿Qué información debo usar?

1. Jake tiene 4 vagones más que Ed. Ed tiene 3 vagones. Ben tiene 2 vagones menos que Ed. ¿Cuántos vagones tiene Jake?

_____ vagones

Nuestros vagones

Niños									
Jake									
Ed									
Ben									

0 1 2 3 4 5 6 7 8

Número de vagones

2. Marla tiene 8 muñecas. Tres muñecas tienen ojos azules. El resto los tienen marrones. ¿Cuántas muñecas tienen ojos marrones?

_____ muñecas

Muñecas que tiene Marla

Color de ojos								
ojos azules								
ojos marrones								

0 1 2 3 4 5 6 7 8

Número de muñecas

Charla matemática
Describe cómo puede la gráfica de barras ayudarte a resolver el Ejercicio 2.

MÉTODOS MATEMÁTICOS

© Houghton Mifflin Harcourt Publishing Company

Comparte y muestra

Descubre el color de ojos de tus compañeros.

Escribe

3. Escribe una pregunta que puedes hacerles a tus amigos.

_____

4. Haz tu pregunta a 10 amigos.
   Haz una tabla de conteo.

		Total

5. Usa la tabla de conteo para hacer una gráfica de barras.

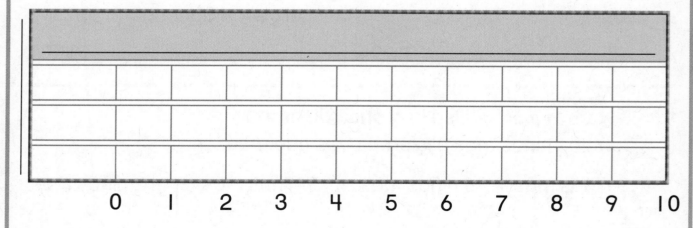

0   1   2   3   4   5   6   7   8   9   10

6. **Explica** ¿Qué aprendiste de la gráfica?

_____

Escribe

¿Cuál es tu fruta favorita? Nina hizo esta pregunta a 20 niños. Luego hizo una gráfica de barras, pero Nina derramó pintura en la gráfica.

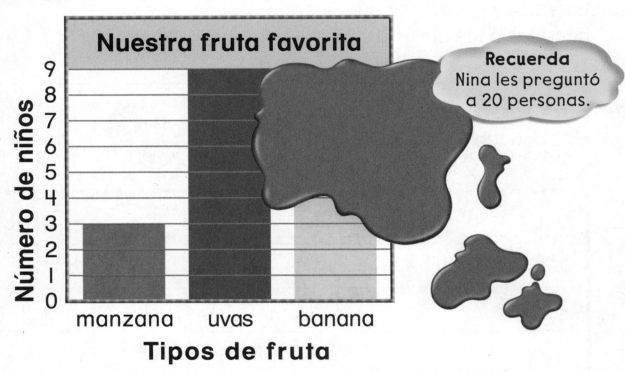

Nuestra fruta favorita

Recuerda
Nina les preguntó a 20 personas.

Número de niños

Tipos de fruta

manzana   uvas   banana

---

7. ¿Cuántos niños eligieron uvas?

_____ niños

8. H.O.T. ¿Cuántos niños eligieron banana?

_____ niños

---

9. ⭐ **Preparación para la prueba** Usa la gráfica de arriba.

¿Cuántos niños más eligieron uvas que manzana?

3 niños más	6 niños más	9 niños más	12 niños más
○	○	○	○

ACTIVIDAD PARA LA CASA · Trabaje con su niño para hacer una tabla de conteo y una gráfica de barras que muestren el color favorito de 10 miembros de la familia o amigos. Comente los resultados.

PRÁCTICA ADICIONAL:
Cuaderno de práctica de los estándares, págs. P207 y P208

Repaso y prueba del Capítulo 10

Vocabulario

1. Encierra en un círculo la **gráfica con dibujos**. (pág. 414)

2. Usa la gráfica con dibujos para completar
la **gráfica de barras**. (pág. 422)

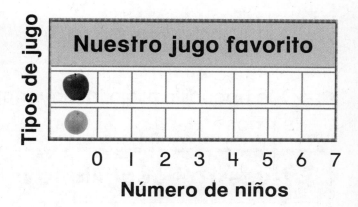

Nuestro jugo favorito

Cada 🯅 representa 1 niño.

Tipos de jugo

Nuestro jugo favorito

0 1 2 3 4 5 6 7
Número de niños

Conceptos y destrezas

Usa las gráficas de arriba para responder
la pregunta. (CC.1.MD.4)

3. ¿Cuántos niños eligieron ? ____ niños

4. ¿Cuántos niños eligieron ? ____ niños

5. ¿Cuántos niños más eligieron que 🍊?

____ niños más

6. ¿Qué jugo eligió la mayor cantidad de niños?
Enciérralo en un círculo.

PREPARACIÓN PARA LA PRUEBA

7. ¿Cuántos niños eligieron fútbol? (CC.1.MD.4)

Nuestro deporte favorito		Total
béisbol	|||	3
fútbol	𝍸 |	

3 ○ 4 ○ 6 ○ 9 ○

8. ¿Qué bocadillo eligió la mayor cantidad de niños? (CC.1.MD.4)

Nuestro bocadillo favorito	
banana	𝍸
pretzel	|||
pasas	||

○

○

○

○

9. ¿Cuántos niños eligieron ROJO? (CC.1.MD.4)

Color que nos gusta							
ROJO rojo	🧍	🧍	🧍	🧍	🧍		
AZUL azul	🧍	🧍	🧍	🧍	🧍	🧍	

Cada 🧍 representa 1 niño.

○ 3 niños
○ 5 niños
○ 6 niños
○ 9 niños

Nombre ________________________________

10. ¿Cuántos días más hubo que este mes? (CC.1.MD.4)

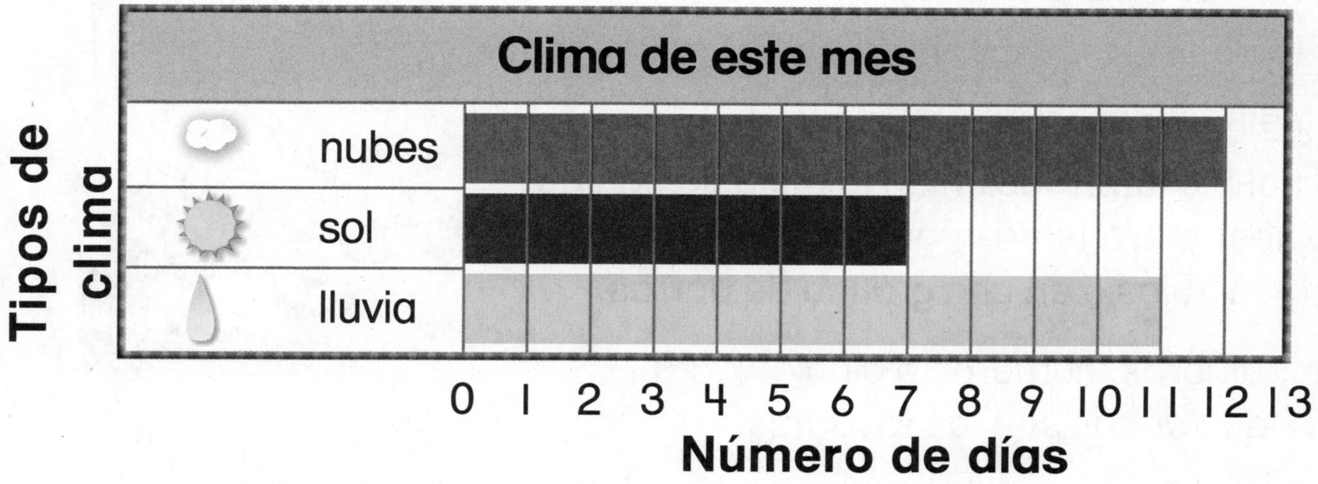

○ 1 día más ○ 5 días más
○ 4 días más ○ 11 días más

11. Sam hace una tabla de conteo para mostrar cuántos carritos y camioncitos tiene. ¿Qué conjunto de marcas de conteo muestra cuántos carritos tiene Sam? (CC.1.MD.4)

Carritos y camioncitos de Sam		Total
carritos		8
camioncitos	𝍸 I	6

𝍸 I ○ 𝍸 III ○ 𝍸 IIII ○ 𝍸 𝍸 ○

Tarea de rendimiento (CC.1.MD.4)

Escribe una pregunta para hacer en tu clase.

_____

— —

_____

- Hazles a 10 niños esta pregunta.
- Anota la información en la tabla de conteo.
- Muestra la misma información en una gráfica con dibujos o en una gráfica de barras.

Usa palabras, números o dibujos para decir qué cosas son las favoritas.

En movimiento

escrito por Jennifer Earnshaw

COMMON CORE

CRITICAL AREA Reasoning about attributes of, and composing and decomposing geometric shapes

Los vagones esperan a la locomotora.

Nombra las figuras que ves.

Estudios Sociales

¿Qué traerá este tren?

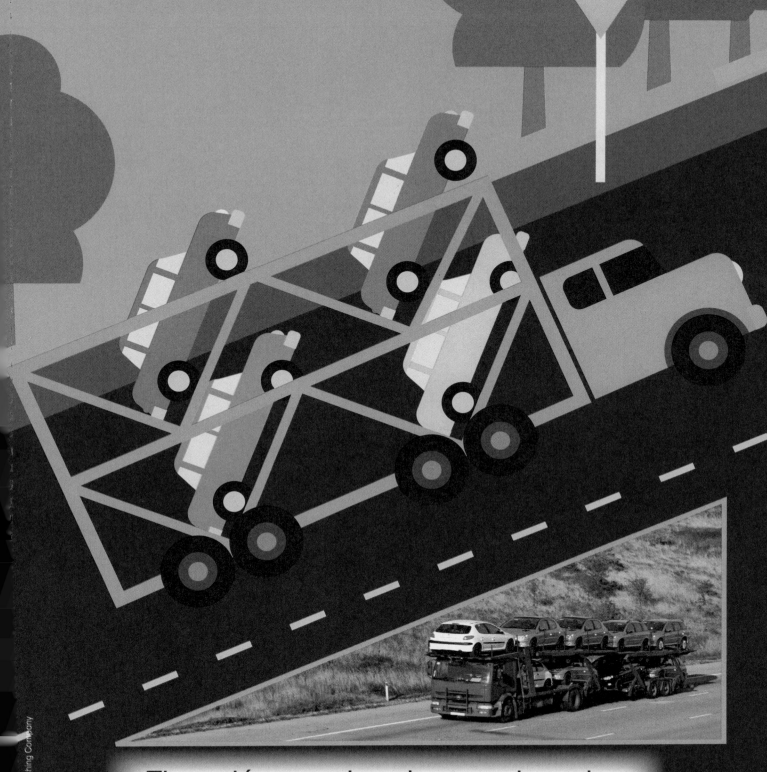

El camión grande sube por el camino.

Nombra las figuras que ves.

Estudios Sociales

¿Qué traerá este camión?

El barco carga en el muelle.

Nombra las figuras que ves.

Estudios Sociales

¿Qué traerá este barco?

Estos camiones cruzan la ciudad.

Nombra las figuras que ves.

© Houghton Mifflin Harcourt Publishing Company

Estudios Sociales

¿Qué traerán estos camiones?

449

El avión llega al aeropuerto.

Nombra las figuras que ves.

¿Qué traerá este avión?

Estudios Sociales

Escribe sobre el cuento

Piensa en otro tipo de camión que lleve mercancía de un lugar a otro.
Haz un dibujo. Haz círculos, cuadrados, triángulos o rectángulos al dibujar.

Repaso del vocabulario

círculo	triángulo
cuadrado	rectángulo

camión

Escribe Escribe sobre tu dibujo.

_____

_____

_____

_____

_____

_____

Descúbrelo

1. Dibuja un avión.
Haz triángulos y
círculos al dibujar.

2. Dibuja un tren.
Haz rectángulos y
círculos al dibujar.

 Elige dos figuras para dibujar un
barco. Dibuja el barco.

Capítulo 11

Geometría tridimensional

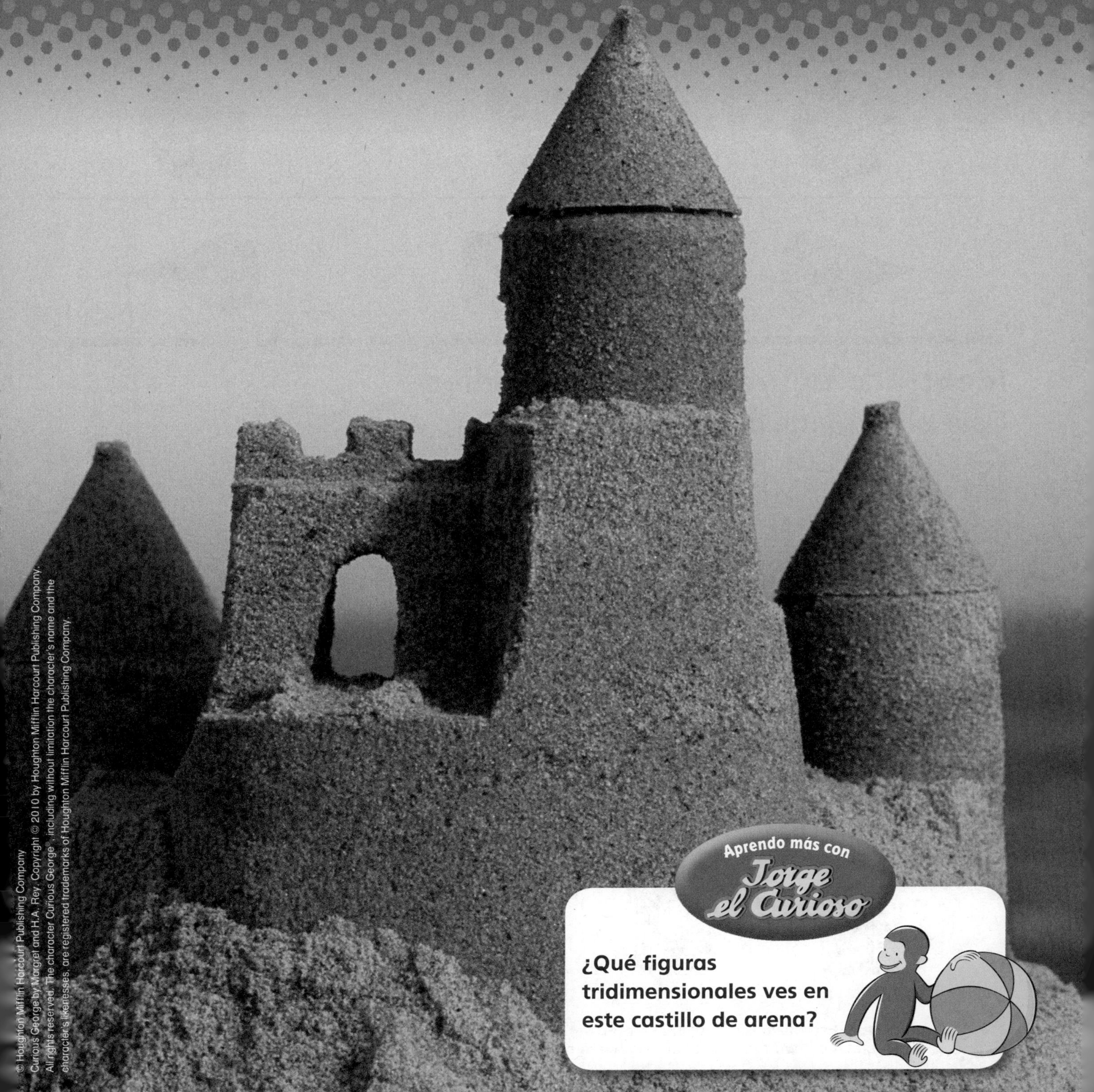

Aprendo más con Jorge el Curioso

¿Qué figuras tridimensionales ves en este castillo de arena?

Nombre _____

Parecidos y diferentes

Encierra en un círculo los objetos que se parecen.

1.

2.

Identifica figuras tridimensionales

Colorea el de azul. Colorea el de rojo.
Colorea el  de amarillo.

3.

4.

5.

Clasifica por el tamaño

Marca con una X el objeto que no pertenece al grupo.

6.

 Nota a la familia: Esta página es para verificar que su niño comprenda las destrezas importantes que se necesitan para tener éxito en el Capítulo 11.

APRENDE en línea Opciones de evaluación **Soar to Success Math**

Palabras de repaso
cono
cubo
cilindro
esfera

Desarrollo del vocabulario

Visualízalo

Escribe las palabras de repaso para nombrar las figuras.

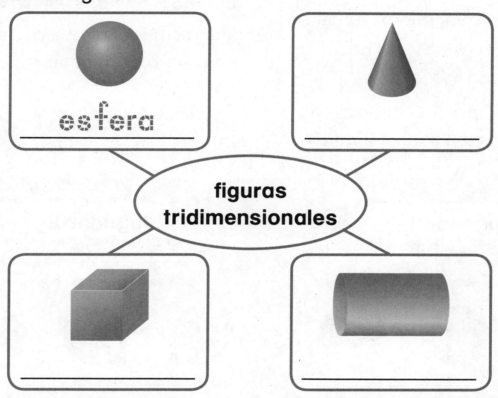

esfera
_____

_____

figuras tridimensionales

_____

_____

Comprende el vocabulario

Observa las figuras tridimensionales.

Colorea la esfera con 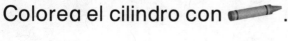. Colorea el cubo con . Colorea el cilindro con .

1.
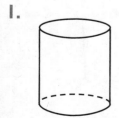

2.
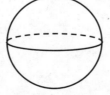

3.
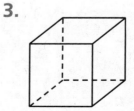

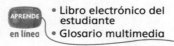
APRENDE en línea
• Libro electrónico del estudiante
• Glosario multimedia

Capítulo 11

Juego Bingo de figuras iguales

Materiales • 9 • 9 • (spinner)

Juega con un compañero. Túrnense.

1. Un jugador usa (○). El otro jugador usa (●).

2. Haz girar la (spinner). Cubre con una ficha una casilla que tenga esa figura.

3. Si no puedes cubrir una casilla, tu turno termina.

4. El primer jugador que cubra todas sus casillas gana.

Jugador 1

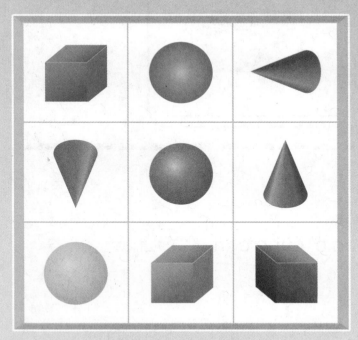

Jugador 2

Nombre _____

Figuras tridimensionales

Pregunta esencial ¿Cómo identificas y describes figuras tridimensionales?

ESTÁNDARES COMUNES **CC.1.G.1**
Reason with shapes and their attributes.

Escucha y dibuja

Clasifica las figuras tridimensionales encerrándolas en un círculo.

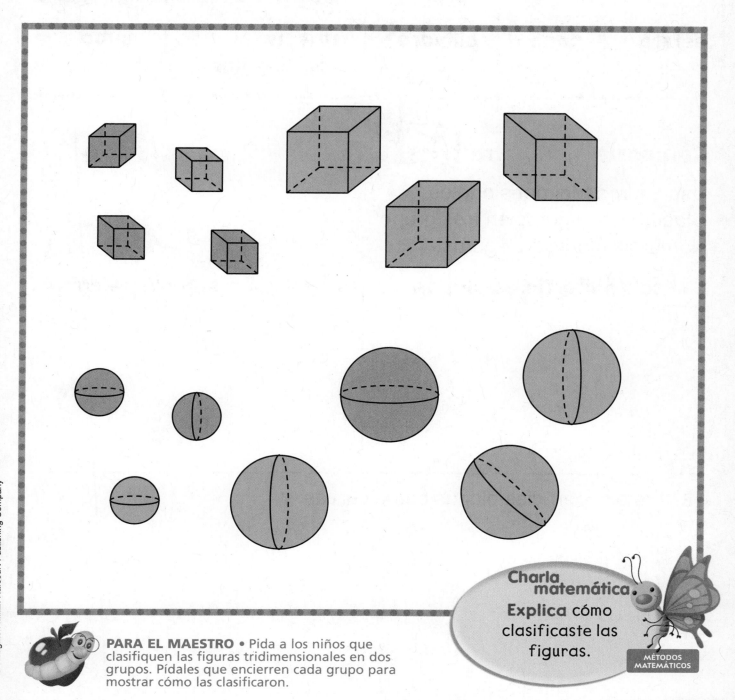

Charla matemática

Explica cómo clasificaste las figuras.

MÉTODOS MATEMÁTICOS

PARA EL MAESTRO • Pida a los niños que clasifiquen las figuras tridimensionales en dos grupos. Pídales que encierren cada grupo para mostrar cómo las clasificaron.

Estas son figuras tridimensionales.

¿Por qué un cubo es un tipo especial de prisma rectangular?

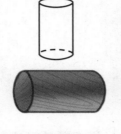

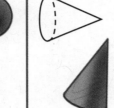
esfera

cono

cilindro

prisma rectangular

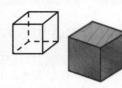
cubo

Comparte y muestra

Usa figuras tridimensionales.
Clasifica las figuras en tres grupos.
Nombra y dibuja las figuras.

1. solo **superficies planas**

2. solo **una superficie curva**

 3. tanto superficies planas como curvas

Por tu cuenta

Usa figuras tridimensionales. Escribe el número de superficies planas de cada figura.

4. El prisma rectangular tiene __6__ superficies planas.

_____

5. El cubo tiene _____ superficies planas.

_____

6. El cilindro tiene _____ superficies planas.

_____

7. El cono tiene _____ superficie plana.

H.O.T. Escribe el nombre de cada figura.

Los Ejercicios 4 a 7 pueden ayudarte a escribir los nombres de las figuras.

8.

esfera

9.

_____

_ _ _ _ _ _ _ _

10.

_____

_ _ _ _ _ _ _ _

11.

_____

_ _ _ _ _ _ _ _

12.

_____

_ _ _ _ _ _ _ _

RESOLUCIÓN DE PROBLEMAS EN EL MUNDO

Escribe

Encierra en un círculo los objetos que coincidan con las pistas.

13. Josh dibujó un objeto que solo tiene una superficie plana.

14. Kelly dibujó objetos que tienen tanto superficies planas como curvas.

15. H.O.T. Sandy dibujó algunos prismas rectangulares.

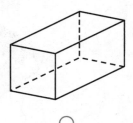  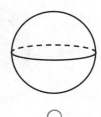

16. ⭐ **Preparación para la prueba** ¿Qué figura solo tiene una superficie plana?

○   ○   ○   ○

ACTIVIDAD PARA LA CASA · Pida a su niño que mencione objetos reales que tengan la forma de una esfera, un prisma rectangular y un cilindro.

PRÁCTICA ADICIONAL:
Cuaderno de práctica de los estándares, págs. P213 y P214

Nombre _____

Combinar figuras tridimensionales

Pregunta esencial ¿Cómo combinamos las figuras tridimensionales para formar figuras nuevas?

ESTÁNDARES COMUNES CC.1.G.2
Reason with shapes and their attributes.

Escucha y dibuja EN EL MUNDO

Traza el dibujo de una figura nueva.
Escribe el nombre de la figura nueva.

Mandy	Carl

_____
- - - - - - - - - -
_____

_____
- - - - - - - - - -
_____

PARA EL MAESTRO • Pida a los niños que tracen las figuras para resolver los problemas. Mandy apila un cilindro sobre otro cilindro. Carl apila un cubo sobre otro cubo. ¿Qué figuras nuevas formaron Mandy y Carl?

Charla matemática
Describe las figuras nuevas que formaron Mandy y Carl.
MÉTODOS MATEMÁTICOS

Representa y dibuja

Puedes unir figuras para formar una figura nueva.

¿Qué otras figuras nuevas podrías formar?

o

o

Comparte y muestra

Math Board

Usa figuras tridimensionales.

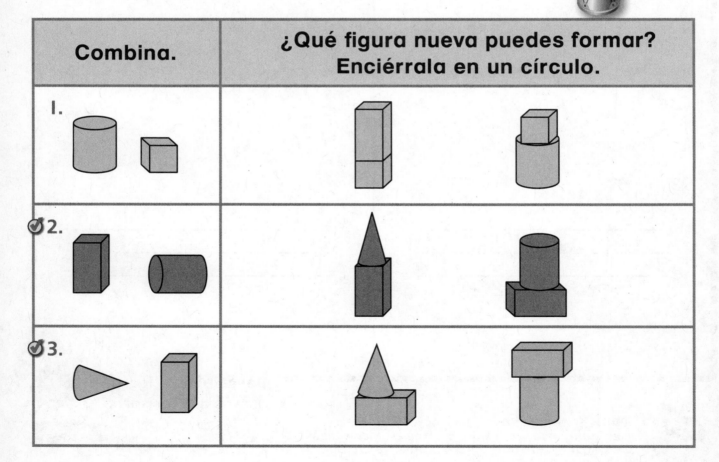

Combina.	¿Qué figura nueva puedes formar? Enciérrala en un círculo.
1.	
2.	
3.	

cuatrocientos sesenta y dos

© Houghton Mifflin Harcourt Publishing Company

Nombre _____

Por tu cuenta

Usa figuras tridimensionales.

Combina.	¿Qué figura nueva puedes formar? Enciérrala en un círculo.
4.	
5.	
6.	
7.	
8. H.O.T.	

© Houghton Mifflin Harcourt Publishing Company

RESOLUCIÓN DE PROBLEMAS EN EL MUNDO

 H.O.T. Encierra en un círculo las figuras que usarías para hacer el modelo de un cono de helado y de una pajarera.

9.

10.

11. **H.O.T.** Encierra en un círculo las combinaciones que forman la misma figura.

12. ⭐ **Preparación para la prueba** ¿Qué figura nueva puedes formar?

Combina 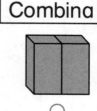 y ___.

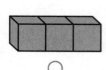
○

○

○

○

 ACTIVIDAD PARA LA CASA • Pida a su niño que le muestre dos figuras nuevas que pueda hacer combinando una lata de sopa y una caja de cereal.

© Houghton Mifflin Harcourt Publishing Company

 464 cuatrocientos sesenta y cuatro

PRÁCTICA ADICIONAL: Cuaderno de práctica de los estándares, págs. P215 y P216

Nombre _____

Formar figuras tridimensionales nuevas

Pregunta esencial ¿Cómo usamos una figura combinada para construir figuras nuevas?

ESTÁNDARES COMUNES **CC.1.G.2**
Reason with shapes and their attributes.

Escucha y dibuja EN EL MUNDO

Dibuja una copia de la figura.

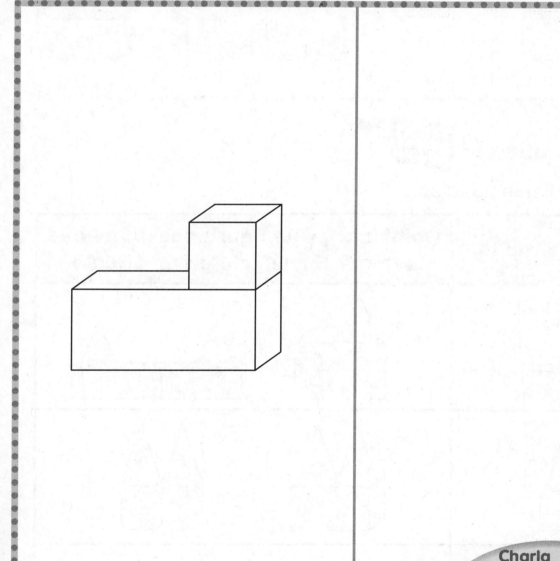

 PARA EL MAESTRO • Jeff puso una caja encima de otra caja. Dibuja una copia de la figura nueva que formó Jeff.

Charla matemática
Describe cómo dibujar una copia de la figura nueva.

 MÉTODOS MATEMÁTICOS

Representa y dibuja

Paso 1 Construye.

Paso 2 Repite.

Paso 3 Combina.

Encierra en un círculo la figura que puedes formar. **Explica** por qué no puedes formar otra figura.

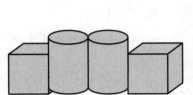
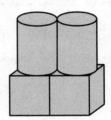

Comparte y muestra

Usa figuras tridimensionales.

Construye y repite.	Combina. ¿Qué figura nueva puedes formar? Enciérrala en un círculo.
1.	
✓2.	
✓3.	

Nombre _____

Por tu cuenta

Usa figuras tridimensionales.

Construye y repite.	Combina. ¿Qué figura nueva puedes formar? Enciérrala en un círculo.	
4.		
5.		
6.		

7. **H.O.T.** Observa la figura.

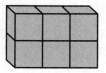

¿Cuántos 🔲 se usan para formar la figura?

_____ forman la figura.

¿Cuántos 🔲 se usan para formar la figura?

_____ forman la figura.

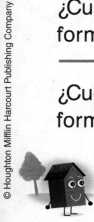

ACTIVIDAD PARA LA CASA • Pida a su niño que explique cómo resolvió el Ejercicio 4.

PRÁCTICA ADICIONAL:
Cuaderno de práctica de los estándares, págs. P217 y P218

Nombre _____

✓ Revisión de la mitad del capítulo

Conceptos y destrezas

1. Encierra en un círculo los prismas rectangulares. (CC.1.G.1)

2. Dibuja una línea debajo de las figuras que tengan tanto superficies planas como curvas. (CC.1.G.1)

Usa figuras tridimensionales. (CC.1.G.2)

Combina.	¿Qué figura nueva puedes formar? Enciérrala en un círculo.
3.	

4. ⭐ **Preparación para la prueba** ¿Qué figura nueva puedes formar? (CC.1.G.2)

Combina 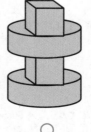 y 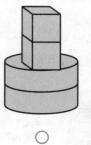 .

 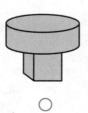

○   ○   ○   ○

Resolución de problemas • Separar figuras tridimensionales

Pregunta esencial ¿Por qué es más fácil separar figuras combinadas si hacemos una dramatización?

ESTÁNDARES COMUNES CC.1.G.2
Reason with shapes and their attributes.

Mike tiene ▲, ◼, ▮ y 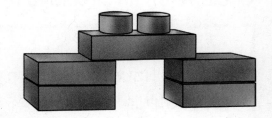. Elige algunas figuras para construir un puente. ¿Qué figuras usó Mike para construir el puente?

🔑 Soluciona el problema EN EL MUNDO

¿Qué debo hallar?	¿Qué información debo usar?
qué __figuras__ eligió Mike para construir el puente	Mike tiene estas figuras.

Muestra cómo resolver el problema.

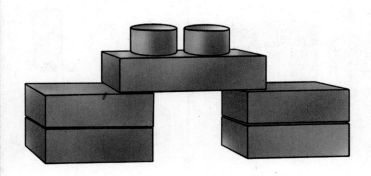

CONEXIÓN CON EL HOGAR • Su niño está investigando cómo se separan las figuras. Si logra descomponer figuras en partes más pequeñas, tendrá una base para trabajar con fracciones en el futuro.

© Houghton Mifflin Harcourt Publishing Company

Haz otro problema

Kim construyó este castillo de figuras.

Usa figuras tridimensionales.
Encierra en un círculo tu respuesta.

- ¿Qué debo hallar?
- ¿Qué información necesito usar?

1. ¿Qué figuras usó Kim para construir la torre?

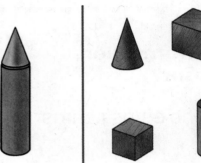

2. ¿Qué figuras usó Kim para construir esta pared?

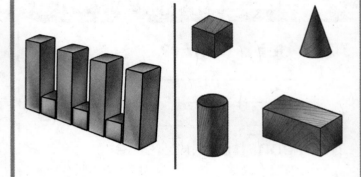

3. ¿Qué figuras usó Kim para construir esta pared?

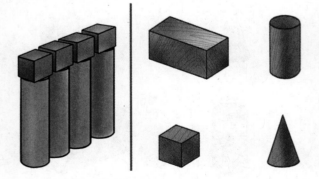

4. ¿Qué figuras usó Kim para construir la entrada?

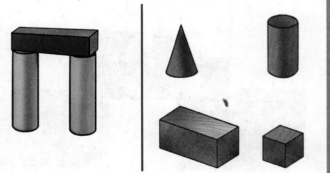

Charla matemática. Describe cómo sabes qué figuras usó Kim para construir la torre.

MÉTODOS MATEMÁTICOS

Comparte y muestra

Usa figuras tridimensionales.
Encierra en un círculo tu repuesta.

Escribe

☑ 5. Zack construyó esta entrada con figuras. ¿Qué figuras usó Zack?

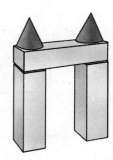

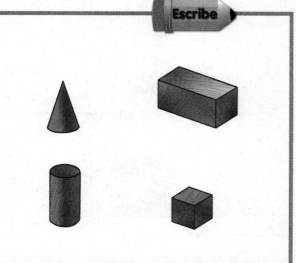

☑ 6. Chris construyó esta pared con figuras. ¿Qué figuras usó Chris?

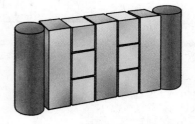

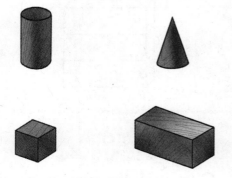

7. **H.O.T.** Rosa usó , , y para construir una torre. Haz un dibujo que muestre la torre que podría construir Rosa.

Por tu cuenta

Encierra en un círculo las combinaciones que muestren la misma figura.

Escribe

8.

 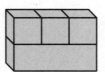

9.

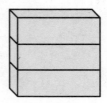 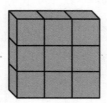 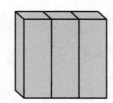

10. H.O.T.

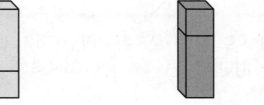

11. ⭐ **Preparación para la prueba**

¿Con qué figuras se hicieron las torres?

  ○

  ○

  ○

 ○

ACTIVIDAD PARA LA CASA • Use objetos reales como una lata de sopa (cilindro) y una caja de cereal (prisma rectangular) para construir una figura. Pida a su niño que nombre las figuras que usó.

PRÁCTICA ADICIONAL:
Cuaderno de práctica de los estándares, págs. P219 y P220

Figuras bidimensionales en figuras tridimensionales

Pregunta esencial ¿Qué figuras bidimensionales ves en las superficies planas de las figuras tridimensionales?

ESTÁNDARES COMUNES **CC.1.G.1**
Reason with shapes and their attributes.

Escucha y dibuja EN EL MUNDO

Usa un cono.

PARA EL MAESTRO • Lea el siguiente problema y pida a los niños que usen el espacio en blanco para hacer una representación. Luis coloca un cono sobre un pedazo de papel y dibuja el contorno de su superficie plana. ¿Qué dibujó Luis?

Charla matemática
¿Qué otra figura podrías usar para hacer el mismo tipo de dibujo? **Explica.**

MÉTODOS MATEMÁTICOS

Representa y dibuja

Traza el contorno de las superficies planas que ves en las figuras tridimensionales para hallar las figuras bidimensionales.

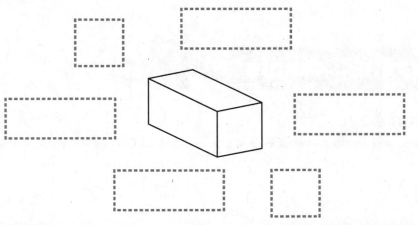

Comparte y muestra

Usa figuras tridimensionales. Traza el contorno de las superficies planas. Encierra en un círculo las figuras que dibujes.

1.

 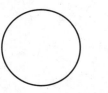 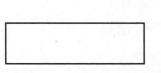

☑ 2.

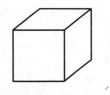  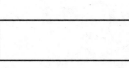

☑ 3.

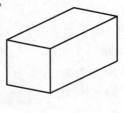   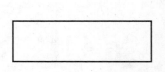

Por tu cuenta

Encierra en un círculo los objetos con los que podrías trazar el contorno de la figura.

4.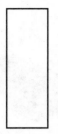

5.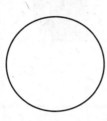

6.

7.

8. **H.O.T.** Dibuja una figura que podrías formar si trazas el contorno de este objeto.

RESOLUCIÓN DE PROBLEMAS EN EL MUNDO

Escribe

Encierra la figura que formará el molde si lo doblas y lo pegas.

9.

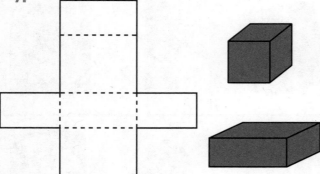

10.

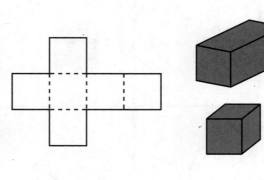

11. H.O.T.

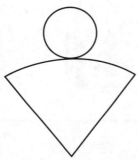

12. ⭐ **Preparación para la prueba** ¿Qué superficie plana tiene un cubo?

○   ○   ○   ○

© Houghton Mifflin Harcourt Publishing Company

ACTIVIDAD PARA LA CASA · Reúna unos objetos tridimensionales, como cajas, que tengan la figura de prismas rectangulares o cubos. Pregunte a su niño qué figuras bidimensionales hay en esos objetos.

PRÁCTICA ADICIONAL: Cuaderno de práctica de los estándares, págs. P221 y P222

Nombre _____

 Repaso y prueba del Capítulo 11

Vocabulario (pág. 458)

1. Colorea el **cubo** con ✏️ .
2. Colorea el **cono** con ✏️ .
3. Colorea el **cilindro**
   con ✏️ .

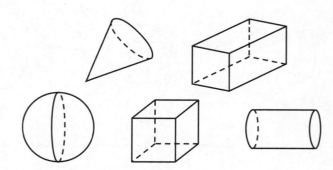

Conceptos y destrezas (CC.1.G.1)

4. Encierra en un círculo los objetos que solo tienen superficies planas.

5. Dibuja una línea debajo del objeto que tenga tanto superficies curvas como planas.

Usa figuras tridimensionales.
Escribe el número de superficies planas. (CC.1.G.1)

6. Un prisma rectangular tiene _____ superficies planas.

---

7. Encierra en un círculo los objetos con los que podrías trazar el contorno de la figura. (CC.1.G.1)

8. ¿Qué figura solo tiene superficies planas? (CC.1.G.1)

  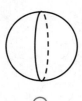 

○   ○   ○   ○

---

9. ¿Qué figura solo tiene 2 superficies planas? (CC.1.G.1)

prisma rectangular   esfera   cono   cilindro

○   ○   ○   ○

---

10. ¿Qué figura nueva puedes formar? (CC.1.G.2)

Combina  y 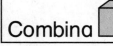 .

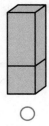 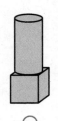  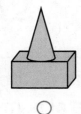

○   ○   ○   ○

---

11. ¿Qué figura nueva puedes formar? (CC.1.G.2)

Combina 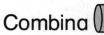 y 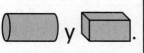 .

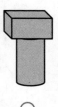 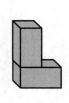 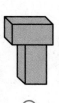 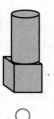

○   ○   ○   ○

12. ¿Qué figura nueva puedes formar? (CC.1.G.2)

Combina 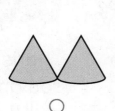 y 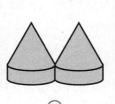 .

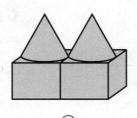 ○    ○   ○   ○

13. ¿Qué figura **no** se usó para construir este castillo de arena? (CC.1.G.2)

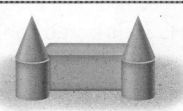

 ○   ○   ○   ○

14. ¿Qué figura puedes dibujar si trazas el contorno de la superficie plana de un ? (CC.1.G.1)

 ○   ○   ○   ○

15. ¿Qué figura puedes dibujar si trazas el contorno de la superficie plana de un cubo? (CC.1.G.1)

 ○   ○   ○   ○

Tarea de rendimiento (CC.1.G.1, CC.1.G.2)

Shane tiene estos bloques.

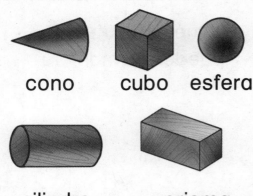

cono   cubo   esfera

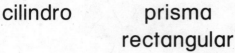

cilindro   prisma
rectangular

- Shane apila dos bloques para construir una torre. Un bloque tiene una superficie curva. El otro bloque tiene solo superficies planas.

- Luego construye dos torres más. Sus tres torres son iguales.

- Haz una pared con las tres torres.

Haz una pared de bloques que también Shane pudiera construir. Dibuja tu pared. Escribe los nombres de las dos figuras que usas.

Geometría bidimensional

Aprendo más con

Jorge el Curioso

Las figuras se encuentran
en muchos lugares.
¿Qué figuras vemos en
un patio de juegos?

Nombre _____

Clasifica por figura

Encierra en un círculo la figura que pertenece a
cada grupo.

1.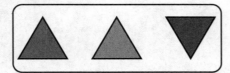

2.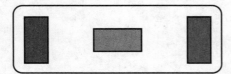

Clasifica figuras

Encierra en un círculo las figuras con 4 lados.

3.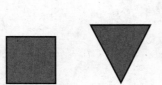

Identifica figuras bidimensionales

Colorea los cuadrados con azul. Colorea los rectángulos
con amarillo. Colorea los círculos con rojo.

4.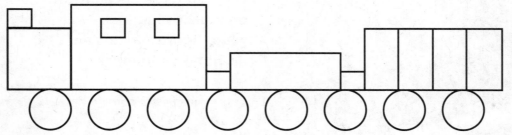

 Nota a la familia: Esta página es para verificar que su niño
comprenda las destrezas importantes que se necesitan para
tener éxito en el Capítulo 12.

 Opciones de evaluación
Soar to Success Math

Desarrollo del vocabulario

Palabras de repaso

círculo
hexágono
rectángulo
cuadrado
triángulo

Visualízalo

Completa la tabla.
Marca cada hilera con ✔.

Palabra	La conozco	Me suena familiar	No la conozco
círculo			
hexágono			
rectángulo			
cuadrado			
triángulo			

Comprende el vocabulario

Escribe la cantidad que hay de cada figura.

1. _____ círculos

2. _____ cuadrados

3. _____ triángulos

APRENDE
en línea
• Libro electrónico del estudiante
• Glosario multimedia

Juego Cohete de figuras

Materiales

 • 6 ■ • 8 ● • 14 ▲

Juega con un compañero. Túrnense.

1. Haz girar la .

2. Nombra la figura que te toque.

3. Coloca esa figura en el cohete si puedes.

4. Si no puedes colocar la figura, tu turno termina.

5. El primer jugador que cubra todo el cohete gana.

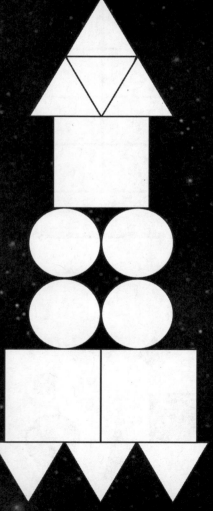

Jugador 1

Jugador 2

Nombre _____

Clasificar figuras bidimensionales

Pregunta esencial ¿Cómo puedes clasificar figuras bidimensionales por sus propiedades?

ESTÁNDARES COMUNES **CC.1.G.1**
Reason with shapes and their attributes.

Escucha y dibuja EN EL MUNDO

Haz un dibujo para clasificar las figuras.
Escribe la regla de clasificación.

_____

- - - - - - - - - - - - -

_____

_____

- - - - - - - - - - - - -

_____

PARA EL MAESTRO • Lea en voz alta el siguiente problema. Devon quiere clasificar estas figuras para mostrar un grupo de triángulos y un grupo de rectángulos. Dibuja y escribe cómo Devon clasifica las figuras.

Charla matemática
¿Hay figuras que no van en tus grupos? Explica.

MÉTODOS MATEMÁTICOS

Estas son algunas maneras de clasificar figuras bidimensionales.

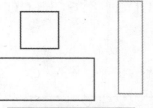 Un **cuadrado** es un tipo especial de rectángulo.

figuras _curvas_ y cerradas

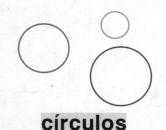

círculos

figuras cerradas con _____ **lados**

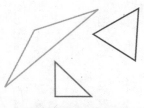

triángulos

figuras cerradas con _____ **vértices**

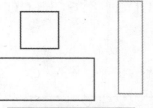

rectángulos

Comparte y muestra

Lee la regla de clasificación. Encierra en un círculo las figuras que siguen la regla.

PIENSA
Los vértices son el lugar donde se unen los lados.

I. 4 vértices

2. **sin** curvas

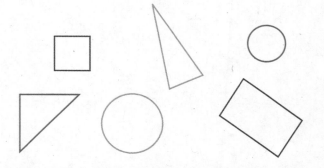

3. solo 3 lados

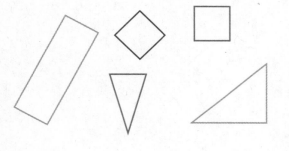

4. más de 3 lados

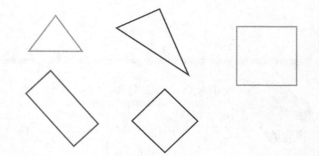

Por tu cuenta

**Encierra en un círculo las figuras
que siguen la regla.**

5. curvas

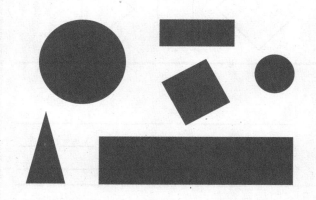

6. solo 3 vértices

7. 4 lados

8. 4 lados de la misma longitud

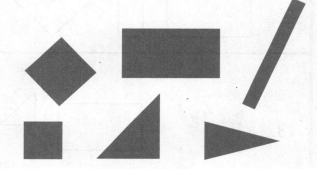

H.O.T. Dibuja 2 figuras bidimensionales distintas
que sigan ambas partes de la regla de clasificación.

9. 3 lados y 3 vértices

10. 2 lados largos y 2 lados
cortos

RESOLUCIÓN DE PROBLEMAS EN EL MUNDO

Escribe

Ted clasificó estas figuras de 3 maneras distintas. Escribe las reglas de clasificación que indican cómo las clasificó Ted.

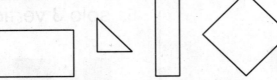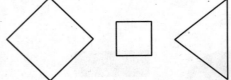

11.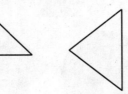

_____
- - - - - - - - - - - - -
_____

12.

_____
- - - - - - - - - - - - -
_____

13. H.O.T.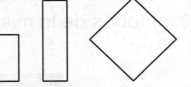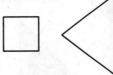

_____
- - - - - - - - - - - - -
_____

14. ⭐ **Preparación para la prueba** ¿Qué figura **no** podría clasificarse en este grupo?

 ACTIVIDAD PARA LA CASA · Reúna algunos objetos cotidianos como fotos, monedas y servilletas. Pida a su niño que los clasifique según la figura.

PRÁCTICA ADICIONAL:
Cuaderno de práctica de los estándares, págs. P227 y P228

Nombre _____

Describir figuras bidimensionales

Pregunta esencial ¿Qué propiedades puedes usar para describir figuras bidimensionales?

ESTÁNDARES COMUNES CC.1.G.1
Reason with shapes and their attributes.

Escucha y dibuja

Usa figuras bidimensionales. Clasifícalas en dos grupos. Haz un dibujo que muestre tu trabajo.

curvas	rectas

Charla matemática
Explica cómo clasificaste las figuras en dos grupos. Nombra las figuras de cada grupo.

MÉTODOS MATEMÁTICOS

PARA EL MAESTRO • Pida a los niños que clasifiquen las figuras bidimensionales en grupos: las que son curvas y las que son rectas. Pídales que dibujen las figuras para mostrar su clasificación.

Algunas figuras tienen lados rectos y vértices.

lado

trapecio

hexágono

vértice

Comparte y muestra

Math Board

Usa figuras bidimensionales. Dibuja y escribe para completar la tabla.

	Figura	Dibuja la figura.	Número de lados rectos	Número de vértices
1.	hexágono			
2.	rectángulo			
3.	cuadrado			
4.	trapecio			
5.	triángulo			

Nombre _____

Por tu cuenta

Usa para trazar los lados rectos.
Usa para encerrar en un círculo
los vértices.
Escribe el número de lados y de vértices.

6. 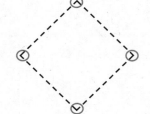 _____ lados

_____ vértices

7. _____ lados

_____ vértices

8.  _____ lados

_____ vértices

9. _____ lados

_____ vértices

10. _____ lados

_____ vértices

11. 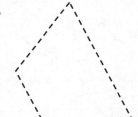 _____ lados

_____ vértices

 Haz un dibujo para resolver.

12. Soy una figura con 3 lados rectos y 3 vértices.

13. Soy una figura con 4 lados rectos de la misma longitud y 4 vértices.

RESOLUCIÓN DE PROBLEMAS EN EL MUNDO

Escribe

Dibuja figuras que coincidan con las pistas.

14. Jake dibuja una figura que tiene menos de 5 lados. Tiene 3 vértices.

15. Meg dibuja una figura de 4 lados. La rotula como trapecio.

16. H.O.T. Ben dibuja dos figuras distintas. Cada una solo tiene 4 vértices.

17. ⭐ **Preparación para la prueba** ¿Cuántos vértices tiene un hexágono?

3 ○   4 ○   5 ○   6 ○

ACTIVIDAD PARA LA CASA • Pida a su niño que dibuje un cuadrado, un trapecio y un triángulo. Para cada figura, pídale que le muestre los lados y los vértices y le diga cuántos hay de cada uno.

PRÁCTICA ADICIONAL: Cuaderno de práctica de los estándares, págs. P229 y P230

Combinar figuras bidimensionales

Pregunta esencial ¿Cómo puedes unir figuras bidimensionales para formar figuras nuevas bidimensionales?

ESTÁNDARES COMUNES CC.1.G.2
Reason with shapes and their attributes.

Escucha y dibuja

Usa patrones de figuras geométricas.
Haz un dibujo que muestre tu trabajo.

Charla matemática
Describe la figura nueva que formó Karen.

MÉTODOS MATEMÁTICOS

PARA EL MAESTRO • Pida a los niños que usen patrones de figuras geométricas para representar el siguiente problema. Karen tiene varios patrones de figuras geométricas. Unió dos triángulos. Dibuja la figura nueva que pudo haber formado Karen.

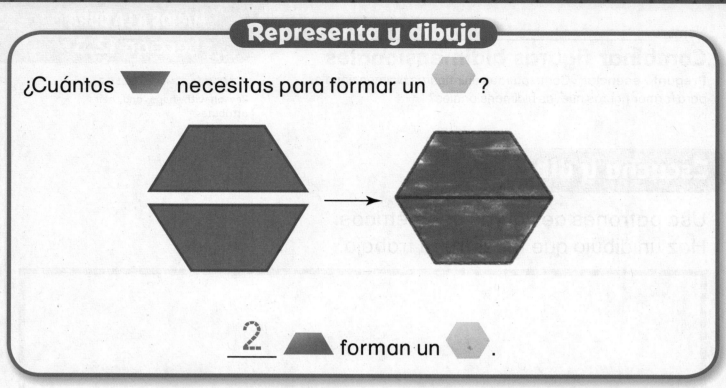

Representa y dibuja

¿Cuántos ⬢ necesitas para formar un ⬡?

___2___ ⬢ forman un ⬡.

Comparte y muestra

Usa patrones de figuras geométricas.
Haz un dibujo que muestre las figuras.
Escribe cuántas figuras usaste.

1. ¿Cuántos ◆ forman un ⬡?

_____ ◆ forman un ⬡.

2. ¿Cuántos ▲ forman un ⬟?

_____ ▲ forman un ⬟.

© Houghton Mifflin Harcourt Publishing Company

Nombre _____

Por tu cuenta

Usa patrones de figuras geométricas. Haz un dibujo que muestre las figuras. Escribe cuántas figuras usaste.

3. ¿Cuántos  forman un ⬡ ?

4. ¿Cuántos ▲ forman un ◆ ?

____ ▲ forman un ⬡ .

 ____ ▲ forman un ◆ .

H.O.T. Resuelve. Encierra en un círculo la figura que muestre tu respuesta.

5. Úsame dos veces para formar esta figura. ¿Qué figura soy?

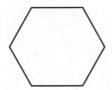

6. Úsame dos veces para formar esta figura. ¿Qué figura soy?

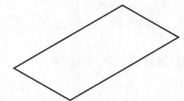

© Houghton Mifflin Harcourt Publishing Company

RESOLUCIÓN DE PROBLEMAS EN EL MUNDO

Escribe

H.O.T. Usa patrones de figuras geométricas.
Haz un dibujo que muestre tu respuesta.

7. 2 ▲ forman un ◆.

   ¿Cuántos ▲ forman 3 ◆?

   _____ ▲ forman 3 ◆.

8. ⭐ **Preparación para la prueba** ¿Cuántos ◆ usas para

   formar un ⬡?

   8   6   3   2
   ○   ○   ○   ○

ACTIVIDAD PARA LA CASA • Pida a su niño que explique
cómo resolvió los Ejercicios 1 y 2.

PRÁCTICA ADICIONAL:
Cuaderno de práctica de los estándares, págs. P231 y P232

Nombre _____

Combinar más figuras

Pregunta esencial ¿Cómo puedes combinar figuras bidimensionales para formar figuras nuevas?

ESTÁNDARES COMUNES **CC.1.G.2**
Reason with shapes and their attributes.

Escucha y dibuja

Completa cada silueta con figuras.
Haz un dibujo que muestre tu trabajo.

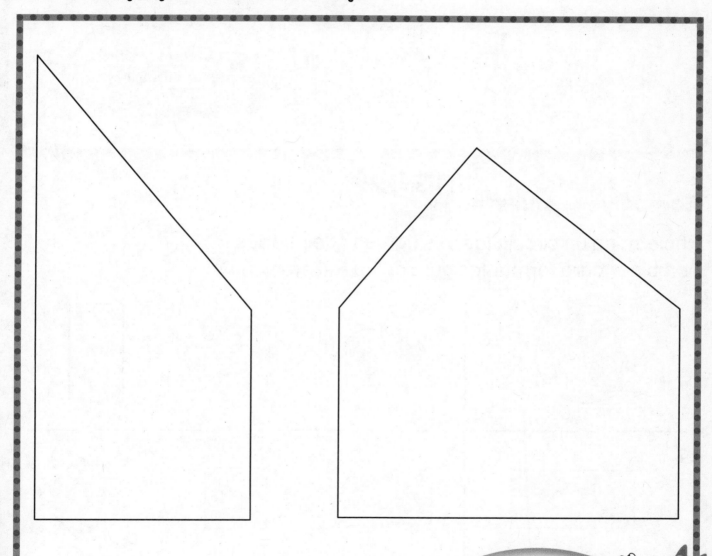

 PARA EL MAESTRO • Pida a los niños que completen la silueta de la izquierda con dos figuras y que tracen una línea para mostrar las dos figuras. Luego, pida a los niños que completen la silueta de la derecha con tres figuras y que vuelvan a trazar líneas para mostrar las figuras.

Charla matemática
Usa la silueta de la izquierda para **describir** cómo pueden dos figuras formar otra figura.

MÉTODOS MATEMÁTICOS

Capítulo 12

Combina figuras para formar figuras nuevas.

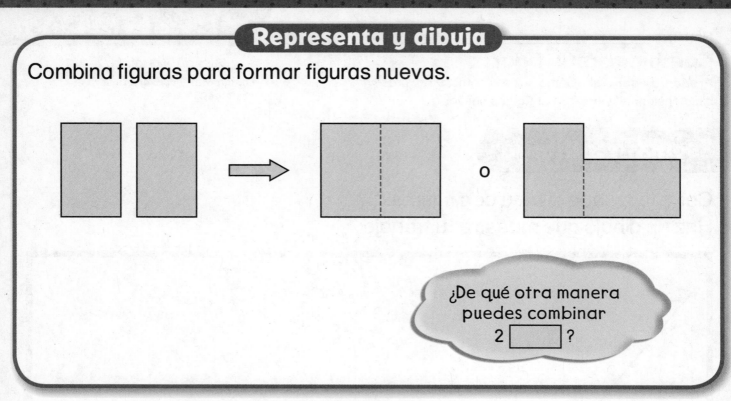

¿De qué otra manera puedes combinar 2 ☐ ?

Comparte y muestra

Math Board

Encierra en un círculo las dos figuras que puedas combinar para formar la figura de la izquierda.

1.

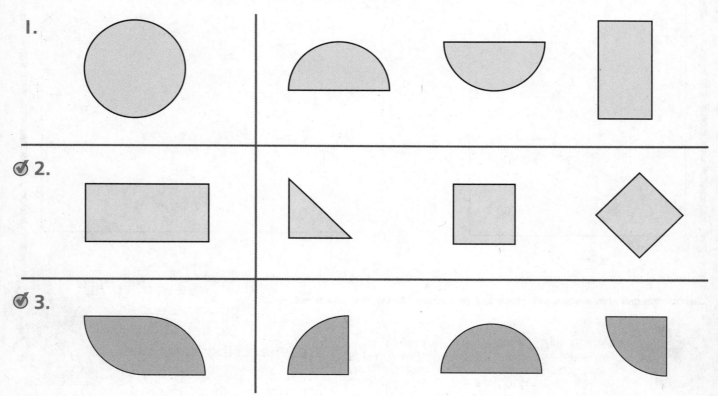

✓ 2.

✓ 3.

Nombre _____

Por tu cuenta

Encierra en un círculo las dos figuras que puedas combinar para formar la figura de la izquierda.

4.

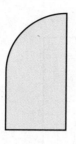  

5.

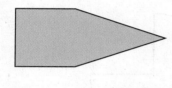  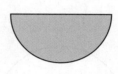

6.

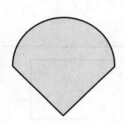   

7. Explica cómo usar la figura 1 y la figura 2 para formar la figura nueva.

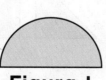

Figura 1

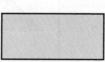

Figura 2

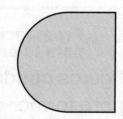

Figura nueva

_____

_ _

_____

_ _

_____

RESOLUCIÓN DE PROBLEMAS EN EL MUNDO

Escribe

H.O.T. Traza líneas que muestren cómo se combinan las figuras de la izquierda para formar la figura nueva.

8.
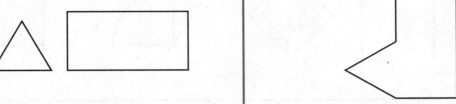

9.
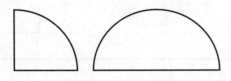
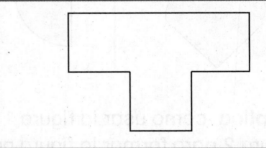

10.
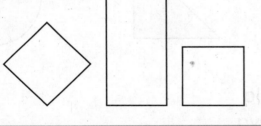

11. ⭐ **Preparación para la prueba** ¿Qué figuras puedes combinar para formar esta figura nueva?

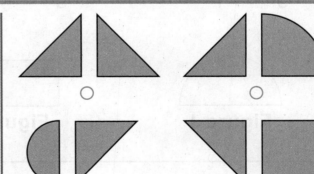

ACTIVIDAD PARA LA CASA • Pida a su niño que dibuje una figura nueva que pueda formarse combinando dos triángulos.

500 quinientos

PRÁCTICA ADICIONAL:
Cuaderno de práctica de los estándares, págs. P233 y P234

Resolución de problemas • Formar nuevas figuras bidimensionales

Pregunta esencial ¿Cómo representar te ayuda a formar figuras nuevas a partir de figuras combinadas?

ESTÁNDARES COMUNES **CC.1.G.2**
Reason with shapes and their attributes.

Cora quiere combinar figuras para formar un círculo. Tiene .

¿Cómo puede Cora formar un círculo?

🔑 Soluciona el problema

¿Qué debo hallar?	¿Qué información debo usar?
cómo puede Cora formar un _círculo_	Cora usa esta figura.

Muestra cómo resolver el problema.

Paso 1 Usa las figuras. Combínalas para formar una figura nueva.

 **forman**

Paso 2 Luego usa la figura nueva.

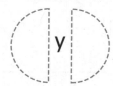 **forman**

 CONEXIÓN CON EL HOGAR • Reconocer cómo pueden unirse y separarse las figuras proporciona el fundamento para el futuro trabajo con fracciones.

Haz otro problema

Usa las figuras para resolver.
Haz un dibujo que muestre tu trabajo.

> • ¿Qué debo hallar?
> • ¿Qué información debo usar?

1. Usa para formar un más grande.

Paso 1 Combina las figuras para formar una figura nueva.

 y   forman

Paso 2 Luego usa la figura nueva.

y   forman

2. Usa para formar un .

Paso 1 Combina las figuras para formar una figura nueva.

 y   forman

Paso 2 Luego usa la figura nueva.

y   forman

Charla matemática

Describe cómo formaste el rectángulo del Ejercicio 2.

MÉTODOS MATEMÁTICOS

© Houghton Mifflin Harcourt Publishing Company

Comparte y muestra

Usa figuras para resolver.
Haz un dibujo que muestre tu trabajo.

3. Usa para formar un .

Paso 1 Combina las figuras para formar una figura nueva.

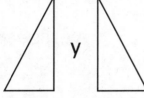 y 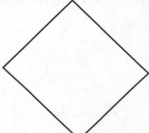 forman

Paso 2 Luego usa la figura nueva.

y forman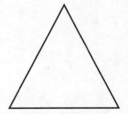

4.  H.O.T. Usa y △ para formar un ▱.

Paso 1 Combina las figuras para formar una figura nueva.

forman

y

Paso 2 Luego usa la figura nueva.

y forman

ACTIVIDAD PARA LA CASA · Pida a su niño que
explique cómo resolvió el Ejercicio 3.
PRÁCTICA ADICIONAL:
Cuaderno de práctica de los estándares,
págs. P235 y P236

Revisión de la mitad del capítulo

Conceptos y destrezas

Escribe el número de lados y
vértices. (CC.1.G.1)

1. 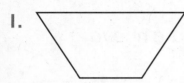 ____ lados

____ vértices

2. 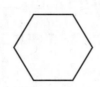 ____ lados

____ vértices

Encierra en un círculo las figuras que puedes
combinar para formar la figura nueva. (CC.1.G.2)

3.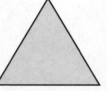

4.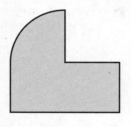

5. ⭐ **Preparación para la prueba**

¿Qué figura nueva podrías
formar? (CC.1.G.2)

Paso 1
Combina

Paso 2
Luego usa

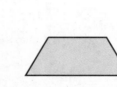

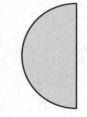

○ ○

○ ○

Nombre _____

Hallar figuras en figuras

Pregunta esencial ¿Cómo puedes hallar figuras en otras figuras?

ESTÁNDARES COMUNES **CC.1.G.2**
Reason with shapes and their attributes.

Escucha y dibuja

Usa patrones de figuras geométricas. ¿Qué figura puedes formar con 1 ⬡ y 2 △? Haz un dibujo que muestre tu figura.

PARA EL MAESTRO • Pida a los niños que exploren formar figuras nuevas con los patrones de figuras geométricas dadas. Comente sobre diferentes figuras que pueden formarse usando los mismos patrones de figuras geométricas.

Charla matemática
¿Puedes usar los mismos patrones de figuras geométricas para formar una figura nueva? Explica.

MÉTODOS MATEMÁTICOS

¿Qué dos patrones de figuras geométricas
forman esta figura?

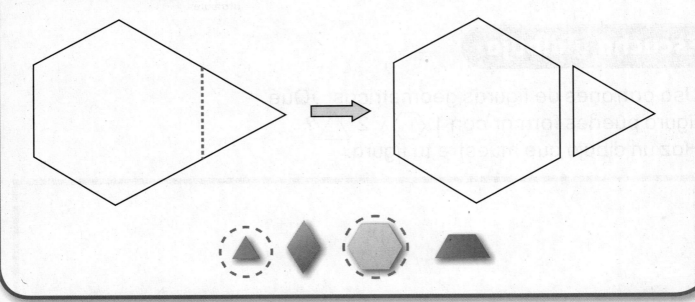

Comparte y muestra Math Board

Usa dos patrones de figuras geométricas para formar la figura.
Traza una línea para mostrar tu modelo.
Encierra en un círculo las figuras que usas.

✓1.

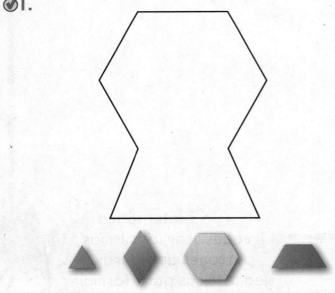

✓2.

Por tu cuenta

Usa dos patrones de figuras geométricas para formar la figura.
Traza una línea para mostrar tu modelo.
Encierra en un círculo las figuras que usas.

3.

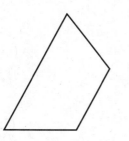

4.

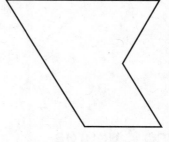

5.

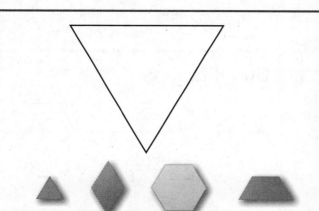

6.

7. **H.O.T.** Usa tres patrones de figuras geométricas para
formar la figura. Traza líneas para mostrar tu modelo.
Encierra en un círculo las figuras que usas.

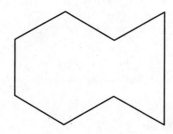

RESOLUCIÓN DE PROBLEMAS

Escribe

H.O.T. Forma la figura de abajo. Usa el número de patrones de figuras geométricas que aparecen en el ejercicio. Escribe cuántas figuras de cada una usas.

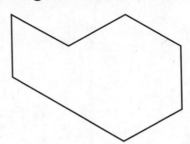

8. Usa 3 figuras.

___ △ ___ ▱

___ ▽ ___ ⬡

9. Usa 5 figuras.

___ △ ___ ▱

___ ▽ ___ ⬡

10. Usa 7 figuras.

___ △ ___ ▱

___ ▽ ___ ⬡

11. Usa 8 figuras.

___ △ ___ ▱

___ ▽ ___ ⬡

12. ⭐ **Preparación para la prueba** ¿Qué dos patrones de figuras geométricas puedes usar para formar esta figura?

ACTIVIDAD PARA LA CASA • Pida a su niño que explique en esta página cómo hallar las figuras dentro de la figura dada.

508 quinientos ocho

PRÁCTICA ADICIONAL: Cuaderno de práctica de los estándares, págs. P237 y P238

Separar figuras bidimensionales

Pregunta esencial ¿Cómo puedes separar figuras bidimensionales?

ESTÁNDARES COMUNES CC.1.G.2
Reason with shapes and their attributes.

Escucha y dibuja EN EL MUNDO

Colorea los rectángulos con anaranjado.
Colorea los triángulos con morado.

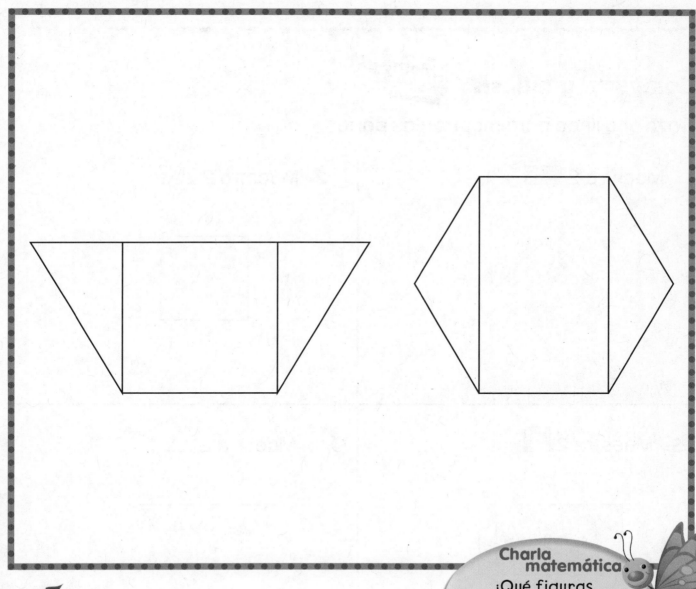

 PARA EL MAESTRO • Lea en voz alta el siguiente problema. Karen unió triángulos y rectángulos. Hizo dibujos para mostrar lo que formó. Colorea para mostrar cómo unió las figuras Karen.

Charla matemática
¿Qué figuras formó Karen? Explica.

MÉTODOS MATEMÁTICOS

Puedes hacer un dibujo para
mostrar partes de una figura.

 muestra  y

Comparte y muestra

Traza una línea para mostrar las partes.

1. Muestra 2 ▭.

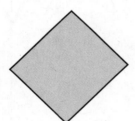

2. Muestra 2 △.

3. Muestra 2 ▪.

4. Muestra 2 △.

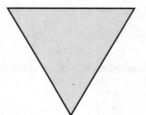

Nombre _____

Por tu cuenta

Traza una línea para mostrar las partes.

5. Muestra 2 .

6. Muestra 2 .

7. Muestra I ⬜ y I ⬜.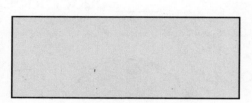

8. Muestra I △ y I ⬠.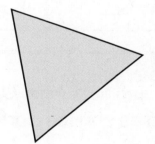

 Traza dos líneas para mostrar las partes.

9. Muestra 3 △.

10. Muestra 2 △ y I ⬠.

RESOLUCIÓN DE PROBLEMAS

Escribe

H.O.T. ¿Cuántos cuadrados hay?

11.

_____ cuadrados

12. ⭐ **Preparación para la prueba** Observa el dibujo.
¿Cuáles son las partes?

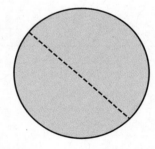

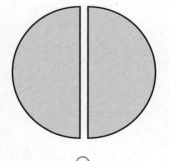   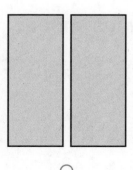   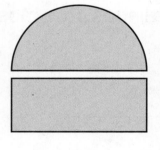   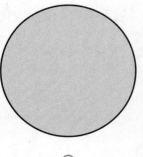

○   ○   ○   ○

ACTIVIDAD PARA LA CASA • Pida a su niño que explique cómo resolvió el Ejercicio 11.

PRÁCTICA ADICIONAL:
Cuaderno de práctica de los estándares, págs. P239 y P240

Nombre _____

Partes iguales o desiguales

Pregunta esencial ¿Cómo puedes identificar partes iguales o desiguales en figuras bidimensionales?

ESTÁNDARES COMUNES CC.1.G.3
Reason with shapes and their attributes.

Escucha y dibuja

Haz un dibujo que muestre las partes.

Muestra 2 △.

Muestra 3 △.

Charla matemática
Describe en qué se diferencian los triángulos que se muestran en cada cuadrado.

MÉTODOS MATEMÁTICOS

PARA EL MAESTRO • Pida a los niños que tracen líneas para mostrar dos triángulos en un cuadrado y tres triángulos en otro cuadrado.

Estas figuras muestran **partes iguales**, o **porciones iguales**.

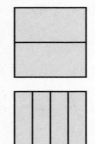

¿Cómo puedes describir porciones iguales?

Estas figuras muestran **partes desiguales**, o **porciones desiguales**.

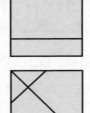

Comparte y muestra Math Board

Encierra en un círculo la figura que muestra partes iguales.

PIENSA
¿Las partes tienen el mismo tamaño?

1.

2.

✓ 3.

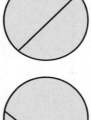

Encierra en un círculo la figura que muestra partes desiguales.

4.

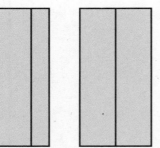

5.

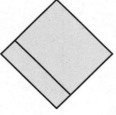

✓ 6.

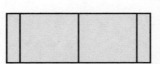
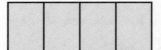

Por tu cuenta

Colorea las figuras que muestran porciones desiguales.

7.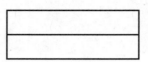

8.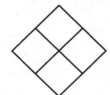

Colorea las figuras que muestran porciones iguales.

9.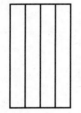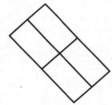

10.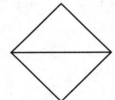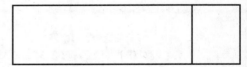

H.O.T. Escribe el número de porciones iguales.

11.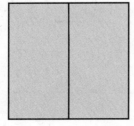

_____ porciones iguales

12.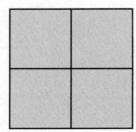

_____ porciones iguales

RESOLUCIÓN DE PROBLEMAS

Escribe

H.O.T. Traza líneas para mostrar las partes.

13. 2 partes iguales

14. 2 partes desiguales

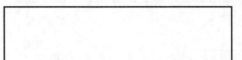

15. 4 porciones iguales

16. 4 porciones desiguales

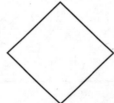

17. ⭐ **Preparación para la prueba** ¿Qué figura muestra partes iguales?

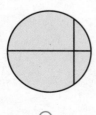   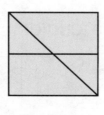   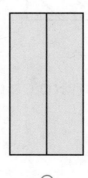   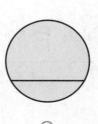

○   ○   ○   ○

 ACTIVIDAD PARA LA CASA • Dibuje un círculo en una hoja de papel. Pida a su niño que trace una línea para que el círculo muestre 2 porciones iguales.

PRÁCTICA ADICIONAL: Cuaderno de práctica de los estándares, págs. P241 y P242

Nombre _____

Mitades

Pregunta esencial ¿Cómo se puede separar una figura en dos partes iguales?

ESTÁNDARES COMUNES **CC.1.G.3**
Reason with shapes and their attributes.

Escucha y dibuja EN EL MUNDO

Haz un dibujo para resolver.

 PARA EL MAESTRO • Pida a los niños que hagan un dibujo para resolver este problema: Dos amigos comparten el sándwich de la izquierda. ¿Cómo pueden dividir el sándwich para que cada uno obtenga una parte igual? Luego pida a los niños que resuelvan este problema: Otros dos amigos comparten el sándwich de la derecha. ¿De qué otra manera se podría dividir el sándwich y así cada amigo obtiene una parte igual?

Charla matemática
¿Los cuatro amigos obtendrán la misma cantidad de sándwich? **Explica.**
MÉTODOS MATEMÁTICOS

Capítulo 12

Las 2 porciones iguales forman 1 entero.

2 porciones iguales

¿Es la **mitad de** un círculo más grande o más pequeña que el círculo entero?

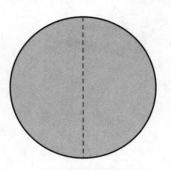

1 entero

2 **mitades**

Comparte y muestra

Traza una línea para mostrar mitades.

1.

 2.

3.

 4.

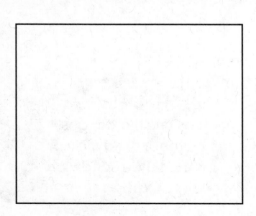

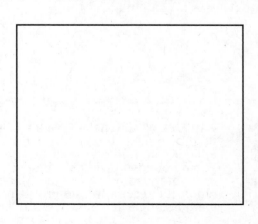

Nombre _____

Por tu cuenta

Encierra en un círculo las figuras que muestran mitades.

PIENSA
Las mitades son porciones iguales.

5.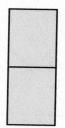

6.

7.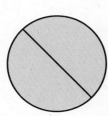

8.

9.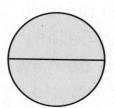

10.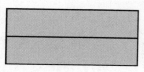

11.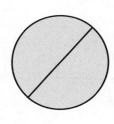

12.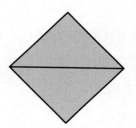

13.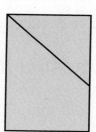

14. **H.O.T.** Usa el dibujo. Escribe los números para resolver.

El dibujo muestra _____ mitades.

Las _____ porciones iguales forman _____ entero.

RESOLUCIÓN DE PROBLEMAS EN EL MUNDO

Escribe

Haz un dibujo o escribe para resolver.

15. Colorea la mitad de cada figura.

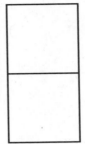
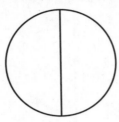
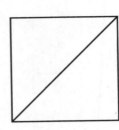

---

16. Linus corta un círculo en partes iguales. Linus dibujó una de las partes. Escribe la **mitad de** o las **mitades** para nombrar la parte.

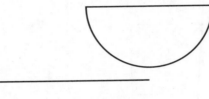

_____

_ _ _ _ _ _ _ _ _

_____ un círculo

---

17. H.O.T. Dibuja tres maneras de mostrar mitades.

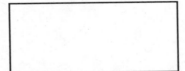

---

18. ⭐ **Preparación para la prueba**   ¿Qué figura muestra mitades?

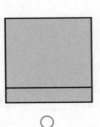

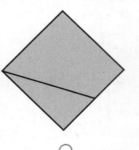
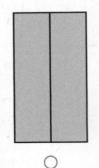

○   ○   ○   ○

ACTIVIDAD PARA LA CASA · Dibuje un rectángulo en una hoja de papel. Pida a su niño que trace una línea para mostrar las mitades.

PRÁCTICA ADICIONAL:
Cuaderno de práctica de los estándares, págs. P243 y P244

Cuartos

Pregunta esencial ¿Cómo se puede dividir una figura en cuatro porciones iguales?

ESTÁNDARES COMUNES CC.1.G.3
Reason with shapes and their attributes.

Escucha y dibuja EN EL MUNDO

Usa lo que sabes sobre mitades.
Haz un dibujo para resolver. Escribe cuántas hay.

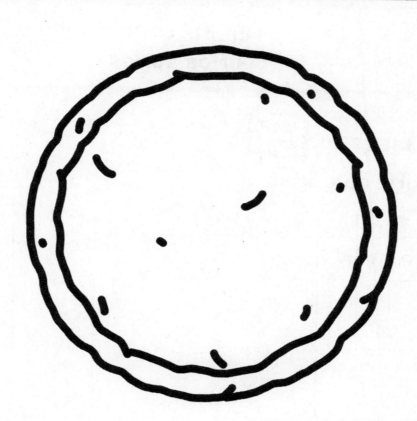

Hay _____ porciones iguales.

PARA EL MAESTRO • Lea el siguiente problema. Dos amigos compartirán una pizza. Luego llegan dos amigos más. Ahora, cuatro amigos compartirán la pizza. ¿Cómo se puede cortar la pizza para que cada amigo obtenga una porción igual? ¿Cuántas porciones iguales hay?

Charla matemática
¿Cómo decidiste de qué modo cortar la pizza? **Explica.**

MÉTODOS MATEMÁTICOS

Las 4 porciones iguales forman 1 entero.

4 porciones iguales

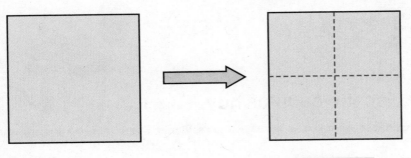

1 entero

4 **cuartos**, o 4 **cuartas partes**

¿Cómo puedes describir una de las 4 porciones iguales?

Comparte y muestra

Colorea un **cuarto** de la figura.

1.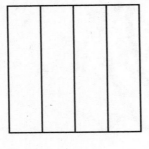

2.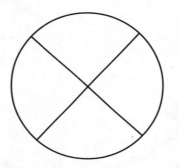

3.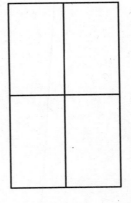

Colorea una **cuarta parte** de la figura.

4.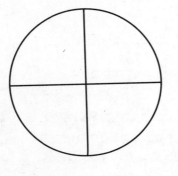

5.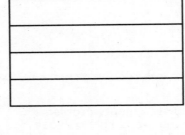

6.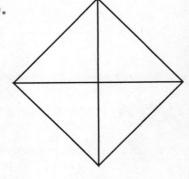

Nombre _____

Por tu cuenta

Encierra en un círculo las figuras que muestran cuartos.

7.

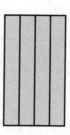

8.

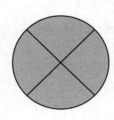

9.

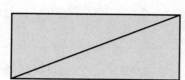

10.

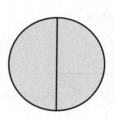

11.

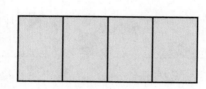

12.

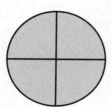

13.

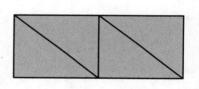

14.

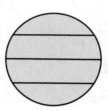

15.

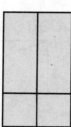

---

16.  Dibuja tres maneras de mostrar cuartos.

Resuelve.

17. Stacy hace un dibujo que muestra un cuarto de un círculo. ¿Qué figura dibujó Stacy? Enciérrala en un círculo.

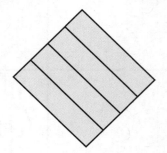

18. Escribe **mitades, cuartos** o **cuartas partes** para nombrar las partes iguales.

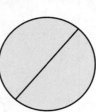

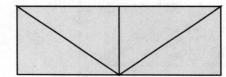

_____

- - - - - - - - - - - - - -

_____

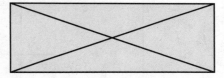

_____

- - - - - - - - - - - - - -

_____

19. 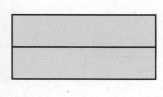 Encierra en un círculo la figura que muestra cuartos.

20. ⭐ **Preparación para la prueba** ¿Qué figura muestra cuartos?

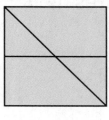

○   ○   ○   ○

 ACTIVIDAD PARA LA CASA • Dibuje un círculo en una hoja de papel. Pida a su niño que trace líneas para mostrar cuartos.

PRÁCTICA ADICIONAL:
Cuaderno de práctica de los estándares, págs. P245 y P246

Nombre _____

 # Repaso y prueba del Capítulo 12

Vocabulario

Traza una línea para mostrar **mitades**. (pág. 518)

1.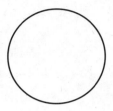

2.

3.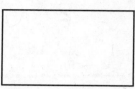

Conceptos y destrezas

4. Encierra en un círculo las figuras que solo tienen 3 vértices.

   (CC.1.G.1)

Usa patrones de figuras geométricas. Haz un dibujo para mostrar las figuras. Escribe cuántas figuras usas. (CC.1.G.2)

5.

____ forman un .

6.

____ forman un .

7. Colorea las figuras que muestran partes iguales. (CC.1.G.3)

8. ¿Cuántos lados rectos tiene un trapecio? (CC.1.G.1)

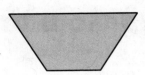

2 ○   4 ○   5 ○   6 ○

9. ¿Qué figuras puedes combinar para formar esta figura nueva? (CC.1.G.2)

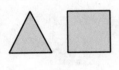 ○   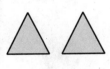 ○   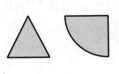 ○   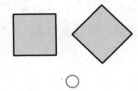 ○

10. ¿Qué figura nueva podrías formar? (CC.1.G.2)

Paso 1 ▶

Combina y para formar .

Paso 2 ▶

Luego usa y 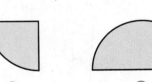.

○   ○

○   ○

11. ¿Qué patrones de figuras geométricas puedes usar para formar esta figura? (CC.1.G.2)

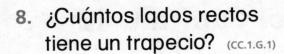

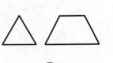 ○   ○    ○   ○

12. Observa el dibujo. ¿Cuáles son las partes? (CC.1.G.2)

○   ○   ○   ○

---

13. ¿Qué figura muestra partes desiguales? (CC.1.G.3)

○   ○   ○   ○

---

14. ¿Qué sombreado muestra la mitad de un cuadrado? (CC.1.G.3)

○   ○   ○   ○

---

15. ¿Qué figura muestra cuartos? (CC.1.G.3)

○   ○   ○   ○

---

16. ¿Qué sombrado muestra una cuarta parte de un rectángulo? (CC.1.G.3)

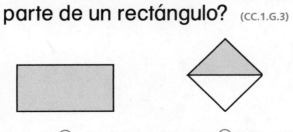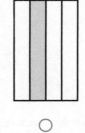

○   ○   ○   ○

Tarea de rendimiento (CC.1.G.1, CC.1.G.3)

Usa las siguientes pistas para dibujar una figura.

- La figura solo tiene lados rectos.
- La figura tiene más de 3 lados.
- La figura tiene menos de 5 vértices.
- La figura puede dividirse en cuartos.

Haz un dibujo para mostrar la figura. Traza líneas
para mostrar cómo puede dividirse la figura.
Escribe cuántas porciones iguales tiene.

Glosario ilustrado

centena hundred

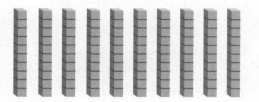

10 decenas es igual a
1 **centena**.

cero 0 zero

Cuando sumas **cero**
a cualquier número, el total
es el mismo número.

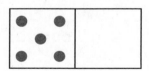

$5 + 0 = 5$

cilindro cylinder

círculo circle

comparar compare

Resta para **comparar**
los grupos.

$5 - 1 = 4$

Hay más ⬤.

cono cone

contar hacia adelante count on

$$4 + 2 = 6$$

Di 4.

Cuenta hacia adelante 2.

5, 6

contar hacia atrás count back

$$8 - 1 = 7$$

Comienza en 8.

Cuenta hacia atrás 1.

Estás en 7.

cuadrado square

cuarta parte de quarter of

Una **cuarta parte de** esta figura está sombreada.

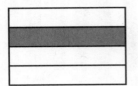

cuartas partes quarters

 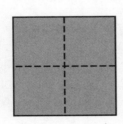

1 entero   4 cuartos
o 4 **cuartas partes**

cuarto de fourth of

Un **cuarto de** esta figura está sombreado.

cuartos fourths

1 entero

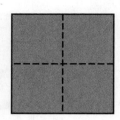

4 **cuartos** o
4 cuartas partes

---

cubo cube

---

decena ten

10 unidades = 1 **decena**

diferencia difference

$$4 - 3 = 1$$

La **diferencia** es 1.

---

dígito digit

El 13 es un número de dos **dígitos**.

El 1 en el 13 significa 1 decena.
El 3 en el 13 significa 3 unidades.

---

dobles doubles

$$5 + 5 = 10$$

dobles más uno
doubles plus one

5 + 5 = 10, por lo tanto
5 + 6 = 11

el más largo longest

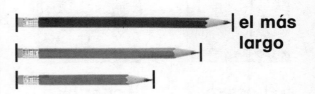

el más largo

dobles menos uno
doubles minus one

5 + 5 = 10, por lo tanto 5 + 4 = 9

enunciado de resta
subtraction sentence

4 − 3 = 1 es un
enunciado de resta.

el más corto shortest

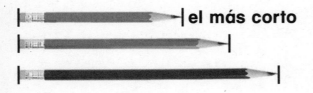

el más corto

enunciado de suma
addition sentence

2 + 1 = 3 es un
enunciado de suma.

es igual a is equal to (=)

2 más 1 **es igual a** 3.

$$2 + 1 = 3$$

esfera sphere

---

es mayor que is greater than

35 **es mayor que** 27.

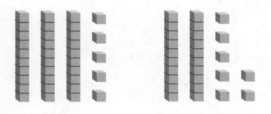

35 > 27

formar una decena make a ten

Pon 2 fichas dentro
del cuadro de diez.
Así **formas una decena**.

$$\begin{array}{r} 8 \\ + 4 \\ \hline 12 \end{array}$$

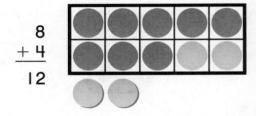

---

es menor que is less than

43 **es menor que** 49.

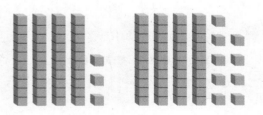

43 < 49

gráfica con dibujos
picture graph

Nuestra actividad favorita de la feria							
🐴 animales	⚥	⚥	⚥	⚥	⚥		
juegos	⚥	⚥	⚥	⚥	⚥	⚥	⚥

Cada ⚥ representa 1 niño.

gráfica de barras bar graph

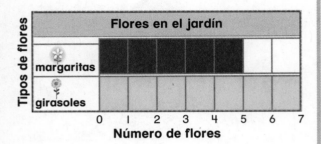

hexágono hexagon

hora hour

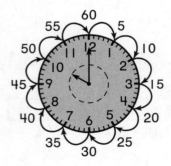

Cada **hora** tiene 60 minutos.

horario hour hand

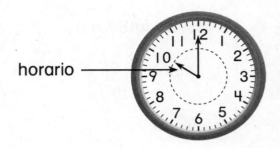

horario

lado side

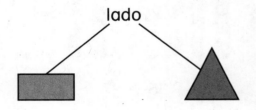

lado

marca de conteo tally mark

Cada **marca de conteo** | representa 1. 𝌆 representa 5.

más more

$$5 - 1 = 4$$

Hay **más** ⬤ .

menos fewer

Hay 3 🦉 **menos**.

más (+) plus

2 **más** 1 es igual a 3.

$$2 + 1 = 3$$

menos (−) minus

4 **menos** 3 es igual a 1.

$$4 - 3 = 1$$

media hora half hour

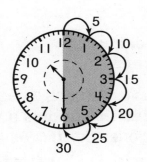

En **media hora** hay 30 minutos.

minutero minute hand

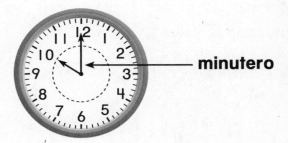

minutero

minutos minutes

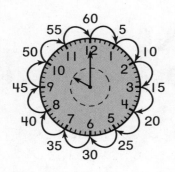

En una hora hay
60 **minutos.**

mitad de half of

La **mitad de** esta figura está
sombreada.

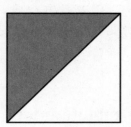

mitades halves

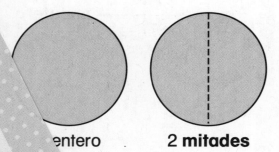

entero   2 **mitades**

operaciones relacionadas
related facts

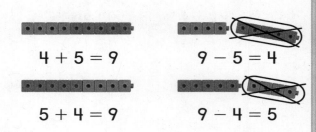

$4 + 5 = 9$ $9 - 5 = 4$

$5 + 4 = 9$ $9 - 4 = 5$

orden order

Puedes cambiar el **orden**
de los sumandos.

$1 + 3 = 4$ $3 + 1 = 4$

partes desiguales
unequal parts

Estos cuadrados muestran
partes desiguales o
porciones desiguales.

   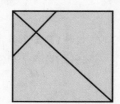

partes iguales equal parts

Estos cuadrados muestran **partes iguales** o porciones iguales.

 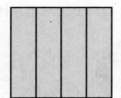

porciones desiguales
unequal shares

Estos cuadrados muestran partes desiguales o **porciones desiguales**.

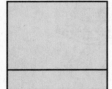 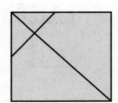

porciones iguales
equal shares

Estos cuadrados muestran partes iguales o **porciones iguales**.

 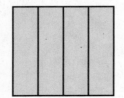

prisma rectangular
rectangular prism

Un cubo es un tipo especial de **prisma rectangular**.

rectángulo rectangle

Un cuadrado es un tipo especial de **rectángulo**.

restar subtract

Resta para descubrir cuántos hay.

suma o total sum

2 más 1 es igual a 3.
El **total** es 3.

sumando addend

$1 + 3 = 4$

sumando

sumar add

$3 + 2 = 5$

superficie curva
curved surface

Ciertas figuras
tridimensionales tienen
una **superficie curva**.

superficie plana flat surface

Algunas figuras
tridimensionales tienen
solo **superficies planas**.

 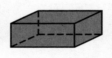

tabla de conteo tally chart

Niños y niñas de nuestra clase		Total
niños	卌 IIII	9
niñas	卌 I	6

© Houghton Mifflin Harcourt Publishing Company

trapecio trapezoid

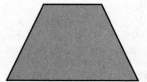

triángulo triangle

unidades ones

10 **unidades** = 1 decena

vértice vertex

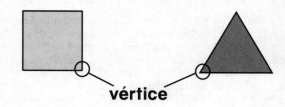

vértice

Photo Credits